Testmanagement in der Praxis

Oliver Droste · Christina Merz

Testmanagement in der Praxis

Oliver Droste
Mainz, Deutschland

Christina Merz
Hannover, Deutschland

ISBN 978-3-662-49652-7   ISBN 978-3-662-49653-4 (eBook)
https://doi.org/10.1007/978-3-662-49653-4

Die Deutsche Nationalbibliothek verzeichnet diese Publikation in der Deutschen Nationalbibliografie; detaillierte bibliografische Daten sind im Internet über http://dnb.d-nb.de abrufbar.

Springer Vieweg
© Springer-Verlag GmbH Deutschland, ein Teil von Springer Nature 2019
Das Werk einschließlich aller seiner Teile ist urheberrechtlich geschützt. Jede Verwertung, die nicht ausdrücklich vom Urheberrechtsgesetz zugelassen ist, bedarf der vorherigen Zustimmung des Verlags. Das gilt insbesondere für Vervielfältigungen, Bearbeitungen, Übersetzungen, Mikroverfilmungen und die Einspeicherung und Verarbeitung in elektronischen Systemen.
Die Wiedergabe von allgemein beschreibenden Bezeichnungen, Marken, Unternehmensnamen etc. in diesem Werk bedeutet nicht, dass diese frei durch jedermann benutzt werden dürfen. Die Berechtigung zur Benutzung unterliegt, auch ohne gesonderten Hinweis hierzu, den Regeln des Markenrechts. Die Rechte des jeweiligen Zeicheninhabers sind zu beachten.
Der Verlag, die Autoren und die Herausgeber gehen davon aus, dass die Angaben und Informationen in diesem Werk zum Zeitpunkt der Veröffentlichung vollständig und korrekt sind. Weder der Verlag, noch die Autoren oder die Herausgeber übernehmen, ausdrücklich oder implizit, Gewähr für den Inhalt des Werkes, etwaige Fehler oder Äußerungen. Der Verlag bleibt im Hinblick auf geografische Zuordnungen und Gebietsbezeichnungen in veröffentlichten Karten und Institutionsadressen neutral.

Springer Vieweg ist ein Imprint der eingetragenen Gesellschaft Springer-Verlag GmbH, DE und ist ein Teil von Springer Nature.
Die Anschrift der Gesellschaft ist: Heidelberger Platz 3, 14197 Berlin, Germany

Vorwort

Dieses Praxisbuch soll ein Handwerkszeug für Testmanager von Software-Implementierungsprojekten sein. Es richtet sich zudem an Projektleiter und alle, die sich mit dem Thema Testmanagement auseinandersetzen wollen oder müssen. Wir möchten durch praxiserprobte Handlungsweisen dabei unterstützen, Projekte erfolgreich umzusetzen.

Der Anlass dieses Buch zu schreiben, resultiert aus den Erfahrungen, die wir als Tester, Testmanager und Test-Programm-Manager in zahlreichen Projekten gesammelt haben. Wir haben oft festgestellt, dass in Projekten viele Vorgaben zum Testmanagement existieren, die aber nur mit viel bürokratischem Aufwand umgesetzt werden können. Der Bezug zur Praxis, der notwendig ist, um die Projekte pragmatisch, praktikabel und auf hohem Niveau anzugehen, ist dagegen oft nur ansatzweise oder gar nicht vorhanden. Die Energie wird so oftmals in die Umsetzung eines komplexen Rahmenwerks gesteckt, ohne einen quantifizierbaren Nutzen zu stiften.

Hier setzt dieses Buch an. Mit Fokussierung auf das Wesentliche, was für eine erfolgreiche Umsetzung eines Testvorhabens relevant ist, soll es auch als Sparringspartner dienen und dem Testmanager bei seiner Standortbestimmung Hilfe und Unterstützung geben sowie Denkanstöße auslösen.

Der Aufbau dieses Buches orientiert sich am Lebenszyklus eines klassischen Projektes (V-Modell/Wasserfall-Modell). Den Praxisbezug stellen wir anhand eines fiktiven Projektes ALPHA her, welches mit tatsächlichen Erfahrungen ergänzt wird. Elemente von Agilen Projekten nach Scrum werden in diesem Buch im Rahmen der Wertebetrachtung berücksichtigt, bilden jedoch keinen Schwerpunkt.

Das Buch wird untermalt durch den Karikaturisten und Bildhauer Burkhard Mohr, der unter anderem für die Süddeutsche Zeitung, das Handelsblatt, den Bonner General-Anzeiger, die Stuttgarter Zeitung, die Neue Osnabrücker Zeitung und viele andere Publikationen zeichnet.

Um den Lesefluss zu erleichtern, wird in diesem Buch die maskuline Form genannt. Wir bitten alle Leserinnen, uns dies nachzusehen.

Oliver Droste
Christina Merz

Danksagung

Nun ist unser erstes Fachbuch mit echtem Praxisbezug fertig! Wir hoffen, dass es gefällt! Wir bedanken uns recht herzlich beim Springer Vieweg Verlag, der uns bei diesem Buchprojekt aktiv unterstützt und motiviert hat. Insbesondere in den Anfängen bei Dorothea Glaunsinger und Hermann Engesser sowie im weiteren Verlauf des Buchprojektes durch die geduldige Unterstützung von Sophia Leonhard und Martin Börger – nach dem Zitat des römischen Epikers Publius Ovidius Naso: „Gut Ding will Weile haben".

Ein besonderer Dank gilt dem Karikaturisten Burkhard Mohr, der das Thema hervorragend umgesetzt hat, was auch mit dazu beigetragen hat, dass der Verlag bereit war ein Sonder-Cover mit einer Karikatur zu veröffentlichen und auch im Buch weitere Karikaturen vor zahlreichen Kapiteln zu platzieren.

Wir bedanken uns auch bei den zahlreichen Probelesern für das wertvolle Feedback. Einen ganz großen Dank möchten wir an unsere Korrektoren Nina Klöckner und Marco Berndt aussprechen, die mit vollem Elan dabei waren und uns dabei auch immer wieder ermutigt haben, das Werk zu vollenden und ihm den letzten Schliff zu verpassen.

Einführung

Bevor wir in das Testmanagement einsteigen, anbei noch ein paar Anmerkungen, um ein einheitliches Verständnis zu erlangen.

Was verstehen wir unter einem Projekt? Ein Projekt ist nach ISO 9000 ein zielgerichtetes, einmaliges Vorhaben, das aus einem Satz von abgestimmten, gelenkten Tätigkeiten mit Anfangs- und Endtermin besteht und durchgeführt wird, um unter Berücksichtigung von Zwängen bezüglich Zeit, Ressourcen (zum Beispiel Geld bzw. Kosten, Produktions- und Arbeitsbedingungen, Personal) und Qualität ein Ziel zu erreichen.

Vorstellung des Projektes ALPHA:

Mit dem fiktiven Projekt ALPHA möchte die Vertriebsabteilung eines Unternehmens sein Kundenportal erneuern, um die Wettbewerbsfähigkeit zu erhöhen. Um welche Art von Unternehmen es sich handelt, lassen wir bewusst offen. Vorstellbar wäre, dass es sich bei dem Kundenportal um einen beliebigen Web-Shop handelt oder aber auch um eine Online-Banking-Plattform oder ein Versicherungsportal. Wir werden Projekt ALPHA in diesem Buch immer wieder nutzen, um möglichst konkret aufzuzeigen, wie wir uns die Arbeit eines Testmanagers vorstellen. Nicht alle unsere Empfehlungen werden auf andere Projekte ohne weiteres übertragbar sein. Anpassungen sind in der Realität sicherlich notwendig. Trotzdem glauben wir, dass das Beispielprojekt das Verständnis für den Leser fördert.

Inhaltsverzeichnis

Teil I Die Vorbereitung

1 Das Testmanagement und die Rolle des Testmanagers 3
    1.1 Das Ziel des Testens. 4
    1.2 Die Bedeutung und Aufgabe des Testmanagements 5
    1.3 Das Profil des Testmanagers 7
    1.4 Die Werte im Testmanagement 9
    1.5 Reflexion und Praxis-Check 11
    Literatur. 12

2 Das Projekt verstehen. 13
    2.1 Der Projektsteckbrief. 14
    2.2 Die Umfeldanalyse. 16
    2.3 Die Projektziele 18
    2.4 Der Phasenplan 25
    2.5 Die Projektorganisation 29
    2.6 Das Stakeholdermanagement. 31
    2.7 Der Projektstrukturplan 37
    2.8 Das Risikomanagement 42
    2.9 Reflexion und Praxis-Check 53
    Weiterführende Literatur. 54

3 Das Qualitätsmanagement. 55
    3.1 Regelkreis des Qualitätsmanagements. 56
    3.2 Den Qualitätsbegriff und das Qualitätsmanagement verstehen 57
    3.3 Die Qualitätsanforderungen durch ISO, DIN & Co. 58
    3.4 Die Qualitätsmerkmale nach ISO/IEC 25000 ff. berücksichtigen..... 60
    3.5 Die Festlegung von Quality Gates entlang der Projektphasen........ 65
    3.6 Die Qualitätssicherung von Anforderungen. 74

	3.7 Die Qualitätssicherung des Testmanagementprozesses	77
	3.8 Reflexion und Praxis-Check	80
	Weiterführende Literatur	81
4	**Der Projektgegenstand und seine Umgebung**	**83**
	4.1 Die Organisation und ihr Geschäftsmodell	84
	4.2 Die technische Umgebung	87
	4.3 Der Projektgegenstand und seine Nutzer	90
	4.4 Reflexion und Praxis-Check	93
	Literatur	94
5	**Die vorbereitenden Planungsaufgaben des Testmanagers**	**95**
	5.1 Das Test-Rahmenwerk verstehen und beurteilen	96
	5.2 Das Testvorgehen planen	97
	5.3 Die Risikobetrachtung vornehmen	99
	5.4 Die Testumgebungen sicherstellen	101
	5.5 Die Verfügbarkeit von Testdaten planen	102
	5.6 Das Stakeholdermanagement des Testmanagers	104
	5.7 Der Einsatz von Test-Tools in der Planungsphase	107
	5.8 Reflexion und Praxis-Check	108
	Literatur	109
6	**Das Testkonzept**	**111**
	6.1 Das Testkonzept erstellen	112
	6.2 Die Einführung	114
	6.3 Die Ziele und deren Abgrenzung	115
	6.4 Die Teststrategie	117
	6.5 Die Testplanung	118
	6.6 Die Testinfrastruktur	121
	6.7 Das Dokumentations- und Berichtswesen	124
	6.8 Die Genehmigungen	124
	6.9 Reflexion und Praxis-Check	125
	Literatur	126
7	**Die Metriken**	**127**
	7.1 Die Aufgabe von Metriken	128
	7.2 Die Metriken und ihre Aussagekraft	128
	7.3 Die Auswahl von Metriken – weniger ist mehr	130
	7.4 Die Kenngrößen ermitteln und veröffentlichen	130
	7.5 Die Metriken verändern?	131
	7.6 Die Einbindung in das Informations- und Berichtswesen	132
	7.7 Reflexion und Praxis-Check	132

Teil II Die Umsetzung

8 Die Transformation des Testkonzeptes 137
    8.1   Der Projekt-Kick-Off... 138
    8.2   Die finale Abstimmung mit den Projektbeteiligten 139
    8.3   Die Kommunikation und Präsentation
           der geplanten Testaktivitäten 139
    8.4   Das Timing der jeweiligen Testaktivitäten....................... 140
    8.5   Die Nutzung von Test-Tools 142
    8.6   Reflexion und Praxis-Check 143

9 Aus Anforderungen Testfälle erstellen 145
    9.1   Die Anforderungsdokumente gemäß IREB 145
    9.2   Die Transformation der Anforderungen......................... 147
    9.3   Die Testfallbeschreibung (Inhalte/Formate/Umfang) 149
    9.4   Die Qualitätssicherung der Testfälle 150
    9.5   Die Verbindung von Anforderungen und Qualitätsmerkmalen
           zu Testfällen 150
    9.6   Die Überwachung des Fortschritts der Testfallerstellung 151
    9.7   Reflexion und Praxis-Check 152

10 Der Teststart 153
    10.1   Die Entwicklung einer Fehlerkultur............................ 154
    10.2   Die Testeingangskriterien je Testphase prüfen und verteidigen....... 155
    10.3   Die Testdurchführung 155
    10.4   Das Risikomanagement im Testprozess......................... 156
    10.5   Das Managen der Qualität im Testprozess....................... 159
    10.6   Die aussagekräftige Testergebnisdokumentation.................. 159
    10.7   Die kontinuierliche Kommunikation während des Tests 160
    10.8   Die richtige Dosis für das Informations- und Berichtswesen 162
    10.9   Das Konfliktmanagement im Testmanagement 162
    10.10   Reflexion und Praxis-Check 163

11 Das Defect-Management 165
    11.1   Der richtige Aufsatz des Defect-Managements................... 166
    11.2   Die Kommunikationswege im Defect-Management 167
    11.3   Die Defect-Dokumentation 168
    11.4   Die Metriken im Defect-Management und deren Beurteilung 169
    11.5   Die richtige Dosis für das Informations- und Berichtswesen 170
    11.6   Die verschiedenen Defect-Behebungsstrategien 171
    11.7   Die Beurteilung von Workarounds.............................. 172
    11.8   Die Integration des Defect-Managements
           in das Release-Management 174

11.9	Das Descoping als letzte Chance für eine Zielerreichung?	175
11.10	Reflexion und Praxis-Check	175

12 Das Informations- und Berichtswesen ... 177
12.1	Was ist notwendig und was nicht?	178
12.2	Wie kommuniziere ich als Testmanager richtig?	178
12.3	Das Spannungsverhältnis zum Management	182
12.4	Die Dokumentation von Testergebnissen je Testphase	182
12.5	Die Statusberichte und deren Farbenwelt	183
12.6	Das interne und externe Berichtswesen sowie Prüfungen	185
12.7	Die verschiedenen Eskalationswege eines Testmanagers	185
12.8	Reflexion und Praxis-Check	186

Teil III Der Abschluss

13 Das Testende ... 191
13.1	Wann ist der Test beendet?	192
13.2	Wann wird ein Test beendet (Timeboxing)?	193
13.3	Der Freigabeprozess und das Deployment-Management	194
13.4	Die Vorbereitung des Go-Live	194
13.5	Die Abstimmung mit dem Release-Management	195
13.6	Die Party	196
13.7	Die Lessons Learned und der Know-how-Transfer	196
13.8	Reflexion und Praxis-Check	197

14 Post Go-Live Testaktivitäten ... 199
14.1	Die Stabilisierungsphase	199
14.2	Der Umgang mit Hot-Fixes	200
14.3	Die qualitätsgesicherte Auflösung von Workarounds	200
14.4	Reflexion und Praxis-Check	201

Teil IV Was haben wir gelernt

15 Die Kommunikation ... 205
Weiterführende Literatur ... 207

16 Die Qualität ... 209

17 Die Umgebung ... 211

18 Das Teaming-Up ... 213

19 Die Vorbereitung ... 217

20	**Die Umsetzung**	219
21	**Die kontinuierliche Verbesserung**	221
	Weiterführende Literatur	222

Glossar 223

Stichwortverzeichnis 229

Abbildungsverzeichnis

Abb. 2.1	Zielhierarchie des Projektes ALPHA	19
Abb. 2.2	Phasenplan für Projekt ALPHA	26
Abb. 2.3	Projektorganisation für Projekt ALPHA	30
Abb. 2.4	Projektstrukturplan für Projekt ALPHA (ohne Codierung)	38
Abb. 2.5	Strukturierung des Teilprojektes Test für Projekt ALPHA	41
Abb. 2.6	Risikoportfolio für Projekt ALPHA	46
Abb. 3.1	Qualitätsziele und -merkmale nach ISO 25000	61
Abb. 4.1	Business Model Canvas für den Testmanager	86
Abb. 4.2	Aufbau eines Systemkontextdiagramms	88
Abb. 4.3	Systemkontextdiagramm für Projekt ALPHA	89
Abb. 5.1	Testphasenplan	98
Abb. 6.1	Testmeilensteine	115
Abb. 6.2	Projekt ALPHA Systemumgebungen	123
Abb. 12.1	Test-Statusbericht	184

Tabellenverzeichnis

Tab. 2.1	Projektsteckbrief für Projekt ALPHA	15
Tab. 2.2	Umfeldanalyse für das Projekt ALPHA	17
Tab. 2.3	Zieltabelle des Projektes ALPHA	20
Tab. 2.4	Kommentare und Fragen zu relevanten Zielen für Projekt ALPHA	22
Tab. 2.5	Meilensteine für das Projekt ALPHA	27
Tab. 2.6	Stakeholderübersicht für Projekt ALPHA	33
Tab. 2.7	Maßnahmen-Matrix für die Stakeholder von Projekt ALPHA	35
Tab. 2.8	Risikobeschreibung für Projekt ALPHA	44
Tab. 2.9	Risikomonitor für Projekt ALPHA	47
Tab. 2.10	Risikomonitor mit Maßnahmen für Projekt ALPHA	49
Tab. 3.1	Qualitätsziele und -merkmale	62
Tab. 3.2	Priorisierung der Testarten zur Erreichung der Qualitätsziele	64
Tab. 3.3	Quality Gates entlang der klassischen Projektphasen	66
Tab. 3.4	Komplexitätskriterien für Anforderungen	76
Tab. 3.5	Qualitätssicherung des Testmanagementprozesses	79
Tab. 5.1	Testphasen und Testarten	98
Tab. 5.2	Testarten und empfohlene Testaktivitäten	100
Tab. 6.1	ABC-Analyse je Teststufe und Anforderungen (Qualitätsmerkmale)	116
Tab. 6.2	Methoden zur Aufwandsplanung	119
Tab. 6.3	Übersicht Test- und Produktionssysteme Projekt ALPHA	122
Tab. 6.4	Ablage der Testdokumente	124
Tab. 7.1	Metriken und ihre Aussagekraft pro Testphase	129
Tab. 9.1	Attribute der Qualitätsaspekte	147
Tab. 9.2	Attribute einer Applikations- und Schnittstellenliste	148
Tab. 10.1	Risiken und Maßnahmen	158

Tab. 10.2	Kommunikationsformen	161
Tab. 10.3	Konfliktsituationen und Maßnahmen	163
Tab. 11.1	Metriken im Defect-Management	170
Tab. 12.1	Testberichte pro Projektphase	179
Tab. 12.2	Berichte pro Testphase	183

Teil I
Die Vorbereitung

1 Das Testmanagement und die Rolle des Testmanagers

© Burkhard Mohr

> **Zusammenfassung**
>
> Das Testen wird in der Praxis oft als ungeliebte Pflichtveranstaltung empfunden, die aufwendig ist und deshalb viel Geld kostet. Darüber hinaus ist für viele Projektteilnehmer der Nutzen wenig bis gar nicht transparent. In diesem Lichte wird auch die Rolle des Testmanagers gesehen – er wird benötigt, ist jedoch hauptsächlich unbequem. Er stellt häufig unangenehme und kritische Fragen zur Realität, weil er das Projekt möglichst vollumfänglich verstehen möchte. Dieses Vorgehen findet nicht in jeder Projektorganisation Zuspruch, und dadurch erhält der Testmanager oft wenig Wertschätzung. Dass ein gut durchgeführter Test direkten Einfluss auf die spätere Qualität im Produktionsbetrieb hat und im Gegenzug hohe Folgekosten drohen, falls der Qualitätsstand nicht hoch ist, wird oftmals unterschätzt oder ignoriert.

Wie kann man dieser Einstellung entgegenwirken? Durch Sensibilisierung und Aufklärung! Denn Qualität ist eben nicht optional, sondern wertstiftend. Folglich ist Testen eine wesentliche Aufgabe in jedem IT-Projekt. Der Testmanager nimmt damit eine zentrale Rolle im Projekt ein. Er ist mit seinem Testteam das Bindeglied zwischen Fachbereichen und Entwicklung. Darüber hinaus muss er in der Lage sein, ein Testteam zu formen, zu motivieren und zu steuern. Das setzt ein hohes Maß an Eigenverantwortung, Kommunikationsfähigkeit, Zielstrebigkeit und Beharrlichkeit voraus, um den Projekterfolg zu gewährleisten. Auch muss sich ein Testmanager einer kritischen Auseinandersetzung mit Werten wie Fokus, Mut, Offenheit/Transparenz, Respekt, sowie Vertrauen und Wertschätzung stellen, um ein Verständnis zu Vorgehen und Umgang im Projekt zu erlangen.

1.1 Das Ziel des Testens

Das Ziel des Testens ist das Finden von Fehlern! Damit soll sichergestellt werden, dass zur Produktivsetzung ein Produkt mit hohem Qualitätsstand ausgeliefert wird. Es muss lauffähig sein, frei von schwerwiegenden Fehlern und den gestellten Anforderungen entsprechen. Damit keine Illusionen aufkommen: es ist nie möglich alle Fehler zu finden. Die produktionsverhindernden Fehler zu finden ist die Herausforderung.

Dass IT-Projekte scheitern, hat häufig damit zu tun, dass am Ende der geplanten Projektlaufzeit noch Abweichungen vorhanden sind, die einen Produktionsstart verhindern. Wie viele Projekte scheitern und was das genau bedeutet, ist unklar. Es ist auch nicht unumstritten, wann ein Projekt als erfolgreich gelten kann. Folglich ist die Suche nach den Hauptursachen für das Scheitern von IT-Projekten nicht einfach. Untersuchungen dazu gibt es zahlreiche, mit am häufigsten wird der jährlich erscheinende Chaos Report der Standish Group zitiert. Es ist leicht Kritik an Studien zum Projekterfolg und insbesondere zum Chaos Report zu finden, die auch nachvollziehbar sind. Doch ein Problem, das zum Scheitern von IT-Projekten führt, wird immer wieder erwähnt: mangelhafte Anforderungen. Intuitiv ist leicht verständlich, dass Software nicht zielgerichtet entwickelt werden kann, wenn die Anforderungen nicht vollständig erfasst, verständlich dokumentiert oder qualitätsgesichert sind.

Und was hat das nun mit Testen und Testmanagement zu tun?

Erstens

Das Testen deckt die mangelhafte Anforderungsdefinition auf, entweder bei der Erstellung oder erst bei der Ausführung von Testfällen – was dann aber zu erhöhtem Aufwand führt und im Testprozess zu spät ist.

Zweitens

Testen und Testmanagement kann viel mehr bewirken, als Fehler aufzudecken, nachdem sie bereits in Code übergegangen sind. Das Testteam – und wir schließen den Testmanager hier ein – kann und sollte präventiv agieren und zur Vermeidung von Fehlentwicklungen beitragen.

Dazu muss das Testteam das Bindeglied zwischen Fachbereichen und Entwicklung sein. Im Dreieck dieser Hauptakteure, die wir auch die „drei Amigos" nennen, sollte sich das Testteam folgender Aufgaben annehmen:

- Ein gemeinsames Verständnis der Anforderungen sicherstellen.
- Die Testbarkeit der Entwicklungsobjekte hinsichtlich der Anforderungen herstellen.
- Abweichungen der Entwicklungsobjekte von den Anforderungen finden.
- Die adäquate Behebung von Abweichungen fördern.

Das Testmanagement nimmt in diesem Kontext eine sehr zentrale Rolle ein, die wir im Folgenden beleuchten.

1.2 Die Bedeutung und Aufgabe des Testmanagements

Unter Testmanagement verstehen wir die Sicherstellung von Anforderungen an die Funktionen eines IT-Systems, dem sogenannten Lieferobjekt, welche vorab definiert wurden. Wie diese Anforderungen bestenfalls in der Praxis umgesetzt werden, damit am Ende eines Projekts ein lauffähiges, stabiles und qualitativ hochwertiges Produkt entsteht, ist ein wesentlicher Baustein des Testmanagements.

Nach unserem Verständnis vermittelt das Testteam kontinuierlich zwischen Fachbereichen und Entwicklung, um das Leistungsziel des Projekts zu erreichen. Und was ist die Aufgabe des Testmanagers? Er muss zuallererst dieses Verständnis des Testens in die Köpfe der Beteiligten bringen – und damit ist nicht nur das Testteam gemeint sondern auch die Fachbereiche, die Entwickler, das Projektmanagement sowie die wesentlichen Stakeholder. Für den Erfolg eines Projekts ist es entscheidend, dass der Testmanager dieses Verständnis vorlebt. Er muss also als ständiger Vermittler zwischen allen Projektbeteiligten agieren.

In der Vorbereitung auf die Testphase heißt dies vor allem, dass der Testmanager die Bedürfnisse und Ziele der Stakeholder verstehen lernt. Den Projekterfolg kann er nur gewährleisten, wenn er es schafft, aus der Bedürfnisstruktur der Projektbeteiligten eine Zieldefinition zu bilden, auf deren Grundlage das Testvorgehen aufgebaut wird. Dieses muss unter den vorgegebenen Bedingungen umsetzbar sein und gleichzeitig vorhandene Rahmenwerke befriedigen.

Bei der Planung der Testaktivitäten muss der Testmanager berücksichtigen, dass nicht alle Anforderungen dieselben Risiken mit sich bringen. Der Testmanager ist somit auch eine Art Risikomanager im Projekt. Um die Testaktivitäten in einen Testplan überführen zu können, muss er den Aufwand für Testdurchführung inklusive Vorbereitung frühzeitig einschätzen können. Auch die Arbeitszeit des Testmanagers muss berücksichtigt werden. Wie viel Zeit muss er einplanen, um die Testaktivitäten zu strukturieren und zu priorisieren? Dazu muss er früh abschätzen können, ob ein vorgegebenes Rahmenwerk für das Testmanagement eine Unterstützung oder eher eine Blockade ist. Sollte der Zeitaufwand zur Befriedigung der bürokratischen Anforderungen mehr als 15 % der Arbeitszeit des Testmanagers beanspruchen, muss er Alarm schlagen.

Auch in der Umsetzungsphase nimmt der Testmanager eine sehr zentrale Rolle ein. Es gilt nach wie vor zwischen den Projektbeteiligten zu vermitteln und sie fortlaufend zu informieren. Dazu muss er den Fortschritt messen und kommunizieren können, sowohl in der Testfallerstellung als auch in der Testfalldurchführung. Viel Raum nimmt daneben die Arbeit mit dem Testteam ein. Das Team muss zunächst zusammengestellt, später motiviert und gesteuert werden. Die Tester benötigen Sicherheit bei der Erstellung der Testfälle und bei ihrer Durchführung. Auch die Erfassung von Defects sowie deren Verfolgung und idealerweise Behebung muss gut organisiert sein.

Da das Testteam die Planung in die Tat umsetzt, ist es von großer Bedeutung, dass der Testmanager hier die Zügel in der Hand hält. Er muss das Testteam formen und es auf seine Aufgabenstellung vorbereiten. Hat er es mit unerfahrenen Testern zu tun, muss er diese zunächst schulen, bevor er sie in den Testprozess integriert. Auch das ist eine notwendige Maßnahme, die erfüllt werden muss, um hohe Qualität im Testprozess zu gewährleisten. Hierzu zählt auch, dass der Testmanager die Kommunikation zwischen Testteam, Entwicklung und Fachbereich fördert, um die bestmöglichen Ergebnisse erzielen zu können. Im Rahmen der Umsetzung gehen wir sehr gezielt auf die Kommunikation ein. Sie ist ein wesentlicher Erfolgsfaktor, der sehr häufig in „Lessons Learned" als stark verbesserungswürdig eingeschätzt wird.

> **Erfahrungsbox: Förderung der Kommunikation durch das Testmanagement**
> Der Testmanager wurde in ein Projekt integriert, ohne dass er z. B. mittels eines Jour-Fixe oder der Teilnahme an Projektsitzungen informiert wurde, wie der Status des Projektes ist. Auch war es nicht vorgesehen, dass sich Mitglieder seines Testteams mit der Entwicklung und Vertretern des Fachbereiches austauschen konnten. Nach einigen Wochen sollte das Testteam auf Basis von bereitgestellten Unterlagen Testfälle erstellen und mit den Testaktivitäten beginnen.

> Um die Kommunikation zu fördern, hat der Testmanager für jedes Arbeitspaket im Rahmen einer Kommunikationsmatrix den zuständigen Entwickler, den entsprechenden Tester und den Verantwortlichen aus dem Fachbereich zusammengebracht. In einem Kick-Off wurden für jedes Arbeitspaket die Inhalte besprochen und im Weiteren wurden fortlaufende Treffen vereinbart, um sich auszutauschen. Der Vorteil dieses Vorgehens liegt auf der Hand. Durch die Zusammenstellung von Teams pro Arbeitspaket wusste jeder Teilnehmer, wer sein Gegenpart in der Entwicklung, im Test und im Fachbereich ist. Im Folgenden konnten so Fehler aus den technischen und fachlichen Tests schneller behoben werden, da sich die „drei Amigos" (IT, Test und Fachbereich) bereits kannten.

Alle erwähnten Tätigkeiten müssen auf das Projektvorhaben zugeschnitten und mit den richtigen Projektbeteiligten abgestimmt sein. Das setzt voraus, dass der Testmanager rechtzeitig in das Projekt integriert wird. Aus unserer Sicht gibt es gute Gründe einen Testmanager früh zu integrieren. Zum einen kann eine frühe Sensibilisierung für Testziele und dafür notwendige Voraussetzungen und Aktivitäten die Software-Qualität steigern. Zum andern darf der Aufwand für die Testvorbereitung nicht unterschätzt werden. Das Studium von Rahmenwerken und Standards, die Abstimmung von Ergebnissen oder der Aufbau von Testumgebungen dauern oft länger als man annehmen sollte. Insbesondere wenn eine Systemlandschaft stark verteilt ist, eventuell unter Beteiligung externer Dritter, muss mit hohen Vorlaufzeiten gerechnet werden. Eine frühe Einbindung des Testmanagements in das Projekt ist somit ein wesentlicher Erfolgsfaktor! Je eher alle Testbeteiligten (Testmanagement, Testteam, Entwicklung) über Hintergründe und Ziele eines Projektes informiert werden, desto besser sind sie in der Lage die Testaktivitäten darauf auszurichten. Es liegt am Projektmanagement dafür die richtigen Weichen zu stellen.

Projekte sind aber individuell, sodass immer im Kontext eines konkreten Projektvorhabens zu bewerten ist, wann ein Testmanager sinnvollerweise ins Projekt einsteigt. Wird das Testmanagement nicht rechtzeitig oder nur unzureichend in das Projektvorhaben eingebunden, so muss dieser Mangel umgehend behoben werden. Damit können Folgeschäden vermieden werden, die zu Verzögerungen, Unterbrechungen bis hin zu Abbrüchen von Projekten führen können.

1.3 Das Profil des Testmanagers

Um den Herausforderungen des Testmanagements gewachsen zu sein, muss ein Testmanager einige Qualifikationen mitbringen. Um es gleich vorwegzunehmen: die fachlichen Qualifikationen sind nachrangig einzustufen, Sozialkompetenz und Kommunikationsfähigkeit sind dagegen vorrangig.

Zunächst muss er ein hohes Maß an Eigenverantwortung, Zielstrebigkeit und Beharrlichkeit mitbringen, um den Projekterfolg gewährleisten zu können. Denn seine Entscheidungen und deren Umsetzung sind wichtig für das Erreichen der Qualitätsziele im Projekt. Der Testmanager sollte besonders stark in der Kommunikation sein, da er oft eine vermittelnde Rolle einnimmt: er muss darauf vorbereitet sein, mit den unterschiedlichsten Charakteren zu tun zu haben, was auch Flexibilität bedeutet. Im Kern arbeitet er mit Testern, mit Entwicklern jeglicher Art, mit Fachspezialisten und mit verschiedenen Managern. Nicht immer werden alle einer Meinung sein und sehr wahrscheinlich wird es hin und wieder zu Auseinandersetzungen kommen. Schließlich geht es beim Testen darum, Fehler aufzudecken, die nicht jeder gerne offen zugibt. Erfahrungen im Konfliktmanagement sind hilfreich, damit sich der Testmanager in der Sandwichposition zwischen Projektmanagement und Arbeitsebene souverän verhalten kann.

Die Fähigkeit das Geschehene Revue passieren zu lassen (Reflexion) ist für einen Testmanager hilfreich, um innehalten zu können und aus dieser Rückbetrachtung die richtigen Schlüsse zu ziehen. Es bietet sich auch eine gemeinsame Reflexion mit einzelnen Projektmitgliedern an, die iterativ durchgeführt werden kann, um auch die Meinungen des Projektteams einzufangen. Auch hier steht das Thema Kommunikation wieder im Mittelpunkt.

Natürlich muss ein Testmanager auch über eine entsprechende Methodenkompetenz verfügen. Um das Projektrahmenwerk zu verstehen und Teststrategie und -plan erstellen zu können, muss ein Verständnis der Terminologie im Testen gegeben sein. Daneben sind Projektmanagementmethoden notwendig, um klassische Planungsaufgaben wie Einsatz- und Budgetplanung zu leisten. Ergebnisse zu präsentieren und vor Gruppen sprechen zu können, sind ebenfalls wichtige Fähigkeiten.

Ein Testmanager muss in der Lage sein, komplexe Zusammenhänge zu verstehen, die sich zum Beispiel aus dem Zusammenspiel umfangreicher Systemarchitekturen und zahlreicher Anforderungen ergeben können. Ein entsprechendes Abstraktionsvermögen ist hier unabdingbar, da der Testmanager sich nicht bis ins letzte Detail mit diversen Aufgabenstellungen, die an ihn herangetragen werden, auseinandersetzen kann. Ein pragmatisches Vorgehen gepaart mit einem hohen Qualitätsanspruch ist erfolgversprechender als zeitraubender Perfektionismus, der am Ende zwar ebenfalls hohe Qualität liefert, jedoch die doppelte Zeit in Anspruch genommen hat. Testmanager müssen in der Lage sein, viele Informationen zu strukturieren und für die anstehenden Testaktivitäten entsprechend zu priorisieren.

Über allem muss dabei das Ziel stehen, authentisch zu sein. Ein Testmanager muss ein anerkannter Projektpartner auf Augenhöhe mit dem Projektmanagement und weiteren Entscheidungsträgern sein! Generell muss der Testmanager seine Rolle so wahrnehmen und leben, dass er dem Anspruch gerecht wird, einen Mehrwert für das Projekt zu liefern. Sollte dies irgendwann einmal nicht der Fall sein, so hat der Testmanager diesen Missstand zu melden. Dazu gehören unter anderem Mut und Offenheit als Werte, die wir im nächsten Abschnitt näher betrachten.

1.4 Die Werte im Testmanagement

Was sind Werte? Werte sind zu verstehen als Orientierungsleitsystem für jeden einzelnen. Wir gehen nach Prof. Dr. Viktor Emil Frankl bei Werten von einer andauernden Überzeugung eines Menschen aus. Werte sind keine Gefühle, Eigenschaften und Fähigkeiten. Werte sind das, was uns als Mensch etwas wert ist. Werte werden gelebt und steuern Interessen und Bedürfnisse. In unseren Aussagen verbergen sich immer gewisse Wertigkeiten. Und dessen müssen wir uns bewusst sein.

Teilweise wird die Auseinandersetzung mit Werten als „esoterische" Veranstaltung abgetan. Wer jedoch nicht bereit ist sich mit Werten auseinanderzusetzen, der verfügt zwar auch über ein Werteverständnis, aber leider keines, welches auf Offenheit und Vertrauen basiert. Eine Wertebetrachtung ist sinnvoll, da aus Wertekollisionen Konflikte entstehen können. Und um Konflikte verstehen zu können, muss ein Verständnis darüber erlangt werden, welchen Einfluss eine Wertekollision auf den Umgang mit anderen Menschen hat. Denn sehr oft fehlt die Kenntnis über die eigenen Werte und man empört sich allzu leicht über andere Personen. Mögliche Folgen könnten Überreaktionen sein.

Die Unternehmenskultur in der sich Testmanager bewegen, spielt eine sehr große Rolle dabei, das eigene Werteverständnis zu vermitteln, beziehungsweise (vor-)leben zu können. Wir unterscheiden nach Westrum zwischen drei Typologien von Unternehmenskulturen: den „krankhaften" (machtorientiert), den „bürokratischen" (regelorientiert) und den „generativen" (leistungsorientiert). „Krankhafte" Organisationen sind geprägt von geringer Kooperations- und Gesprächsbereitschaft, von mangelnder Verantwortungsübernahme, Entmutigung und Verhinderung von Brückenbildung mit anderen Bereichen. Fehler führen zur Suche nach einem Sündenbock und Neuerungen werden im Keim erstickt. In solch einem „krankhaften" Umfeld lässt es sich schwer testen. Stellt der Testmanager fest, dass er sich in einem solchen Umfeld befindet, sollte er überlegen, ob es zielführend ist, dort zu bleiben. Wesentlich besser lässt es sich in „bürokratischen" und nahezu ideal in „generativen" Organisationen testen.

Doch betrachten wir die Werte, auf die es im Testmanagement nach unserer Erfahrung ankommt, etwas genauer.

Fokus

<pre>
           B
         F O C
        U S E D
</pre>

Was heißt das? – Sei fokussiert!

Genau darum geht es auch im Testmanagement: fokussiert und zielorientiert zu sein. Das setzt voraus, dass eine klare Zieldefinition auf Projektebene existiert. Ist dies nicht der Fall, muss der Testmanager mit dem Projektmanagement in Kontakt treten und eine

Auftragsklärung vornehmen. Erst dann kann er sich auf die zu erarbeitenden Aufgaben fokussieren beziehungsweise konzentrieren.

Das steht im klaren Gegensatz zu unkoordiniertem und parallelisiertem Handeln, das im schlimmsten Fall von anderen Projektbeteiligten gesteuert wird und den Auftrag zweckentfremdet. Auch eine Priorisierung in der Abarbeitung von Testobjekten, Testfällen und Defects setzt immer eine Fokussierung voraus, um die jeweils wichtigsten Aktivitäten angehen zu können.

Mut
Der Testmanager vertritt seine Auffassung des Testmanagements selbstbewusst und fordert die Unterstützung von anderen Projektbeteiligten offensiv ein. Er redet „Klartext". Zum Beispiel schlägt er eine Reduzierung des Lieferumfangs vor, wenn er im Test feststellt, dass die Qualität mangelhaft ist. Der Testmanager muss mutig sein, um seine Testphilosophie auch gegenüber Widerständen durchsetzen und verteidigen zu können. Er muss sich trauen, auch von einer vorgegebenen Norm abzuweichen und sich einem daraus möglicherweise entstehendem Konflikt stellen, um zum Erfolg zu kommen.

Offenheit/Transparenz
Ein Testmanager muss stets offen sein für Impulse und Anregungen, die an ihn herangetragen werden. Daher muss er auch ein hohes Maß an Konfliktfähigkeit und vor allem auch Kritikfähigkeit besitzen. Er muss für Transparenz jeglicher Testaktivitäten sorgen. Dies umfasst bereits Fortschrittsgrade in der Planungsphase, in der Erstellung der Teststrategie und der Testfälle sowie in der Testfalldurchführung und Defect-Behebung. Arbeitsergebnisse und Metriken sollen jederzeit für alle Projektbeteiligten öffentlich zugänglich sein. Er äußert seine Meinung offen, auch wenn sie unbequem ist.

Respekt
Testmanager müssen respektvoll mit ihrem Projektumfeld umgehen:
  Sie hören gut zu.
  Sie lassen ausreden.
  Sie lassen andere Sichtweisen zu.
  Sie kritisieren konstruktiv.

Sie verstehen das Testen als Ergänzung zur Entwicklung und pflegen daher einen service-orientierten Umgang mit Entwicklung und Fachabteilung. Sie legen Wert darauf, dass sie als „drei Amigos" agieren. Das heißt sie sind stets mit Entwicklern und Fachbereichen abgestimmt und ziehen an einem Strang – und stehen sich nicht dabei gegenüber.

Darüber hinaus müssen Testmanager jederzeit Respekt vor der Aufgabe haben, die an sie herangetragen wird und vor den Menschen, mit denen sie zusammenarbeiten. Sie müssen ihr Projektumfeld und ihre Aufgabe ernst nehmen. Sie gehen selbstverständlich davon aus, dass jeder zu jedem Zeitpunkt sein Möglichstes getan hat, um das Projekt zum Erfolg zu bringen.

Vertrauen

Testmanager müssen ihrem Projektumfeld vertrauen können und sie müssen auch vertrauenswürdig sein und entsprechend handeln. Gegenüber ihrem Auftraggeber sollten sie ein von Vertrauen geprägtes Arbeitsverhältnis aufbauen. Dies lässt es zu, dass sie offen über Missstände und Risiken, die sich zutragen können, kommunizieren, ohne gleich mit persönlichen Konsequenzen rechnen zu müssen. Oftmals ist dies auch ein „Vertrauensvorschuss" zu Beginn eines Projektes, der bestenfalls nicht „verspielt" werden sollte. Dies gilt im Übrigen für alle Parteien in einem Projekt und nicht nur für den Testmanager!

Wertschätzung

Die Güte der Arbeitsergebnisse des Testteams ist jederzeit vom Testmanager zu achten und zu wertschätzen. Er hat dafür Sorge zu tragen, dass im Testteam eine wertschätzende und von Achtung getragene Atmosphäre gelebt wird. Aufgrund des Tätigkeitsschwerpunktes Fehler zu finden, ist im Testteam viel Motivationsarbeit zu leisten. Dies steigert die Produktivität und Ergebnisqualität. Ein einfaches „Dankeschön!" führt mit wenig Aufwand zu einer hohen Lokomotion (Antrieb) und Kohäsion (Zusammenhalt) des Testteams mit dem Testmanagement. Dies sind Erfolgsfaktoren, die durch reine Wertschätzung generiert werden können.

1.5 Reflexion und Praxis-Check

Wie mit dem Ziel des Testens, Fehler zu finden, umgegangen wird, ist stark abhängig von der Unternehmenskultur. Diese muss es erlauben, Fehler zu machen, ohne dafür verurteilt oder „bestraft" zu werden. Testmanager sollten auch „Werbung" für das Testen machen, um im Projekt Wertschätzung für das gesamte Testteam zu erlangen. Falls es bei einzelnen Projektmitgliedern zu einer anderen Wahrnehmung kommt, so sollten die Testmanager in der Lage sein, für Klarheit zu sorgen. Das funktioniert am besten faktenbasiert anstatt emotional.

Darüber hinaus müssen sich Testmanager darüber im Klaren sein, dass der Qualitätsanspruch, den sie an andere stellen, auch an sie selbst gerichtet wird – und das zu Recht. Sie müssen für einen stabilen Testprozess sorgen, um zum Produktionsstart ein Produkt mit hohem Qualitätsstand ausliefern zu können, welches lauffähig ist und frei von produktionsverhindernden Fehlern.

Praxis-Check
- ✓ Das Ziel des Testens ist jedem Projektmitarbeiter klar.
- ✓ Die Bedeutung des Testmanagements ist im Projekt zumindest der Projektleitung und den wesentlichen Stakeholdern (u. a. Auftraggeber, Management) klar.
- ✓ Die Anforderungen an die Qualifikation eines Testmanagers sind bekannt und die Position ist passend besetzt.
- ✓ Es existiert ein Werteverständnis im Projekt und die Unternehmenskultur erlaubt es, dass die Werte gelebt werden.

Literatur

Viktor Emil Frankl, *„Logotherapie und Existenzanalyse"*, *Piper, (1987)*.
Standish Group International, *„Chaos Report"*, (2010).
Ron Westrum *„A typology of organisational cultures"*. In: Qual Saf Health Care 13, (2004), S. 22–27

Das Projekt verstehen 2

Zusammenfassung

Das Projekt, in dessen Rahmen ein Testmanager arbeitet, bildet die Grundlage für all seine Handlungen. Es führt also kein Weg daran vorbei, das Projekt kennen zu lernen, also alle Grundlagen des Projektmanagements, die für das Testen von Bedeutung sind. Dazu zählen:

- der Projektsteckbrief
- die Umfeldanalyse
- die Projektziele
- der Phasenplan
- die Projektorganisation
- das Stakeholdermanagement
- der Projektstrukturplan
- das Risikomanagement

Folgen wir der Theorie des Projektmanagements (Wir orientieren uns am Projektmanagement-Standard der GPM [Deutsche Gesellschaft für Projektmanagement e. V.]. Auf formale Definitionen der verwendeten Projektmanagement-Begriffe verzichten wir jedoch bewusst), so sollte für die oben genannten Punkte jeweils eine klare Dokumentation existieren. In der Realität ist das allerdings selten der Fall. Wir wollen an dieser Stelle trotzdem idealtypisch beschreiben, welche Dokumente und Artefakte (Unter einem Artefakt verstehen wir ein Produkt, das als Zwischen- oder Endergebnis entsteht) wir wie nutzen würden. Falls ein Artefakt nicht vorhanden ist, so wird es schwieriger, das Projekt zu verstehen. Um diese Wissenslücke zu schließen, ist es sinnvoll, sich selbst eine Übersicht mit dem passenden Abstraktionsgrad zu erarbeiten. Der Testmanager kann alternativ dazu versuchen, das fehlende Artefakt im Laufe des Projektes vom Projektmanagement nachgeliefert zu bekommen.

Das hört sich nach viel Arbeit an und das ist es auch. Doch nur wer das Projekt in seinem Aufsatz verstanden hat, kann das eingebettete Testprojekt gut managen. Der Einsatz an dieser Stelle zahlt sich außerdem in anderer Form aus. Durch die initiale Recherchearbeit werden wertvolle Kontakte zu wichtigen Personen im Projekt geknüpft. Die Chance dabei kooperative Beziehungen zu etablieren, sollte sich kein Testmanager entgehen lassen.

2.1 Der Projektsteckbrief

Um ein erstes Verständnis für ein Projekt zu erlangen, eignen sich verschiedene Dokumente. Einen schnellen Einstieg würde ein Projektsteckbrief ermöglichen, der in komprimierter Form die wichtigsten Eckpunkte zusammenfasst. Dazu gehören mindestens der Projektgegenstand und grobe Projektziele, die Nennung des Auftraggebers und weiterer maßgeblich Beteiligter sowie eine kurze Beschreibung des erwarteten Nutzens. Außerdem können auch schon das Projektumfeld, Termine, grobe Aufwände und Kosten sowie Risiken enthalten sein. Für den Testmanager ist ein Projektsteckbrief somit ideal, um ein Grundverständnis für das Projekt zu erlangen. Ein initiales Gespräch mit dem Projektmanager, in dem die aufgeführten Punkte auf einer hohen Flughöhe besprochen werden, kann ein guter Ersatz für einen Steckbrief sein. Noch besser ist ein Gespräch zusätzlich zum Steckbrief, damit der Testmanager zum Einstieg einen soliden Überblick bekommt.

Je nachdem wie das Projektmanagement in einem Unternehmen betrieben wird, existiert vielleicht zusätzlich zum Projektsteckbrief auch ein umfassender Projektantrag. Dieser könnte als hervorragende Quelle für alle Projektmanagement-Artefakte dienen, die wir in diesem Kapitel besprechen. Im Projektantrag sollte ebenfalls eine grobe Darstellung des Projektes enthalten sein, die inhaltlich dem Projektsteckbrief entspricht.

Wie ein Projektsteckbrief aussehen kann, zeigen wir an unserem Beispielprojekt ALPHA in Tab. 2.1. Darin werden die wesentlichen Eckpunkte des Projektes auf einer Seite dargestellt.

Bei größeren Projekten kann es sinnvoll sein, wenn der Testmanager einen Teststeckbrief anfertigt. Dieser bietet einen schnellen Überblick über die wesentlichen Aspekte beim Testen. Solch ein Teststeckbrief kann dabei helfen, Transparenz und Fokussierung zu fördern – zwei der Werte, die wir im Testmanagement für wichtig erachten. Dazu muss der Teststeckbrief jedoch nicht nur erstellt, sondern auch veröffentlicht und an die richtigen Empfänger kommuniziert werden. Er sollte eine gemeinsame Grundlage für alle Mitglieder des Testteams darstellen. Um sicher zu stellen, dass der Teststeckbrief bei jedem ankommt, könnte er in ein Starter-Paket aufgenommen werden, das jedem neuen Teammitglied zur Verfügung gestellt wird. Auch für Personen außerhalb des Testteams kann der Teststeckbrief sinnvoll sein. Der Testmanager sollte ihn aushändigen, wann immer der Inhalt hilft, um mit anderen eine gemeinsame Gesprächsgrundlage zu schaffen.

2.1 Der Projektsteckbrief

Tab. 2.1 Projektsteckbrief für Projekt ALPHA

Projekttitel und -nummer	ALPHA, 156
Auftraggeber	Vertriebsvorstand
Projektträger	Vertriebstechnik
Projektgegenstand	Erneuerung des Kundenportals für die externen Endanwender
Projektziele	• Erneuerung der verwendeten Technologien und Methoden im Kundenportal • Erhaltung bestehender Funktionalitäten im Kundenportal • Erweiterung um neue Funktionalitäten im Kundenportal • Harmonisierung von Kundenportal und Backend zur Verbesserung der Daten-und Prozessqualität
Erwarteter Nutzen	• Umsatzsteigerung/Kundenzugewinn durch erhöhte Wettbewerbsfähigkeit • Aufwandsminderung für Wartung und Weiterentwicklung des Kundenportals durch Verbesserung von Technologie und Methoden • Minderung manueller Aufwände im Backoffice durch erhöhte Datenqualität
Maßgeblich Beteiligte	• Anwender des Kundenportals • Abteilung Vertrieb für die Anforderungsdefinition Kundenportal • Abteilung Service für die Anforderungsdefinition Backend • Abteilung Entw-A für die Entwicklung Kundenportal • Abteilung Entw-B für die Entwicklung Backend • Abteilung Datenmanagement • Lenkungsausschuss aus Vertriebsvorstand, IT-Vorstand, Leiter IT-Betrieb, Leiter Service, Projektmanager
Projektumfeld	• Bestehendes Kundenportal, das erneuert wird • Bestehende Systeme und Prozesse im Backoffice, die angepasst werden, sofern notwendig • Externe Schnittstellen und Komponenten • Interne und externe Standards • Hard- und Software-Ausstattung beim Portalanwender, inklusive mobilen Endgeräten
Risiken	• Qualifizierte Ressourcen nicht ausreichend verfügbar • Technisches Risiko durch den Einsatz neuer Technologien • Akzeptanz beim Portalanwender
Termine	• Gesamtprojektlaufzeit 9 Monate • Entwicklungsende in Q2 • Produktivsetzung in Q3
Aufwand	• 3.000 Personentage
Budget	• 0.5 Mio. für neue Hardware • 1 Mio. Primärkosten für Beratungsleistungen

2.2 Die Umfeldanalyse

In der Umfeldanalyse wird versucht, alle Faktoren zu identifizieren, die den Verlauf des Projektes entscheidend beeinflussen könnten. Dies sind beispielsweise relevante regulatorische Vorgaben und Gesetze, die Systemlandschaft oder die Hardware-Ausstattung. Üblicherweise ist eine Umfeldanalyse eine Liste aus relevanten Faktoren und zugehöriger Beschreibung, die erklärt wie sich der Faktor zum Projekt verhält. Eine Kategorisierung der Faktoren ist wünschenswert, um einen besseren Überblick zu bekommen. Tab. 2.2 zeigt die Umfeldanalyse unseres Projektes ALPHA.

Aus dieser Umfeldanalyse kann für das Testprojekt Folgendes abgeleitet werden:

- Im Projekt ALPHA werden existierende Anwendungen erneuert beziehungsweise angepasst. Im Test sind also sowohl neue als auch bestehende Anforderungen zu berücksichtigen. Dafür muss der Testmanager zunächst die Ist-Situation durchdringen und zur Verfügung stehende Dokumente, bestehende Qualitätskriterien und eventuell vorhandene Testfälle sichten. In der Teststrategie muss die Absicherung bestehender Funktionalitäten berücksichtigt werden.
- Dass externe Schnittstellen nicht verändert werden können, liefert ein eigenständiges Testobjekt. Der Testmanager muss sich einen Überblick über die Art und Anzahl der Schnittstellen verschaffen und bewerten, inwiefern explizite Tests pro Schnittstelle durchgeführt werden müssen. Außerdem muss sich der Testmanager fragen, ob und wie ein externer Partner in den Test mit eingebunden werden muss. Abhängig davon müssen geeignete externe Ansprechpartner gefunden werden.
- Die Rahmenbedingungen des internen Datenmodells sowie des Branchenstandards müssen ebenfalls im Test berücksichtigt werden. Dazu muss der Testmanager eine Idee entwickeln, wie der Test erfolgen kann.
- Die Testumgebungen bilden im Testmanagement einen wichtigen Umfeldfaktor. Der Testmanager muss Testumgebung und Tests so koordinieren, dass die notwendigen Testfälle ausführbar sind. Aus der Umfeldanalyse folgt, dass es mehrere Testumgebungen gibt, die zum Teil extern beeinflusst werden. Daraus resultiert die Aufgabe, die Testumgebungen zu analysieren, zu visualisieren und deren Verwendbarkeit und Verfügbarkeit zu prüfen. Dabei sind Einschränkungen zu erwarten, die Testumgebungen mit sich bringen. Eventuell sind nicht alle Tests durchführbar, weil keine Testumgebung alle Aspekte des produktiven Betriebs abbildet. Außerdem gibt es vermutlich mehr als ein Projekt, das eine Testumgebung benötigt. Hierzu bietet sich eine Abstimmung mit dem Releasemanagement an (sofern in der Organisation vorhanden). Auch die Linienorganisation ist nicht zu vergessen. Mit Konkurrenz um Testzeiten oder Testdaten ist zu rechnen. Siehe hierzu auch Abschn. 4.2, 5.4 sowie Abschn. 6.6.
- Datenschutzbestimmungen sowie die Einhaltung des Arbeitnehmerschutzgesetzes sollten ebenfalls im Test überprüft werden, auch wenn Anforderungen dazu fehlen.

2.2 Die Umfeldanalyse

Tab. 2.2 Umfeldanalyse für das Projekt ALPHA

Umfeldfaktor	Kategorie und Verortung	Beschreibung
Bestehendes Kundenportal	• Technischer Faktor • Direkte Wirkung • Intern	Zu erneuernde Anwendung. Gibt den fachlichen Rahmen und die technische Basis vor.
Bestehende Backend-Systeme und Prozesse	• Technischer Faktor • Direkte Wirkung • Intern	Muss an das neue Kundenportal angepasst werden. Liefert technische und fachliche Limitierungen, wo eine Anpassung nicht möglich ist
Externe Schnittstellen	• Technischer Faktor • Direkte Wirkung • Extern	Schnittstellen zu externen Partnern, die nicht verändert werden
Internes Datenmodell	• Technischer Faktor • Direkte Wirkung • Intern	Hausweit verwendetes Datenmodell. Verwendung ist verpflichtend. Ergänzungen müssen gemäß des internen Prozesses beantragt werden und sind im internen Datenkatalog zu dokumentieren
Branchenstandard für das fachliche Datenmodell	• Technischer Faktor • Direkte Wirkung • Extern	Branchenweit verwendeter Standard für das fachliche Datenmodell. Verwendung ist verpflichtend
Testumgebungen	• Technischer Faktor • Direkte Wirkung • Intern mit externen Anteilen	Systemumgebungen, auf denen Testen in unterschiedlichem Ausmaß möglich ist. Externer Einfluss besteht, da Testserver zum Teil extern gehostet sind
Datenschutz	• Rechtlicher Faktor • Direkte Wirkung • Extern	Kann die Möglichkeit zur Datenübertragung einschränken
Arbeitnehmerschutzgesetz	• Rechtlicher Faktor • Direkte Wirkung • Extern	Muss bei der Entwicklung neuer Oberflächen berücksichtigt werden
Wettbewerb	• Ökonomischer Faktor • Direkte Wirkung • Extern	Macht die Erneuerung des Frontends notwendig, um nicht an Wettbewerbsfähigkeit zu verlieren
Hard- und Softwareausstattung beim Kunden	• Technischer Faktor • Direkte Wirkung • Extern	Typische Ausstattung beim Kunden muss berücksichtigt werden

- Die Hard- und Softwareausstattung beim Endanwender ist zunächst unbekannt. Idealerweise ist im Projekt bereits festgelegt, welche Konstellationen unterstützt werden sollen. Falls dies nicht der Fall ist, muss der Testmanager darauf drängen, diese Lücke zu schließen. Schließlich muss er wissen, in welcher Umgebung das Kundenportal lauffähig sein muss. Die Liste von Browsern und Betriebssystemen kann allerdings sehr lang sein. Einen Test für „alle gängigen" Versionen auszuführen, kann schnell sehr aufwendig werden. Hier ist unbedingt Klarheit zu schaffen.

Fragen zur Umfeldanalyse sind schnell gefunden:

- Wo ist Material zu den Umfeldfaktoren zu finden? Das ist ein wichtiger Aspekt, denn in den Umfeldfaktoren können nicht offensichtliche Testobjekte versteckt sein, für die der Testmanager sinnvolle Tests vorsehen müssen.
- Sind die Umfeldfaktoren als konstant zu betrachten? Oder können einzelne Faktoren über die Laufzeit des Projektes Änderungen unterliegen? Gibt es Möglichkeiten oder auch schon Pläne einen Faktor zu beeinflussen?
- Wie hoch ist die Bereitschaft auch im Backend Optimierungen umzusetzen? Oder sind die Anpassungen am Backend rein darauf beschränkt, die Änderungen am Frontend zu ermöglichen?
- Was fehlt? Beispielsweise SLAs (Service-Level-Agreements), hausinterne Rahmenwerke und Standards in der Software-Entwicklung.

Zusammenfassend: Die Umfeldanalyse sollte jeder Testmanager sorgfältig studieren. Denn Umfeldfaktoren können eine Quelle für Testfälle sein, die nicht offensichtlich sind. Außerdem können in den Umfeldfaktoren Limitierungen für das Testen versteckt sein.

2.3 Die Projektziele

Nachdem der Testmanager ein erstes grobes Verständnis des Projektes erlangt hat, sollte er sich intensiv mit den Projektzielen beschäftigen. Zu den Projektzielen zählen wir quantitative und qualitative Festlegungen, sowie Realisierungsbedingungen, die eingehalten werden müssen. Beispiele für Projektziele sind Aussagen wie „Die neue Anwendung muss die Kernprozesse abbilden." oder „Die Anwendung muss intuitiv bedienbar sein." oder „Der Gesamtaufwand darf 3000 Personentage nicht überschreiten" oder „Die Umsetzung muss nach dem V-Modell erfolgen".

Ein guter Testmanager muss die Projektziele unbedingt kennen. Das alleine reicht allerdings nicht aus. Der Testmanager sollte sie zu seinen eigenen Zielen machen und sie mit seinem Team konsequent verfolgen. Dazu ist zu allererst eine Qualitätssicherung der Zieldokumentation notwendig. Also: lesen, kritisch beurteilen und anschließend Fragen und Anmerkungen mit dem Projektmanagement besprechen. Dabei geht es nicht darum,

2.3 Die Projektziele

die Ziele infrage zu stellen, sondern sie in der Tiefe zu verstehen. Diese Aufgabe kann je nach Projektgröße auch von einem extra ernannten Qualitätsmanager geleistet werden. Mehr dazu in Kap. 3.

Am Beispiel von Projekt ALPHA zeigen wir, wie Projektziele dokumentiert sein können. Abb. 2.1 zeigt eine Zielhierarchie, aus der eine Struktur der Ziele erkennbar ist. Das Projektmanagement sollte außerdem eine Auflistung anbieten können, in der die Ziele klassifiziert und priorisiert sind. Zusätzlich sollten Messkriterien vorhanden sein, damit die Zielerreichung auch messbar ist (Tab. 2.3).

Die groben Projektziele, die der Steckbrief für das Projekt ALPHA schon zu erkennen gab, sind damit konkreter geworden. Betrachten wir die Ziele genauer, so lässt sich für den Testmanager Folgendes ableiten:

- Die **Finanzziele** sind auch für das Testmanagement relevant. Die geplanten Aufwände für den Test sollten unbedingt eingehalten werden.
- Die **Funktionsziele** müssen durch passende Anforderungen im Projekt abgedeckt werden. Aus den Anforderungen ergeben sich Entwicklungstätigkeiten und auch Testaktivitäten. Zu jedem Funktionsziel sollte sich der Testmanager also überlegen, wie der Testansatz aussehen könnte.
- Das **soziale Ziel** verlangt vom Testmanager, dass er die Re-Test-Quote ermittelt und überwacht. Sie sollte also eine seiner Metriken zur Risikomessung im Testprozess sein.

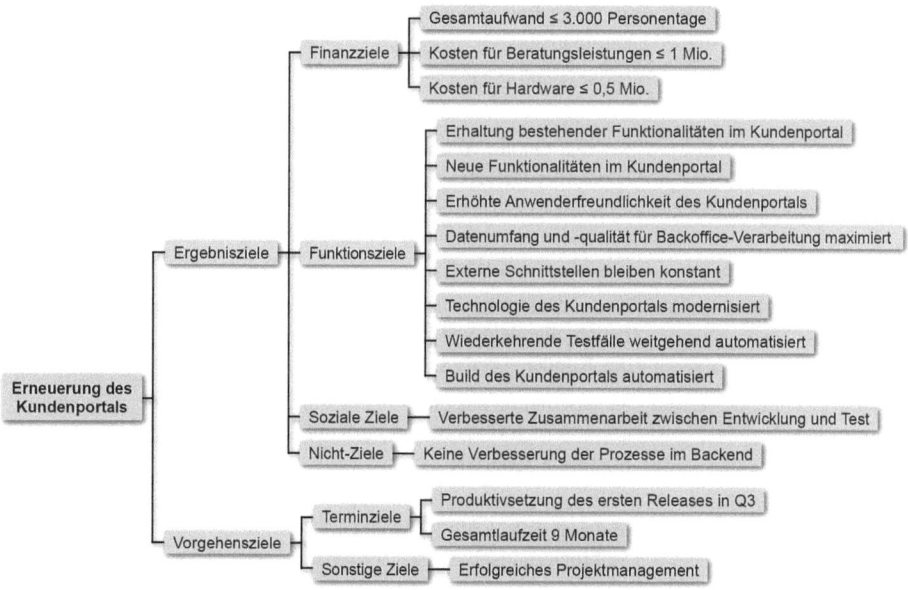

Abb. 2.1 Zielhierarchie des Projektes ALPHA

Tab. 2.3 Zieltabelle des Projektes ALPHA

Ziel	Messkriterien	Klasse	Priorität
Gesamtaufwand ≤ 3000 PT	Gebuchte Aufwände	Finanzziel	Muss
Kosten für Beratungsleistungen ≤ 1 Mio	Gebuchte Kosten	Finanzziel	Muss
Kosten für Hardware ≤ 0.5 Mio	Gebuchte Kosten	Finanzziel	Muss
Erhaltung bestehender Funktionalitäten im Kundenportal	Use Cases aus bestehender Systemdokumentation vollständig im neuen Kundenportal vorhanden	Funktionsziel	Muss
Neue Funktionalitäten im Kundenportal	Top 10 Funktionalitäten aus der Wettbewerbsanalyse sind im neuen Kundenportal vorhanden	Funktionsziel	Muss
Erhöhte Anwenderfreundlichkeit des Kundenportals	Usability-Kriterien sind erfüllt	Funktionsziel	Muss
Datenumfang und -qualität für Backoffice-Verarbeitung maximiert	Anzahl der Fälle, in denen manuelle Nachfragen beim Kundenportal-Anwender notwendig sind, ist mindestens halbiert	Funktionsziel	Muss
Externe Schnittstellen bleiben konstant	Keine Versionsänderungen an den Schnittstellen zu externen Systemen	Funktionsziel	Muss
Technologie des Kundenportals modernisiert	Umsetzung gemäß des Architektur-Entwurfs aus der Vorstudie ist erfolgt	Funktionsziel	Muss
Wiederkehrende Testfälle weitgehend automatisiert	80 % der Regressionstestfälle sind automatisiert	Funktionsziel	Kann
Build des Kundenportals automatisiert	Build ist automatisiert	Funktionsziel	Wunsch
Verbesserte Zusammenarbeit zwischen Entwicklung und Test	Re-Test-Quote = 0 für mindestens 80 % aller Defects, das heißt mindestens 80 % der Defects können nach der ersten Korrektur und der Re-Test geschlossen werden	Soziales Ziel	Muss
Keine Verbesserung der Prozesse im Backend	Keine Änderungen in den Backendsystemen, die nicht von einer Schnittstelle des Kundenportals abgeleitet sind	Nicht-Ziel	Muss
Produktivsetzung des ersten Releases in Q3	Releasedatum, das die Nutzung durch alle externen Endanwender erlaubt, liegt im 3. Quartal	Terminziel	Muss
Gesamtlaufzeit 9 Monate	Zeitraum zwischen Projektstart und erstem Release + 2 Wochen Stabilisierungsphase ist ≤ 9 Monate	Terminziel	Muss
Erfolgreiches Projektmanagement	Review durch interne Revision ergibt höchstens Beanstandungen der Kategorie 2	Sonstiges Ziel	Kann

2.3 Die Projektziele

- Das **Nicht-Ziel** muss sich in den Anforderungen und Spezifikationen für Projekt ALPHA niederschlagen – und zwar dadurch, dass keine Anforderungen zu Prozessveränderungen enthalten sind. Sofern nicht die Qualitätssicherung von Anforderungsdokumenten zur Aufgabe des Testteams zählt, ergeben sich daraus keine Testaktivitäten.
- Die **Terminziele** sind für die Testplanung zu beachten. Sie sollten sich allerdings auch in der Phasenplanung wiederfinden (siehe Abschn. 2.4).
- Das **sonstige Ziel** erfordert ein erfolgreiches Projektmanagement. Hierfür ist zu klären, welche Rolle das Testmanagement dabei spielt. Es ist zu erwarten, dass das Einhalten des Test-Rahmenwerks von der internen Revision oder auch einem externen Prüfer überprüft wird.

Die Einzelziele aus Projekt ALPHA, die für den Testmanager relevant sind oder sein könnten, sind in Tab. 2.4 kommentiert.

Diese Überlegungen und Fragen sollten mit dem Projektmanagement besprochen werden. Projektmanager haben wenig Zeit, da ein gemeinsames Verständnis für die Projektziele aber essenziell für eine zielgerichtete weitere Arbeit ist, sollte der Testmanager auf einen Termin bestehen, in dem die Tabelle gemeinsam durchgegangen wird. Es ist sinnvoll möglichst viele Projektunterlagen zu sichten, bevor ein Termin vereinbart wird. Bei einigen Punkten wird der Projektmanager wohl an andere Personen im Projekt verweisen. Daher ist es hilfreich, die Projektorganisation zu kennen. Die relevanten Ansprechpartner sind dann leicht zu identifizieren. Dazu mehr in Abschn. 2.4.

> **Erfahrungsbox: Projektziele**
>
> Es kann vorkommen, dass die Projektziele nicht ganz den eigenen Vorstellungen entsprechen. Besonders schwer tut sich ein Testmanager, wenn in den Projektzielen ein geringerer Qualitätsanspruch verankert ist, als er persönlich für ratsam hält. Denn dann darf er weniger testen als ihm lieb wäre. Die Folgen: Unzufriedenheit mit der eigenen Arbeit und dem Projekt als Ganzes. Konflikte entstehen schneller und ohne klar sichtbare Ursache. Wir schlagen vor, dass sich jeder Testmanager ehrlich fragt, ob er die Projektziele zu seinen eigenen machen kann. Wenn ihm das schwer fällt, sollte er in die Diskussion mit dem Projektmanagement gehen.
>
> Projektbeteiligte reden oft unbewusst über Projektziele. Sie rechtfertigen damit ihre Aktivitäten und untermauern ihre Haltungen. „Aber wir müssen doch mit dem Projekt erreichen, dass…". Solche und ähnliche Aussagen sind oft zu hören. Nicht immer steckt dahinter ein klar formuliertes Projektziel. Jedes Projektmitglied tut gut daran, die Projektziele zu kennen oder zumindest zu wissen, wo sie hinterlegt sind. Dafür ist Transparenz im Projekt notwendig. Ein guter Testmanager sorgt dafür, dass die relevanten Projektziele im Testteam bekannt sind.

Tab. 2.4 Kommentare und Fragen zu relevanten Zielen für Projekt ALPHA

Ziel	Messkriterien	Klasse	Priorität	Kommentar/Fragen
Erhaltung bestehender Funktionalitäten im Kundenportal	Use Cases aus bestehender Systemdokumentation vollständig im neuen Kundenportal vorhanden	Funktionsziel	Muss	• Use Case Dokumentation muss dem Testteam zur Verfügung gestellt werden • Wie werden die Anforderungen zu den bestehenden Funktionalitäten erfasst? • Gibt es bestehende Testfälle, die wiederverwendet werden können?
Neue Funktionalitäten im Kundenportal	Top 10 Funktionalitäten aus der Wettbewerbsanalyse sind im neuen Kundenportal vorhanden	Funktionsziel	Muss	• Sind diese 10 Funktionalitäten bereits ausgewählt und beschrieben?
Erhöhte Anwenderfreundlichkeit des Kundenportals	Usability Kriterien sind erfüllt	Funktionsziel	Muss	• Gibt es bereits abgestimmte Usability Kriterien, die möglichst priorisiert sind? Welche Testansätze sind bereits bekannt? • Vorsicht: Usability Testing kann aufwendig sein. Es müssen geeignete Ansätze vereinbart werden • Erste Ideen: Usability Testing durch ausgewählte Endnutzer, die gestellte Aufgaben durchführen müssen und dann befragt werden. Kombination mit Eye-Tracking

(Fortsetzung)

2.3 Die Projektziele

Tab. 2.4 (Fortsetzung)

Ziel	Messkriterien	Klasse	Priorität	Kommentar/Fragen
Datenumfang und -qualität für Backoffice-Verarbeitung maximiert	Anzahl der Fälle, in denen manuelle Nachfragen beim Kundenportal-Anwender notwendig sind, ist mindestens halbiert	Funktionsziel	Muss	• Dieses Ziel muss durch die Berücksichtigung von Anforderungen aus dem Backoffice sichergestellt werden • Im Test wird die Übereinstimmung mit den Anforderungen geprüft. Die Verantwortung für die Zielerreichung liegt jedoch nicht beim Testteam
Externe Schnittstellen bleiben konstant	Keine Versionsänderungen an den Schnittstellen zu externen Systemen	Funktionsziel	Muss	• Es wird eine Dokumentation der externen Schnittstellen erwartet und möglichst zugehörige Testfälle, die verwendet werden können • Wie gut sind die externen Partner über das Projekt informiert? Können sie aktiv in den Test integriert werden, um evtl. Änderungen an den Schnittstellen zu prüfen?
Technologie des Kundenportals modernisiert	Umsetzung gemäß des Architektur-Entwurfs aus der Vorstudie ist erfolgt	Funktionsziel	Muss	• Dieses Ziel muss durch die IT gesichert werden. Die technische Architektur ist aus Sicht des Testmanagements kein Testgegenstand
Wiederkehrende Testfälle weitgehend automatisiert	80 % der Regressionstestfälle sind automatisiert	Funktionsziel	Kann	• Klärung, was die Priorisierung als Kann-Ziel bedeutet? Gibt es eine Untergrenze? • Welche Tools zur Testautomatisierung werden genutzt? Ist eine Toolbeschaffung im Rahmen des Projektes möglich? • Wer wird die automatisierten Testfälle schreiben und anschließend in der Linie pflegen?

(Fortsetzung)

Tab. 2.4 (Fortsetzung)

Ziel	Messkriterien	Klasse	Priorität	Kommentar/Fragen
Build des Kundenportals automatisiert	Build ist automatisiert	Funktionsziel	Kann	• Dieses Ziel muss durch die IT gesichert werden. Aber es könnte Zusammenhänge mit dem Testmanagement geben. Denn es muss sichergestellt werden, dass alle Tester auf einem stabilen Stand des Systems testen, der ihnen auch bekannt ist
Verbesserte Zusammenarbeit zwischen den Entwicklungsteams	Re-Test-Quote = 0 für mindestens 80 % aller Defects, das heißt mindestens 80 % der Defects können nach der ersten Korrektur und der Re-Test geschlossen werden	Soziales Ziel	Kann	• Hierfür muss im Defect-Management eine qualifizierte Ursachenanalyse erfolgen. Das könnte zu Schuldzuweisungen führen, die Konflikte schüren und eine kooperative Arbeitsatmosphäre gefährden • Wäre ein anderes Messkriterium möglich?
Keine Verbesserung der Prozesse im Backend	Keine Änderungen in den Backendsystemen, die nicht von einer Schnittstelle des Kundenportals abgeleitet sind	Nicht-Ziel	Muss	• Dieses Ziel muss durch die Anforderungen aus dem Backoffice sichergestellt werden • Im Test wird die Übereinstimmung mit den Anforderungen geprüft. Die Verantwortung für die Zielerreichung liegt jedoch nicht beim Testteam
Erfolgreiches Projektmanagement	Review durch interne Revision ergibt höchstens Beanstandungen der Kategorie 2	Sonstiges Ziel	Kann	• Schließt das Review das Testmanagement ein? Welche Kriterien werden genutzt?

2.4 Der Phasenplan

Um den Verlauf eines Projektes leichter verständlich zu machen, sollte es in Phasen aufgeteilt werden. Die Phasen müssen dabei nicht nur zeitlich, sondern auch inhaltlich voneinander abgegrenzt sein. Für jede Phase sollten folglich Beginn- und Enddatum sowie Hauptaufgaben und Meilensteine definiert sein. Üblicherweise wird zur Visualisierung ein Phasenplan erstellt, der die Phasen auf der Zeitachse grafisch veranschaulicht. In Verbindung mit einer tabellarischen Übersicht, die die Hauptaufgaben und Meilensteine pro Phase auflistet, erhält jeder Interessierte schnell einen groben Überblick über den geplanten Projektverlauf. Wie das für unser Projekt ALPHA aussehen könnte, zeigen Abb. 2.2 und Tab. 2.5. Das Projektmanagement sollte einen solchen Phasenplan aufstellen und mit dem Testmanager durchsprechen. Die Visualisierung in Form einer Grafik mit Zeitachse ist aus unserer Sicht dabei empfehlenswert. So lässt sich ein besseres Gefühl für die Zeitabstände entwickeln.

Aus diesem Phasenplan mit Meilensteinen kann der Testmanager nun sehr schnell ablesen, wann er am Projekt beteiligt sein muss und welche Hauptaufgaben von ihm und dem Testteam zu leisten sind. Auf den ersten Blick sieht das folgendermaßen aus:

- Während der Realisierungsphase werden die Testaktivitäten vorbereitet. Der Testmanager erstellt Testkonzept und Testplan, er steuert den Aufbau von Testumgebung und Testdaten und er baut das Testteam auf. Das Testteam selbst wiederum erstellt Testfälle zu allen Anforderungen, die abgedeckt werden müssen.
- Während der Testphase führt das Testteam die vorbereiteten Testfälle durch. Auch Testaktivitäten, die nicht auf Testfällen beruhen, wie beispielsweise exploratives Testen oder Parallelbetrieb, finden in dieser Phase statt. Die Tester dokumentieren die Fehler und führen nach dem Beheben von Fehlern einen Nachtest durch. Der Testmanager steuert das Testteam durchgängig und nimmt seine Berichtspflichten wahr.
- In der Einführungsphase sichert das Testteam die Produktivstellung des neuen Kundenportals durch begleitende Tests ab. Der Testmanager koordiniert diese Testaktivitäten. Der Meilensteinplan nennt diese Aktivitäten zwar nicht explizit, aber ein Testmanager sollte sie annehmen.
- In der Stabilisierungsphase hat das Testteam die Aufgabe, gemeldete Produktionsfehler auf einer Testumgebung nachzustellen. Fehlerbehebungen müssen vom Testteam nachgetestet werden. Dabei müssen eventuell notwendige Regressionstests durchgeführt werden. Der Testmanager koordiniert die Aktivitäten des Testteams und der beteiligten Entwickler.
- In der Abschlussphase organisiert der Testmanager den Transfer in den Linienbetrieb. Alle relevanten Arbeitsergebnisse aus dem Testteam müssen übergeben werden, insbesondere die Testfälle. Außerdem führt der Testmanager mit dem Testteam ein Review (Lessons Learned) durch, um die gesammelten Erfahrungen zu dokumentieren und in den kontinuierlichen Verbesserungsprozess einfließen zu lassen.

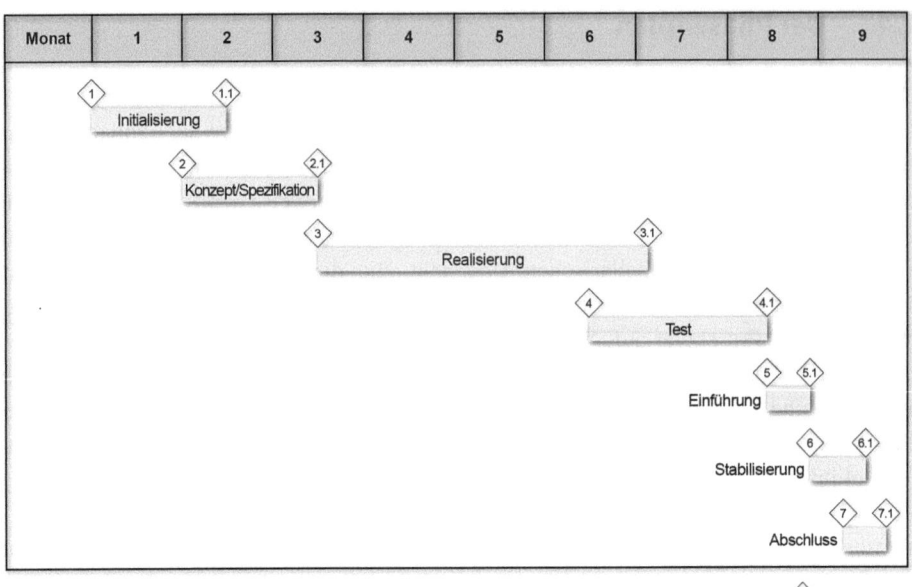

Abb. 2.2 Phasenplan für Projekt ALPHA

Die Beteiligung des Testmanagers und des Testteams könnte jedoch auch ganz anders aussehen:

- Das Testteam könnte die Testfälle bereits in der Konzept- und Spezifikationsphase erstellen. Das hätte den Vorteil, dass sie in der Realisierungsphase bereits verfügbar wären und dem Entwicklungsteam als Messlatte dienen könnten. Außerdem wäre damit eine hohe Qualität der Konzepte und Spezifikationen gewährleistet. Denn wenn aus Anforderungsdokumenten Testfälle abgeleitet werden können, sind die Inhalte mit hoher Wahrscheinlichkeit auch so verständlich, dass die Entwickler sie gut umsetzen können. Wird diese Idee verfolgt, so muss der Testmanager sein Testkonzept und am besten auch seinen Testplan früh erstellen. Selbstverständlich muss auch das Testteam früher aufgebaut werden. Welche Aufgaben das Testteam dann während der Realisierungsphase wahrnimmt, ist zu klären. Zu tun gibt es in der Regel genug, beispielsweise in der Testautomatisierung. Nachteil dabei ist jedoch, dass das Testteam in einem eher unruhigen Fahrwasser seine Testfälle erstellen muss. Üblicherweise ist in der Konzept- und Spezifikationsphase noch viel Bewegung im Scope, sodass eine stabile Testbasis nicht unbedingt zu erwarten ist. Der Testmanager muss sich dessen bewusst sein und mit den Konsequenzen von Scope-Änderungen umgehen können.
- Etwas ruhiger wird es, wenn das Testteam die Qualitätssicherung der Anforderungsdokumente zum Ende der Konzept- und Spezifikationsphase lediglich begleitet.

2.4 Der Phasenplan

Tab. 2.5 Meilensteine für das Projekt ALPHA

Phase	Hauptaufgaben	Meilensteine	Termin
Initialisierung	• Auftragsklärung • Zielentwicklung • Analyse von Randbedingungen • Grobplanung	M1: Start der Initialisierungsphase	01.01.
		M1.1: Projektauftrag genehmigt	15.02.
Konzept/ Spezifikation	• Strukturplanung, Konzeption der Architektur, Oberflächendesign • Erstellung von Detailspezifikationen, Vorbereitung der Umsetzungsphase	M2: Start der Konzept- und Spezifikationsphase	01.02.
		M2.1: Konzepte und Spezifikationen abgestimmt	15.03.
Realisierung	• Programmierung mit Entwicklertest • Entwicklung der Datenmigration • Vorbereitung der Testphase • Hardwarebeschaffung	M3: Start der Realisierung	16.03.
		M3.1: Realisierung und Entwicklertest erfolgreich beendet	30.06.
Test	• Durchführung der geplanten Testfälle und Testaktivitäten • Fehlerbehebung • Vorbereitung der Einführung und Stabilisierung	M4: Start der Testphase	16.06.
		M4.1: Testergebnisse akzeptiert und Hardware einsatzbereit	15.08.
Einführung	• Produktivsetzung des neuen Kundenportals mit allen abhängigen Komponenten • Produktive Datenmigration • Kommunikation an Endanwender	M5: Start der Einführungsphase	16.08.
		M5.1: Kundenportal voll funktionsfähig und geänderte Prozesse werden genutzt	31.08.
Stabilisierung	• Intensives Monitoring der neuen Komponenten und Prozesse • Fehlerbehebung, Support für die Endanwender	M6: Start der Stabilisierungsphase	01.09.
		M6.1: Meldung produktiver Fehler in normaler Häufigkeit	23.09.
Abschluss	• Dokumentation von Erfahrungen • Bestimmung offener Punkte • Übergabe an die Linienorganisation • Auflösung von Ressourcen	M7: Start der Abschlussphase	15.09.
		M7.1: Projekt abgeschlossen	30.09.

Dadurch ist den Testern ein sanfter Einstieg in die jeweilige Themenstellung möglich ohne stark von Scope-Änderungen beeinflusst zu werden.
- In den späteren Phasen der Einführung und Stabilisierung können der Testmanager und das Testteam weiter unterstützen, müssen sie aber nicht. Mit dem Projektmanagement muss daher geklärt werden, wie die Rollen und Verantwortlichkeiten in diesen späten Phasen verteilt sind. Möglich wäre, dass die Testaktivitäten in der Einführungs- und Stabilisierungsphase von einer Organisationseinheit in der Linie übernommen werden. Die notwendigen Übergaben an den Linienbetrieb muss der Testmanager dann früher organisieren.

Wichtig ist in jedem Fall, dass der Testmanager und das Projektmanagement eine gemeinsame Sicht auf den Phasenplan erlangen. Dazu ist ein Abstimmungstermin gut, bei dem über die Aktivitäten des Testmanagers und des Testteams in der jeweiligen Projektphase diskutiert wird. Um eine klare Kommunikationsgrundlage zu haben, ist es sinnvoll, den Phasenplan mit den Aspekten aus dem Test anzureichern. Der Testmanager kann für das Testen eigene Meilensteine ausformulieren und eventuell auch eine lange Phase in mehrere zerlegen. Das hängt davon ab, wie gut Hauptaufgaben und Beginn- und Endtermine festgelegt werden können. Falls es schwer fällt, klare Phaseninhalte zu formulieren, sollte auf eine Unterteilung verzichtet werden. Auf der Hand liegt, die Testphase in zwei Unterphasen zu teilen: einen technischen Test und einen fachlichen Test. Wahrscheinlich werden bestehende Rahmenwerke und Standards sowieso eine feinere Unterteilung fordern, zum Beispiel durch die Vorgabe von mehreren Quality Gates, die Bezug zum Test haben wie in Abschn. 3.5 beschrieben.

> **Erfahrungsbox: Planungssicherheit für den Phasenplan**
> Die Planungen des Testmanagers werden erheblich beeinträchtigt, wenn Projektumfang und Anforderungen nicht zu einem angemessenen Zeitpunkt fixiert werden. In einem großen Projekt erlebten wir, dass sowohl „Scope Lockdown" (Projektumfang final festlegen) als auch „Requirements Freeze" (Anforderungen final festlegen) monatelange nicht stattfanden. Dennoch musste in dieser instabilen Situation ein Testplan entwickelt werden. Der Konflikt war vorprogrammiert. Der Testmanager hat sich geweigert eine verbindliche Planung abzugeben, da ihm die notwendigen Planungsgrundlagen fehlten. In einem Termin mit dem Projektmanagement wurde dies als hohes Projektrisiko klassifiziert und es wurden zeitnahe Deadlines festgelegt, um den Projektumfang sowie die Anforderungen final festzulegen. Erst danach konnte mit einer verbindlichen Testplanung begonnen werden.
>
> In einem Software-Entwicklungsprojekt stellten wir bei der Vorbereitung des Systemintegrationstests fest, dass ein Teil der Testumgebung erst nach dem geplanten Produktionstermin verfügbar sein würde. Ursache war, dass die Vorlaufzeit eines externen Partners sehr hoch war. Daran ließ sich allerdings nichts mehr ändern. Das Resultat waren Risiken, die dadurch entstanden, dass gewisse Tests nicht möglich waren. Diese Risiken wurden beFt und an das Risikomanagement des Projektes übergeben. Sie wären vermeidbar gewesen, wenn das Testmanagement früher am Projekt beteiligt gewesen wäre.
>
> Eine andere Quelle für Zeitverzögerungen ist oftmals ein langwieriger Onboarding-Prozess für externe Projektmitglieder. In einem Fall haben wir erlebt, dass ein externer Tester erst zwei Monate nach Beauftragung tatsächlich ins Projekt gelangte. Ihn dann noch in die Testaktivitäten einzubinden, war nicht mehr möglich ohne dabei Testfortschritt zu opfern. Das Ergebnis war für alle unbefriedigend!

2.5 Die Projektorganisation

Wenn wir von der Projektorganisation reden, sind wir auf der Suche nach einer Übersicht, die die Organisationsstruktur eines Projektes verständlich macht. Es geht also um die verschiedenen Rollen im Projekt, deren Beziehungen zueinander und natürlich um die Personen, die eben diese Rollen besetzen. Idealerweise bietet das Projektmanagement eine handliche schematische Übersicht an, die auf einen Blick verständlich macht, wie das Projekt organisiert ist.

Abb. 2.3 zeigt die Projektorganisation für Projekt ALPHA. Der Projektleiter Harald Maier wird durch Klaus Ferdinand im Projektmanagementoffice unterstützt. Unterhalb des Projektmanagements gliedert sich das Projekt in vier Teilprojekte: Fachliche Anforderungen, Entwicklung, Datenmigration und Test mit jeweils einem Teilprojektleiter. Das Projektmanagement berichtet an einen Lenkungsausschuss, der nicht näher beschrieben ist.

Aus dieser Darstellung können wir schnell folgende Schlüsse ziehen:

- Der Testmanager berichtet seinen Status an den Projektleiter Winter. Probleme, die nicht innerhalb des Teilprojektes „Test" gelöst werden können, werden ebenfalls an Projektleiter Winter eskaliert.
- Das Teilprojekt „Fachliche Anforderungen" liefert die Anforderungen, auf deren Basis der Test erfolgt.
- Das Teilprojekt „Entwicklung" liefert die zu testenden Entwicklungsobjekte und ist für die Behebung von Fehlern zuständig, die aus der Programmierung stammen.
- Mit dem Leiter des Teilprojektes „Datenmigration", muss geklärt werden, wie Testdaten verfügbar gemacht werden können. Außerdem ist ein Konzept für den Test der Datenmigration zu erarbeiten.
- Mit den Teilprojektleitern Miller, Keller und Simons muss die Zusammenarbeit zwischen den Teams abgestimmt werden.
- Testresultate und insbesondere Defects werden an die Teilprojekte „Entwicklung" und „Datenmigration" geliefert, um in der Test- und Fehlerbehebungsphase die Qualität der Projektergebnisse zu erhöhen.

Allerdings bleiben auch Fragen offen, die der Testmanager möglichst frühzeitig klären sollte, um sich sicher im Projekt bewegen zu können. Beispiele hierfür wären unter anderem:

- Berichtswesen:
  - In welcher Art wird der Status berichtet?
  - Wer ist der Empfänger der Statusberichte – der Projektmanager selbst oder das Projektmanagementoffice?
  - Wann ist ein Statusbericht fällig?
  - Wer nimmt an Sitzungen des Lenkungsausschusses teil?
  - Wer ist im Lenkungsausschuss vertreten?

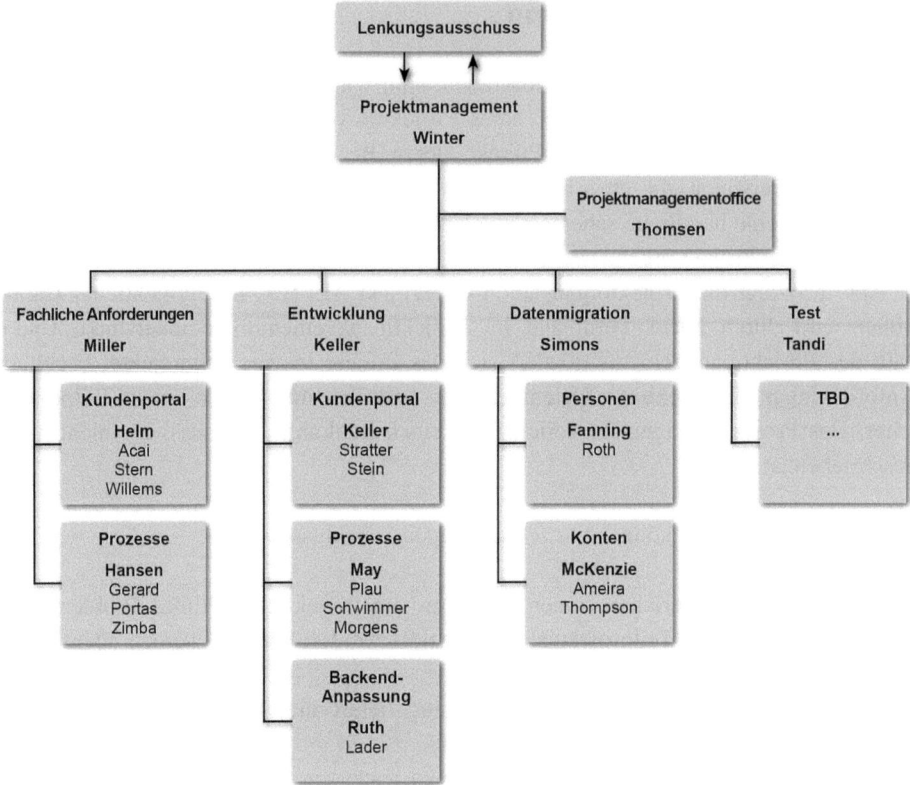

Abb. 2.3 Projektorganisation für Projekt ALPHA

- Anforderungen:
  - Wie erfolgt die Anforderungsdefinition? Wird ein zentrales Tool verwendet oder werden eigenständige Anforderungsdokumente erstellt?
  - Wie erfolgt die Qualitätssicherung der Anforderungen?
  - Woher kommen nicht-funktionale Anforderungen?
  - Wie erfolgt die Kommunikation und Steuerung, wenn aus dem Testen ein Change Request resultiert und damit Anforderungen geändert werden müssen?
- Entwicklung:
  - Wann wird ein Entwicklungsobjekt in den Test gegeben?
  - Welche qualitätssichernden Maßnahmen werden in der Entwicklung zugrunde gelegt?
  - Wer ist für die Integration der Programmteile in eine zusammenhängende Testumgebung zuständig? Überhaupt – welche Testumgebungen gibt es und wie sind sie gekennzeichnet?

2.5 Die Projektorganisation

- Datenmigration:
  - Woher erhält das Teilprojekt „Datenmigration" seine Anforderungen?
  - Welche zeitliche Planung besteht für die Datenmigration? Und welche Einschränkungen ergeben sich daraus für den Test?

Um Antworten auf diese Fragen zu erhalten, muss der Testmanager mit den aufgeführten Personen in Kontakt treten. Empfehlenswert ist es, vorab alle Projektmanagement-Artefakte zu sichten, die erhältlich sind. Auch ein eventuell vorhandenes Testrahmenwerk liefert Antworten und muss daher durchgearbeitet werden, bevor andere mit Fragen überhäuft werden (siehe auch Abschn. 5.1).

Die Projektorganisation verdeutlicht aber auch eine Bringschuld des Testmanagers: er muss seine eigene Organisationsstruktur definieren und diese in die Projektorganisation einfließen lassen. Das erfordert Zeit und Information. Erst wenn der Testmanager das Projekt und den Projektgegenstand in seinen Grundzügen verstanden hat, kann er eine Struktur für das Teilprojekt „Test" vorschlagen, die den Herausforderungen gerecht wird.

Zusammengefasst: Aus der Projektorganisation kann der Testmanager ableiten, wer ihn mit Input versorgt und an wen er Ergebnisse liefern muss. Und er kann verstehen, mit welchen Personen er zu welchen Themen im Austausch stehen muss. Er kann darauf also seine eigene Kommunikations- und Informationsstrategie aufbauen.

2.6 Das Stakeholdermanagement

Unter den Stakeholdern eines Projektes verstehen wir die Personen oder Personengruppen, die ein Interesse am Projekt und dessen Verlauf haben. Stakeholder können unterschiedlich stark vom Projekt betroffen sein, haben verschiedene Möglichkeiten Einfluss zu nehmen und haben ihre eigene Einstellung zum Projekt. Sie zu informieren und gegebenenfalls aktiv einzubeziehen, wird immer wieder als einer der wichtigsten Erfolgsfaktoren des Projektmanagements bezeichnet. Es ist also zu erwarten, dass das Projektmanagement aussagekräftiges und verständliches Material zu den Stakeholdern anbieten kann. Dieses Material muss der Testmanager übernehmen und bei Bedarf ergänzen oder abändern. Denn die Stakeholder des gesamten Projektes sind immer auch die Stakeholder des Testmanagements. Somit ist es auch für den Testmanager ein kritischer Erfolgsfaktor mit ihnen eine vertrauensvolle und offene Beziehung aufzubauen.

Zurück zur Theorie: Die GPM nennt in ihrer National Competence Baseline[1] unter anderem die folgenden Prozessschritte des Stakeholdermanagements:

- Identifizierung und Priorisierung der Stakeholder
- Analyse Ihrer Interessen und Erwartungen
- Entwicklung von Strategien für den Umgang mit den Stakeholdern
- Sicherstellung einer weitgehenden Zufriedenheit der Stakeholder während aller Projektphasen

---

[1] Die GPM benutzt den Begriff „Interessierte Parteien" synonym für Stakeholder.

Die Ergebnisse der ersten beiden Prozessschritte sollten mithilfe einer Tabelle festgehalten werden, in der die Beziehungen der Stakeholder zum Projekt beschrieben werden. Die daraufhin entwickelte Strategie zum Umgang mit den Stakeholdern sollte in einer Maßnahmen-Übersicht festgehalten sein. Die Zielsetzung des Stakeholdermanagements ist letztendlich, die Zufriedenheit der Stakeholder über den gesamten Projektverlauf sicherzustellen. Dafür ist ein kontinuierliches Monitoring der Stakeholder nötig. Denn die Stakeholder können ihre Einstellung zum Projekt jederzeit ändern. Ein guter Projektmanager hat daher eine aktive Beobachtung der Stakeholder in seine Tätigkeiten integriert. Zum Beispiel könnte er in regelmäßigen Statussitzungen hinterfragen, ob sich die Haltung von Stakeholdern geändert hat. Wenn ja, so müssen neue oder geänderte Maßnahmen in Betracht gezogen werden.

Tab. 2.6 zeigt eine Stakeholderübersicht für unser Projekt ALPHA.
Passend zur Stakeholderübersicht zeigt die Tab. 2.7 eine Maßnahmen-Matrix.
Um die gesammelten Informationen über die Stakeholder ideal nutzen zu können, sollte der Testmanager sie zunächst auf Qualität prüfen. Im Falle von Projekt ALPHA könnten dazu folgende Fragen an das Projektmanagement gestellt werden:

- Wie homogen sind die Stakeholder?
- Ein Vergleich mit der Projektorganisation legt nahe, dass Prozess-Entwickler in der Stakeholderanalyse fehlen. Gehören sie zur Gruppe der Backend-Entwickler?
- Sind die IT-Architektur und der IT-Betrieb tatsächlich nur geringfügig vom Projekt betroffen? Und sind sie damit automatisch indifferent gegenüber dem Projekt?
- Das Testteam ist im Stakeholdermanagement von Projekt ALPHA bislang nicht berücksichtigt. Welche Maßnahmen sind für das Testteam geplant?

Unabhängig von offenen Fragen können für Projekt ALPHA jedoch sofort einige wichtige Rückschlüsse aus den Stakeholder-Tabellen gezogen werden. Diese werden dem Testmanager bei späteren Planungsaufgaben und natürlich seinem eigenen Stakeholdermanagement helfen.

- Während die Kundenportal-Teams im Fokus des Projektes stehen, sind die Backend-Teams eher als zwangsläufig Beteiligte zu sehen. Dementsprechend werden sie bereitwillig oder eben weniger bereitwillig kooperieren. Die Kommunikation mit den Backend-Teams muss der Testmanager also vorsichtig angehen. Zum Beispiel könnten einzelne Mitglieder des Testteams ausgewählt werden, um die Kommunikation zum Backend-Team zu fördern. Dadurch kann Vertrauen aufgebaut werden.
- Die Abteilung Datenmanagement könnte im Laufe des Projektes überfordert sein. Der Testmanager muss sich dessen bewusst sein, wenn er diese Gruppe in den Test einbindet.
- Es gibt einen Newsletter, den vermutlich alle Stakeholder erhalten. Der Testmanager sollte in Erfahrung bringen, wie dieser Newsletter entsteht und welche Inhalte er hat. Vielleicht kann er den Newsletter für das eigene Stakeholdermanagement mitnutzen. Vielleicht gibt es aber auch explizite Anforderungen an den Testmanager, Input für den Newsletter zu liefern.

2.6 Das Stakeholdermanagement

Tab. 2.6 Stakeholderübersicht für Projekt ALPHA

Stakeholder	Beziehung zum Projekt	Einfluss	Betroffenheit	Einstellung
Anwender des Kundenportals	• Sind die Hauptnutzer des Projektergebnisses • Erwarten eine verbesserte Anwendung • Werden nicht aktiv in das Projekt eingebunden	Niedrig	Hoch	Positiv
Sachbearbeiter im Backoffice	• Erwarten keine oder nur geringe Änderungen ihrer Arbeitsumgebung • Versprechen sich keine positiven Auswirkungen auf ihre Tätigkeiten • Werden erst zur Abnahme des Projektergebnisses eingebunden	Mittel	Mittel	Negativ
Entwickler des Kundenportals	• Sind maßgeblich für die Entwicklungsleistung verantwortlich • Erwarten herausfordernde Aufgaben in der Umsetzung und damit eine Aufwertung im Unternehmen	Hoch	Hoch	Positiv
Entwickler des Backends	• Sind für unterstützende Entwicklungsleistung verantwortlich • Erwarten geringe Aufwände und geringe Änderungen in ihrer Arbeitsumgebung • Sehen im Projekt keine Chancen, höchstens Risiken	Hoch	Mittel	Negativ
Fachliche Systemverantwortliche des Kundenportals	• Sind für den Großteil der Anforderungen zuständig • Sind nach Projektende für die weitere Pflege des Kundenportals verantwortlich • Inhalt und Qualität ihrer Anforderungen sind maßgeblich für den Projekterfolg verantwortlich • Sehen Möglichkeiten zur Entwicklung moderner Konzepte • Sehen Chancen zur Profilierung und persönlichen Weiterentwicklung	Hoch	Hoch	Positiv
Fachliche Systemverantwortliche des Backends	• Sind für Spezifikationen zuständig, die für den Projekterfolg entscheidend sind • Erwarten geringe Aufwände durch wenige Anpassungen am Backend • Sehen Risiken, dass sich ihrer Arbeitsumgebung negativ verändert	Hoch	Mittel	Negativ

(Fortsetzung)

Tab. 2.6 (Fortsetzung)

Stakeholder	Beziehung zum Projekt	Einfluss	Betroffenheit	Einstellung
Abteilung Datenmanagement	• Sind für die Datenmigration zuständig • Sind parallel für die Weiterführung der Linientätigkeit zuständig • Ihre Termintreue ist entscheidend für den Projekterfolg • Erwarten, dass die Daten ohne Verlust migriert werden können • Sehen Risiko einer Verschlechterung der Datenqualität, die Zusatzaufwände in der Linientätigkeit zur Folge hat	Hoch	Hoch	Negativ
IT-Architektur	• Erwarten, dass das hausweite Architektur-Modell eingehalten wird • Ihre Architekturentscheidungen können die Höhe der Entwicklungsaufwände stark beeinflussen • Sehen weder Chancen noch Risiken im Projekt	Hoch	Niedrig	Indifferent
IT-Betrieb	• Sind für die Inbetriebnahme und den anschließenden Betrieb des Kundenportals zuständig • Sind erst zur Inbetriebnahme eingebunden • Erwarten keine zusätzlichen Anforderungen an ihre Tätigkeiten • Sehen weder Chancen noch Risiken im Projekt	Niedrig	Niedrig	Indifferent
Service Desk	• Ist für den Support der Endanwender zuständig • Sind nicht aktiv in das Projekt eingebunden • Sehen Risiko für Mehraufwände nach der Einführung des neuen Kundenportals	Niedrig	Hoch	Negativ
Management	• Verantwortet die Erreichung der Geschäftsziele, zu denen der Projekterfolg beiträgt • Sieht Chance zur Verbesserung der Wettbewerbsfähigkeit, gleichzeitig ein Kostenrisiko	Hoch	Hoch	Positiv

(Fortsetzung)

2.6 Das Stakeholdermanagement

Tab. 2.6 (Fortsetzung)

Stakeholder	Beziehung zum Projekt	Einfluss	Betroffenheit	Einstellung
Beauftragtes Beratungshaus	• Stellt Berater, deren Leistung kritisch für den Projekterfolgt ist • Projekt ist für einen signifikanten Anteil am Gesamtumsatz verantwortlich • Sieht Chance für eine langfristige Auslastung und Folgeaufträge • Sehen eine Chance zur Profilierung im Markt	Hoch	Hoch	Positiv

Tab. 2.7 Maßnahmen-Matrix für die Stakeholder von Projekt ALPHA

Stakeholder	Information	Veranstaltungen	Sonstiges
Anwender des Kundenportals	• Konkrete Information zu den Neuerungen vier Wochen vor dem Releasetermin		• Wenn möglich, Einbindung durch ein vorzeitiges Release einzelner Funktionalitäten
Sachbearbeiter im Backoffice	• Kontinuierliche Information zum Projektfortschritt per Newsletter	• Einladung von Vertretern zur Kick-Off-Veranstaltung	
Entwickler und fachliche Systemverantwortliche des Kundenportals	• Kontinuierliche Information zum Projektfortschritt per Newsletter	• Teambildende Veranstaltungen zu Meilensteinen	
Entwickler und fachliche Systemverantwortliche des Backends	• Kontinuierliche Information zum Projektfortschritt per Newsletter	• Integration in die Meilenstein-Veranstaltungen für das Kundenportal-Team	
Abteilung Datenmanagement	• Kontinuierliche Information zum Projektfortschritt per Newsletter	• Teambildende Veranstaltungen zu Meilensteinen	• Aktive Unterstützung im Berichtswesen durch das Projektmanagementoffice • Überprüfung der Belastung nach der ersten Projektphase

(Fortsetzung)

Tab. 2.7 (Fortsetzung)

Stakeholder	Information	Veranstaltungen	Sonstiges
IT-Architektur	• Kontinuierliche Information zum Projektfortschritt per Newsletter		
IT-Betrieb	• Kontinuierliche Information zum Projektfortschritt per Newsletter		• Integration in die Anforderungsphase, damit die Rahmenbedingungen von IT-Betrieb mit den Vorstellungen des Projektes synchronisiert werden können
Service Desk	• Kontinuierliche Information zum Projektfortschritt per Newsletter • Frühestmögliche Versorgung mit Dokumentationen	• Intensive Schulung am neuen Frontend vier Wochen vor Go-Live	
Management	• Intensive Information bei Erreichen von Meilensteinen. • Kontinuierliche Information zum Projektfortschritt per Newsletter		
Beauftragtes Beratungshaus	• Feedback zu eingesetzten Beratern drei Wochen nach Start im Projekt		

Basierend auf der Arbeit des Projektmanagements muss der Testmanager seine eigene Stakeholderanalyse aus dem Blickwinkel des Testens erstellen. Er muss seine Stakeholdergruppen identifizieren und analysieren, Maßnahmen für sie entwickeln und sie im weiteren Projektverlauf kontinuierlich beobachten. Die Stakeholderanalyse des Projektmanagements ist dabei eine gute Ausgangslage, die aber erweitert oder abgeändert werden muss. Aus unserer Sicht gehört die Aufgabe zu den vorbereitenden Planungsaufgaben des Testmanagers, die in Kap. 5 besprochen werden.

> **Erfahrungsbox: Kommunikationsförderung mit Stakeholdern**
> Wenn sich das Testteam nicht in das Gesamtprojekt integriert fühlt, leidet die Kommunikation zwischen Testern, Entwicklern und Business Analysten (die „drei Amigos"). Daraus resultieren zwangsläufig längere Fehlerbehebungszeiten. Um die Kommunikation zu verbessern, ist es sinnvoll, bereits in einer frühen Projektphase eine gemeinsame Aktivität über die Teamgrenzen hinweg zu veranstalten. Wie viel Aufwand dafür betrieben wird, ist dabei nachrangig. Entscheidend ist, dass das Projektmanagement signalisiert, dass teamübergreifende Kommunikation erwünscht ist und gefördert wird. Der Testmanager sollte die Kommunikation zusätzlich kontinuierlich weiter fördern, zum Beispiel durch regelmäßige gemeinsame Informationstermine, in denen Kooperation und Kommunikation positiv herausgestellt werden.

2.7 Der Projektstrukturplan

Ein Projekt zu überblicken, ist ab einer bestimmten Projektgröße nicht ganz einfach. Es gibt eine Vielzahl von zu erstellenden Objekten, es gibt Phasen, es gibt Aktivitäten und es gibt beteiligte Personengruppen. Eine wichtige Aufgabe des Projektmanagements ist es daher in dieses Dickicht Ordnung zu bringen, um Kontrolle und Steuerung zu ermöglichen. Ein Schlüsselinstrument dazu ist der Projektstrukturplan. Er ist eine hierarchische Darstellung aller Aufgaben im Projekt und bildet damit die Grundlage für die Ablauf- und Terminplanung, die Einsatzmittelplanung, die Projektdokumentation und das Projektcontrolling.

Der GPM folgend wird ein Projektstrukturplan so erstellt:

- Auf einer ersten Gliederungsebene unterhalb des Wurzelelementes „Projekt" werden Teilprojekte und Teilaufgaben festgelegt.
- Auf einer zweiten Gliederungsebene werden wiederum Teilaufgaben sowie Arbeitspakete festgelegt.
- Auf der dritten Gliederungsebene werden alle noch nicht enthaltenen Arbeitspakete aufgelistet, die bearbeitet werden müssen, um die Projektziele zu erreichen.

Ein Arbeitspaket umfasst dabei eine abgeschlossene Leistung, die ein definiertes Ergebnis zur Folge hat. Ein Arbeitspaket muss im Umfang kontrollierbar sein und genau einem Verantwortlichen zugeschrieben sein.

Das Projektmanagement sollte unbedingt einen Projektstrukturplan anbieten können. Darstellungsweisen gibt es viele, von einer einfachen Liste bis zu komplexeren Formaten aus Projektmanagement-Tools. Unabhängig von der Darstellung sollte er dem Testmanager ermöglichen, die Grundstruktur des Projektes schnell zu verstehen. Wenn Elemente stark erklärungsbedürftig sind, so ist dies ein Hinweis darauf, dass sie zu groß sind oder sich schlecht von anderen Elementen abgrenzen lassen. Außerdem sollte die Beziehung zu den anderen Projektmanagement-Dokumenten wie zum Beispiel dem Phasenplan oder der Projektorganisation deutlich erkennbar sein. Damit ein Projektstrukturplan als Schlüsselinstrument dienen kann, ist es wichtig, dass er codiert ist, das heißt alle Elemente, auch die auf den höheren Ebenen, sollten eine eindeutige Kennung besitzen. Damit ist ein klarer Verweis auf alle Projektelemente möglich. Die Arbeitspakete selbst sollten einheitlich beschrieben sein. In der Regel wird dafür ein standardisiertes Formular genutzt. Es sollte zumindest eine Beschreibung der Aufgabe enthalten sowie einen Verantwortlichen benennen. Wie viele Angaben in einer Arbeitspaketbeschreibung notwendig sind, ist Ansichtssache. Sie müssen ausreichen, um den Inhalt des Arbeitspakets zu vermitteln und sich vor allem von anderen abgrenzen.

Man ahnt also schon, dass es nicht einfach ist, einen Projektstrukturplan zu erstellen und Arbeitspakete sinnvoll zu beschreiben. In die Details dieser Kunst wollen wir auch gar nicht weiter einsteigen. Stattdessen zeigen wir in Abb. 2.4 an unserem Beispiel-Projekt ALPHA wie ein Projektstrukturplan aussehen kann. Auf die Beschreibung eines Arbeitspaketes verzichten wir.

Abb. 2.4 Projektstrukturplan für Projekt ALPHA (ohne Codierung)

2.7 Der Projektstrukturplan

Unser Projektstrukturplan enthält in der ersten Ebene die Teilprojekte plus eine Teilaufgabe für das Projektmanagement und ist damit primär aktivitätsorientiert gegliedert. In der zweiten Ebene folgt eine objektorientierte Gliederung, sodass eine Aufsplittung des Entwicklungsgegenstandes sichtbar wird. Ausnahme bildet der Zweig für das Projektmanagement, der phasenorientiert aufgebaut ist. Die Verbindung zum Phasenplan und der Projektorganisation ist leicht nachvollziehbar. Legen wir diese neben den Projektstrukturplan, wird schnell klar, dass beispielsweise das Teilprojekt „Fachliche Anforderungen" vom Verantwortlichen Miller geleitet wird. Die Aktivitäten des Teilprojektes finden vor allem in der Konzept- und Spezifikationsphase statt. Zu beachten ist, dass das Teilprojekt nicht nur auf diese Phase beschränkt ist, sondern auch in anderen Phasen tätig sein wird.

Es lässt sich darüber diskutieren, ob die vier Teilprojekte tatsächlich als solche organisiert sein müssen. Alternativ könnte man aus den Teilprojekten auch Teilaufgaben im Gesamtprojekt machen. Da diese Teilaufgaben vom Projektmanager gesteuert würden, würde damit das Management im Projekt verschlankt werden. Bei kleineren Projekten ist das durchaus sinnvoll. Wie Projekte in der Realität strukturiert sind, hängt von der konkreten Situation ab und häufig auch maßgeblich vom üblichen Vorgehen in einem Unternehmen. Für den Testmanager ist es dabei wichtig zu verstehen, was die handelnden Personen tatsächlich verantworten. Teilprojektleiter können reine „Durchlauferhitzer" sein und hauptsächlich Reporting-Aufgaben für das Projektmanagement übernehmen. Sie können aber auch eigenständig steuern und mit eigenem Budget ausgestattet sein. Dafür ein Verständnis zu haben, ist für einen Testmanager sehr wertvoll. Offene Kommunikation mit dem Projektmanagement ist dafür zwingend notwendig. Bei dieser Gelegenheit sollte der Testmanager Fragen klären, die er zum Projektstrukturplan hat. Uns fallen dazu die folgenden ein:

- Es fehlen Arbeitspakete für die Phasen Einführung und Stabilisierung. Wo sind die Aktivitäten dazu enthalten? Wo wären die Testaktivitäten in diesen Phasen anzusiedeln?
- Müssen im Teilprojekt Testaktivitäten für die Inbetriebnahme der neuen Testumgebung geplant werden?
- Wo sind die Arbeitspaketbeschreibungen zu finden?
- Bis wann soll der Projektstrukturplan fertig ausgearbeitet sein?

Die letzte Frage zielt natürlich auch auf die eigene Pflicht des Testmanagers. Denn er ist dafür verantwortlich sein Teilprojekt zu strukturieren. Konkret heißt das, dass er die drei Teilaufgaben „Technischer Test", „Fachlicher Test" und „Nicht-funktionaler Test" weiter ausprägen muss. Um einen ersten Wurf anzufertigen, können folgende grundsätzliche Festlegungen dienen:

- Der technische Test wird mehrere Testarten einschließen, zum Beispiel Smoke Test, Systemtest und Systemintegrationstest. Die Arbeitspakete sollten jedoch nicht entlang der Testarten, sondern entlang technischer Bausteine geschnitten werden. Sie sollten mit denen aus dem Teilprojekt Entwicklung weitestgehend übereinstimmen. Wie genau sinnvolle Arbeitspakete definiert werden können, kann der Testmanager jedoch erst dann beurteilen, wenn er sich eingehender mit dem Projektgegenstand beschäftigt hat. Ein Arbeitspaket kann mehrere Testarten beinhalten, muss es aber nicht.
- Auch im fachlichen Test können Testfälle mehrerer Testarten durchgeführt werden, beispielsweise Annahmetests, User-Acceptance-Tests und End-to-End-Tests. Die Arbeitspakete werden sich an den fachlichen Anforderungen orientieren, das heißt sie werden den Arbeitspaketen aus dem Teilprojekt „Fachliche Anforderungen" ähneln. Es könnten jedoch auch weitere Arbeitspakete hinzukommen, insbesondere welche, die prozessual orientierte End-to-End-Tests bündeln. Denn häufig finden die End-to-End-Prozesse weder in der Anforderungsbeschreibung noch in der Entwicklung explizite Berücksichtigung. Mindestens ein Arbeitspaket im fachlichen Test dafür zu definieren, soll verdeutlichen, dass es wichtig ist, die Zeit zu investieren. Besonders dann, wenn kritische Prozesse durch das Projekt beeinflusst werden, wie zum Beispiel rechtlich relevante Prozesse oder Kernprozesse der Kundenbetreuung. Die vollständige Strukturierung des fachlichen Tests kann jedoch erst erfolgen, wenn der Testmanager ein tieferes Verständnis für den Projektgegenstand aus fachlicher Sicht gewonnen hat.
- Der nicht-funktionale Test lässt sich am besten analog zur Teilaufgabe „Nicht-funktionale Anforderungen" in Teilprojekt 1 aufbauen. Sind in einem Projekt die nicht-funktionalen Anforderungen nicht explizit definiert oder nicht strukturiert vorhanden, so kann der Testmanager die nicht-funktionalen Testarten aus den Qualitätszielen des Projektes ableiten. Wie das auf Grundlage des Standards ISO/IEC 29119 gehen kann, zeigen wir in Abschn. 3.3.

Abb. 2.5 zeigt nun diesen ersten Wurf, der bereits mit dem Projektmanagement besprochen werden kann. Um das Teilprojekt Test jedoch bestmöglich strukturieren zu können, sollte der Testmanager unbedingt den Projektgegenstand und das Lieferobjekt durchdrungen haben. Nur so kann er die Vollständigkeit im Projektstrukturplan sicherstellen und letztlich gewährleisten, dass der Test alle technischen Objekte sowie fachlichen und nicht-funktionalen Aspekte einschließt. Der Beschäftigung mit dem Projektgegenstand und dem Lieferobjekt widmen wir daher ein eigenes Kapitel (siehe Kap. 4 ff.). Erst im Anschluss kann der Testmanager die Struktur seines Teilprojektes finalisieren.

2.7 Der Projektstrukturplan

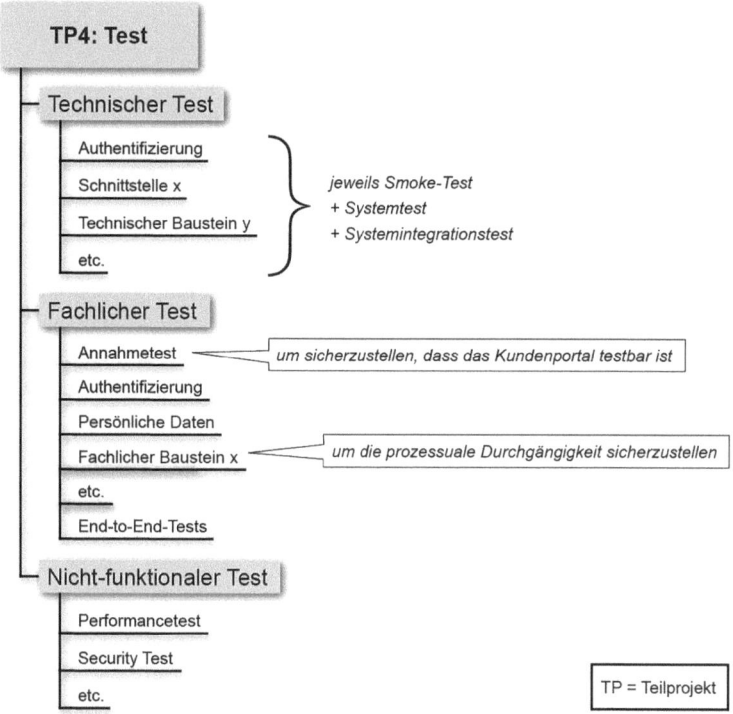

Abb. 2.5 Strukturierung des Teilprojektes Test für Projekt ALPHA

> **Erfahrungsbox: Projektstrukturplan**
>
> In einem großen Software-Implementierungsprojekt haben wir erlebt, dass noch bis weit in die Realisierungsphase hinein neue Arbeitspakete entstanden. Dafür gab es zwei Ursachen: Zum einen wurde der Projekt-Scope lange Zeit nicht festgelegt. Zum anderen, war das Fremdsystem, das integriert werden sollte, schwer zu verstehen. Das führte dazu, dass der Projektstrukturplan instabil und letztendlich für den Testmanager keine verlässliche Quelle mehr war. Für ihn war lange Zeit unklar, wie viele Anforderungsdokumente und Spezifikationen existierten oder existieren sollten und wer sie erstellen sollte. Mit einer solch instabilen Arbeitsgrundlage umzugehen, verlangt dem Testmanager einiges ab. Er muss mit Ruhe und Übersicht agieren, um für sich Klarheit zu schaffen, welche Teile des Projektes im Fluss sind und welche stabil sind. Gleichzeitig muss er beharrlich fordern, dass vom Projektmanagement Stabilität geschaffen oder aber neu geplant wird. Denn in solchen Situationen ist die Wahrscheinlichkeit hoch, dass die Testphase verkürzt wird. In diesem Fall wird das Testteam Schwierigkeiten haben, seine Ziele zu erreichen und möglichst viele Fehler im Vorfeld zu finden.

2.8 Das Risikomanagement

In jedem Projekt treten ungeplante Ereignisse oder Situationen ein, die negative Auswirkungen auf den weiteren Ablauf haben. Um zu verhindern, dass die Projektziele dadurch gefährdet werden, ist es sinnvoll ein fortlaufendes Risikomanagement im Projekt zu etablieren. Während ganz am Anfang eines Projektes nur grobe Vorstellungen von Risiken im Projektsteckbrief (siehe Tab. 2.1) aufgelistet werden, ist es wichtig, in der Initialisierungsphase systematisch vorzugehen. Der Wissenszuwachs wird dazu führen, dass über die Projektlaufzeit jederzeit neue Risiken erkannt werden oder bestehende anders bewertet werden können. Deshalb ist es ratsam, das Risikomanagement bis zum Ende des Projektes permanent nebenher laufen zu lassen. Wenn ungeplante Ereignisse positive Auswirkungen zeigen, sprechen wir übrigens von Chancen, die wir hier nicht weiter betrachten wollen.

Ein systematisches Risikomanagement besteht aus mindestens fünf Schritten, mit denen sich ein Testmanager vertraut machen sollte, um eine Risikoeinschätzung für das Projekt zu erlangen.

1. **Risiken identifizieren:**
   Um möglichst viele Risiken zu erkennen, werden zunächst alle Projektmanagement-Unterlagen genutzt. Wer den Projektsteckbrief, die Projektziele, den Phasenplan, die Projektorganisation, die Umfeld- und Stakeholderanalyse sowie den Projektstrukturplan durcharbeitet, sollte schon einige unterschiedliche Risiken finden. Darüber hinaus können Interviews mit Personen, die nicht in das Projekt involviert sind, zusätzliche Risiken aufdecken, insbesondere wenn die Beteiligten Erfahrungen in ähnlichen Projekten gemacht haben. Auch Checklisten, die sinnvollerweise aus der eigenen Organisation oder der Branche stammen, können helfen. Weitere Ansätze wären zum Beispiel Kreativitätstechniken, die Delphi-Methode oder das FMEA-Verfahren. Ergebnis dieses ersten Schrittes sollte eine Übersicht sein, in der die identifizierten Risiken beschrieben und möglichst klassifiziert sind.
2. **Risiken bewerten:**
   Um gezielte Risikominimierung betreiben zu können, muss das Potenzial jedes identifizierten Risikos analysiert werden. Dazu werden jeweils Eintrittswahrscheinlichkeit und Tragweite eines Risikos bestimmt. Außerdem werden die Beziehungen der Risiken untereinander betrachtet, um herauszufinden, ob sich einzelne Risiken gegenseitig verstärken, bedingen oder im besten Fall ausschließen. Mögliche Ergebnisse dieses Schritts sind eine Grafik namens Risikoportfolio, ein Risikomonitor mit Eintrittswahrscheinlichkeiten und Tragweiten und eventuell eine Beziehungsmatrix.

3. **Maßnahmen planen und deren Wirkung bewerten:**
Für jedes einzelne Risiko werden Maßnahmen gesucht, die das Projekt schützen. Die Maßnahmen können
- ein Risiko vermeiden, das heißt den Risikoeintritt ausschließen
- ein Risiko an andere überwälzen, zum Beispiel an eine Versicherung
- ein Risiko mindern, indem seine Eintrittswahrscheinlichkeit und/oder seine Tragweite verringert wird
- ein Risiko bestehen lassen

Im letzten Fall sprechen wir davon, dass ein Risiko getragen wird. Um die drohenden negativen Konsequenzen aus den Risiken trotzdem noch beherrschbar zu machen, sollte sich das Projektmanagement darauf vorbereiten, zum Beispiel indem es Rückstellungen bildet. Wenn die entsprechenden Maßnahmen gefunden sind, muss anschließend deren Wirkung betrachtet werden. Für jede Maßnahme muss also geschätzt werden, wie stark sie das Potenzial eines Risikos mindert, falls sie umgesetzt wird. Resultat dieses Schrittes ist also eine Liste von Maßnahmen, ihrer Kosten und der potenziellen Risikominderung.

4. **Entscheidungen über Maßnahmen treffen:**
In kaum einem Projekt dürften alle Maßnahmen des Risikomanagements umsetzbar sein. Da Budget, Zeit und Personal begrenzt sind, muss eine Auswahl getroffen werden. In der Regel muss das Projektmanagement diese Entscheidungen gemeinsam mit dem Lenkungsausschuss beziehungsweise weiteren Stakeholdern treffen. Die Ergebnisse aus den Schritten 2 und 3 stellen hoffentlich eine gute Grundlage dar, um den Entscheidungsprozess kurz und nachvollziehbar zu gestalten. Man darf dabei nicht vergessen, dass eventuell auch strategische Gründe eine Rolle spielen. Beispielsweise kann es aus Sicht der Unternehmensführung strategisch unerwünscht sein, ein Risiko an einen Versicherer abzutreten, wenn dieser dadurch Möglichkeiten zur Einflussnahme erhält.

5. **Maßnahmen einplanen, durchführen und überwachen:**
Im letzten Schritt müssen die ausgewählten Maßnahmen geplant und durchgeführt werden. Außerdem müssen alle Risiken kontinuierlich überwacht werden, um die Maßnahmen gegebenenfalls anpassen zu können. Dieser Schritt sollte außerdem dafür genutzt werden, das Risikomanagement zu einem dauerhaften Prozess werden zu lassen, in dem immer wieder nach neuen Risiken gesucht wird, die auf dieselbe Art und Weise behandelt werden.

Diese fünf Schritte stellen den Kern des Risikomanagements in der Initialisierungsphase eines Projektes dar. Der Testmanager sollte also erkennen können, ob diese Schritte stattfinden oder stattgefunden haben. Die Ergebnisse sollten in verständlicher Form verfügbar sein. Wie diese Form aussehen könnte, zeigen wir anhand unseres Beispiel-Projektes ALPHA. Die Risikobeschreibung in Tab. 2.8 bildet den Anfang und zeigt, wie das Ergebnis von Schritt 1 aussehen könnte.

Beim ersten Durchlesen kommen dem Leser sicherlich schon erste Gegenmaßnahmen in den Sinn. Zunächst sollte jedoch die Identifikation von Risiken weitergeführt werden. Denn aus Sicht des Testmanagements sind die folgenden typischen Risiken bislang nicht genannt:

Tab. 2.8 Risikobeschreibung für Projekt ALPHA

Nr.	Art	Risiko	Mögliche Ursachen
1	Team	• Qualifikationen der Projektteilnehmer sind nicht ausreichend	• Die Priorisierung des Projektes ist zu gering, sodass benötigte interne Ressourcen an andere Projekte vergeben werden • Nicht ersetzbare Ressourcen kündigen während des Projektes • Eingeplantes Budget für externe Ressourcen ist zu gering, um ausreichend qualifizierte Unterstützung zu gewinnen
2	Technik	• Die eingesetzten Technologien sind nicht tragfähig	• Nicht-funktionale Anforderungen wurden übersehen und daher bei der Technologie-Auswahl nicht berücksichtigt • Fehlende Erfahrung führt zu einer ungünstigen Technologieauswahl • Während des Projektverlaufs entstehen neue Anforderungen, die mit den gewählten Technologien nicht vereinbar sind
3	Anwender	• Die Endanwender lehnen das neue Portal ab	• Die Umgewöhnung auf das neue Portal überfordert die Anwender • Im neuen Portal fehlen Funktionalitäten • Die Qualität des neuen Portals ist mangelhaft (zu viele Fehler, zu viele Workarounds, zu viele Mängel im nicht-funktionalen Verhalten)
4	Termin	• Die Datenmigration ist nicht im geplanten Zeitraum möglich	• Die Aufwandsschätzung für die Datenmigration war zu optimistisch • Die Ressourcen in der Abteilung Datenmanagement sind zu knapp und schwer ersetzbar
5	Team	• Synchronisation von Backend und Frontend ist nicht gegeben	• Kooperation und Kommunikation zwischen den Teams ist zu gering • Anfängliche Abstimmungen sind nicht ausreichend genau

- Wichtige Anforderungen sind nicht testbar. Mögliche Ursachen sind:
  – Die verfügbaren Testumgebungen sind nicht ausreichend. Häufig weisen Testumgebungen Limitierungen auf, wenn externe Abhängigkeiten gegeben sind, zum Beispiel wenn große und dynamische Datenmengen von einem Dienstleister bezogen werden, der selbst nur eine Testumgebung anbietet, die kleine und statische Datenmengen liefert.

2.8 Das Risikomanagement

- Umfang und Qualität der Testdaten sind nicht ausreichend, um eine hohe Testabdeckung zu erhalten. Ein Testmanager muss hierauf vor allem achten, wenn die Datenstrukturen komplex sind und dadurch eine hohe Zahl unterschiedlicher Datenkombinationen möglich ist. Eine andere Schwierigkeit besteht häufig darin Testdaten für die mehrfache Ausführung eines Testfalls verfügbar zu halten. Wenn ein Testfall Daten verändert, so sind die Vorbedingungen für die Wiederholung des Testfalls vielleicht nicht mehr gegeben.
- Testfälle können nicht in der vorgegebenen Zeit ausgeführt werden. Mögliche Ursachen:
  - Hohe Fehlerquoten blockieren zu viele Testfälle, das heißt. ein bereits bekannter Fehler verhindert, dass Testfälle überhaupt durchgeführt werden können. Zum Beispiel können im Systemintegrationstest Testfälle, die eine Schnittstelle betreffen nicht ausgeführt werden, wenn der zugehörige Datenstrom fehlerhaft ist.
  - Hohe Fehlerquoten führen zu erhöhtem Aufwand im Nachtesten von Fehlerbehebungen, sodass für die Durchführung neuer Testfälle keine Zeit bleibt.
  - Instabilität der Testumgebung reduziert die verfügbare Testzeit.
  - Eine hohe Anzahl von Fehlerbehebungen führen zu Instabilität des Projektgegenstandes, sodass die Geschwindigkeit der Testdurchführung nicht ausreicht.
- Der Teststart wird verschoben. Mögliche Ursachen:
  - Späte Scope-Entscheidungen führen zu Zeitverzögerungen in der Entwicklung.
  - Durch Flaschenhälse in der Entwicklung wird das Testobjekt verspätet bereitgestellt.
  - Späte und umfangreiche Change-Requests führen zu Mehraufwand in der Entwicklung.
- Die Qualität der Entwicklung ist gering. Mögliche Ursachen:
  - Die Qualität der Anforderungen ist gering.
  - Die Entwicklertests sind nicht ausreichend durchgeführt.
  - Die Entwicklungsphase ist zu kurz.
  - Abhängigkeiten zwischen Entwicklungsobjekten sind nicht beachtet.

Diese Risiken und deren Ursachen sollte ein guter Testmanager mit dem Projektmanagement diskutieren. Idealerweise erweitert das Projektmanagement seine Risikobeschreibung, wodurch mögliche Störfaktoren des Testmanagements dann auch Aufmerksamkeit erhalten würden. Eventuell ist das Projektmanagement aber auch der Ansicht, dass nicht alle obigen Risiken im Projekt berücksichtigt werden müssen. Zum Beispiel könnte das Verkürzen der Testphase aus Sicht des Projektmanagements kein Risiko darstellen, sondern vielmehr eine Steuerungsmaßnahme, die während der Projektlaufzeit für Flexibilität sorgt. Aus der Perspektive des Testmanagers stellt eine verkürzte Testphase jedoch sehr wohl ein Risiko dar – für die Erreichung der Testziele. Es kann also durchaus Sinn machen, dass der Testmanager zusätzlich seine Risiken beschreibt und im Weiteren eigenständig managt.

Im zweiten Schritt werden die identifizierten Risiken bewertet. Für Projekt ALPHA beginnen wir mit einer qualifizierten Bewertung anhand des Risikoportfolios in Abb. 2.6.

Im Risikoportfolio werden also für jedes Risiko die Tragweite und die Eintrittswahrscheinlichkeit erst einmal grob zwischen gering und hoch eingeschätzt. Auf eine aufwendige und detaillierte Schätzung wird in diesem Stadium bewusst verzichtet, um einer Scheingenauigkeit zu entgehen. Anhand des Risikoportfolios können dann zunächst Gruppen gebildet werden, wie hier die Einteilung in A-, B- und C-Risiken. Schon bei dieser ersten Klassifizierung der Risiken sollte es möglich sein, die Klasse der nicht tolerierbaren Risiken auszumachen, zum Beispiel die Bedrohung von Menschenleben. Diese nicht tolerierbaren Risiken sollten nicht standardisiert behandelt werden, um zu verhindern, dass beispielsweise an ein Menschenleben ein Preis gehettet wird.

In das Risikoportfolio sind die oben aufgeführten Testmanagement-Risiken nicht eingeflossen. Es ist Aufgabe des Testmanagers genau das zu tun. Falls bereits Risiken mit Bezug zum Test im Projektmanagement betrachtet werden, sollte der Testmanager seine Sicht einbringen und in der Diskussion herausfinden, wo unterschiedliche Einschätzung bestehen und worin sie begründet sind.

Nachdem das Risikoportfolio eine qualifizierte Einschätzung der Risiken darstellt, wird in einem Risikomonitor eine quantitative Sichtweise aufgebaut. Tragweiten und Eintrittswahrscheinlichkeiten werden also in Euro und Prozent ausgedrückt. Das hat den Vorteil, dass man auf dieser Basis ein Risikopotenzial berechnen kann, dass später mit Aufwänden für mögliche Gegenmaßnahmen verglichen werden kann.

Tab. 2.9 zeigt einen Risikomonitor für unser Projekt ALPHA.

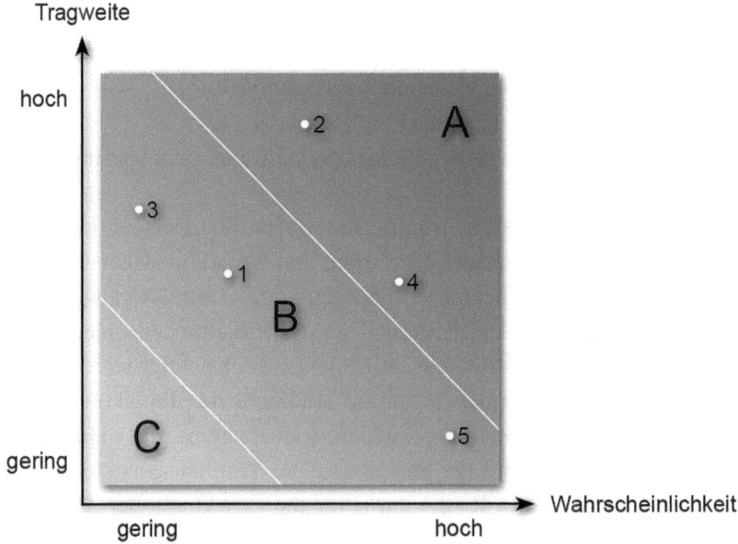

Abb. 2.6 Risikoportfolio für Projekt ALPHA

2.8 Das Risikomanagement

Tab. 2.9 Risikomonitor für Projekt ALPHA

Nr.	Risiko	Tragweite/Schaden in Euro	Wahrscheinlichkeit in Prozent	Risikopotenzial
1	• Qualifikationen der Projektteilnehmer sind nicht ausreichend	100.000	30	30.000
2	• Die eingesetzten Technologien sind nicht tragfähig	500.000	30	150.000
3	• Die Endanwender lehnen das neue Portal ab	200.000	10	20.000
4	• Die Datenmigration ist nicht im geplanten Zeitraum möglich	100.000	60	60.000
5	• Synchronisation von Backend und Frontend ist nicht gegeben	50.000	60	30.000
6	• wichtige Anforderungen sind nicht testbar	500.000	30	150.000
7	• Testfälle können nicht in der vorgegebenen Zeit ausgeführt werden	50.000	60	30.000
8	• Die Testphase wird verkürzt	50.000	60	30.000
9	• Die Qualität der Entwicklung ist gering	100.000	10	10.000
			Summe:	**510.000**

Bei der quantitativen Schätzung ist Vorsicht vor Scheingenauigkeit angebracht. Man kann sich wunderbar in der Schätzung von Schäden und Eintrittswahrscheinlichkeiten verlieren und bemerkt dabei nicht, dass es wenig Mehrwert stiftet, nach Genauigkeit zu streben. Daher haben wir uns auf ein grobes Raster beschränkt und Tragweite sowie Eintrittswahrscheinlichkeiten jeweils einsortiert. Das Risikopotenzial ergibt sich schließlich als Produkt von Schaden und Wahrscheinlichkeit und liefert damit ein Ranking für die Risiken. In unserem Risikomonitor haben wir auch die zusätzlichen Risiken des Testmanagements berücksichtigt. Unsere Überlegungen dazu sind folgende:

- Zu 6: Die Tragweite von nicht testbaren Anforderungen ist schwer abschätzbar. Zur Herleitung: Wir gehen davon aus, dass nicht testbare Anforderungen Produktionsfehler nach sich ziehen werden. Im Kontext unseres Kundenportals sind die Konsequenzen daraus entweder Reputationsschäden bei den Anwendern oder aber ein Beeinträchtigung der Verarbeitungsprozesse. Wenn wir von einer hohen Nutzerzahl ausgehen, wird dadurch eine hohe Tragweite erreicht. Die Eintrittswahrscheinlichkeit nehmen wir aktuell als gering an. Der Testmanager sollte aber eine gute Sicht auf die

Testumgebung und die Ausstattung mit Testdaten haben, um diese Einschätzung vornehmen zu können.
- Zu 7 und 8: Dass die Testphase bereits zu kurz geplant wurde oder im weiteren Projektverlauf verkürzt wird, haben wir allzu oft erlebt. Daher die hohe Wahrscheinlichkeit. Wenn wir davon ausgehen, dass wir bei der Durchführung der Tests einer klaren Priorisierung der Anforderungen folgen, so dürfte die Tragweite jedoch überschaubar sein.
- Zu 9: Wir nehmen an, dass der Testmanager eine positive Einschätzung zur Qualität der Entwicklungsleistung trifft, zum Beispiel weil das Entwicklerteam in der Vergangenheit bereits gute Ergebnisse gezeigt hat. Daher setzen wir die Eintrittswahrscheinlichkeit für Risiko 9 auf nur 10 %. Die Tragweite kann ähnlich betrachtet werden, wie für Risiken 7 und 8, da die Konsequenz in einer kürzeren Testphase bestünde. Wir gehen in der Risikobetrachtung von einer deutlicheren Verkürzung der Testphase aus, da in diesem Falle erfahrungsgemäß Schuldzuweisungen zusätzlichen Raum einnehmen.

Eine sinnvolle Ergänzung zum Risikoportfolio und dem Risikomonitor kann eine Beziehungsmatrix sein, in der dargestellt wird, wie sich je zwei Risiken zueinander verhalten. Hier zwei Beispiele:

- Risiko 1 verstärkt die Risiken 4, 7, 8 und 9. Um genauer zu sein: Durch das Eintreten von Risiko 1 „Qualifikationen der Projektteilnehmer sind nicht ausreichend" werden die Tragweite und Eintrittswahrscheinlichkeit der vier anderen Risiken erhöht. Damit gewinnt Risiko 1 an Bedeutung, obwohl sein Risikopotenzial eher gering ist.
- Risiko 6 verstärkt Risiko 3, denn nicht testbare Anforderungen führen potenziell zu Fehlern, die die Akzeptanz der Endanwender verringern.

Beziehungen zwischen Risiken können also die Sicht auf die Risikopotenziale verändern. Man kann hier natürlich auch mathematisch genau vorgehen und bedingte Wahrscheinlichkeiten ins Spiel bringen. Eine weniger ausgereifte sondern mehr intuitive Herangehensweise könnte jedoch ausreichen, um Aufwände und Mehrwert in einem vernünftigen Verhältnis zu halten.

Mit dem Risikoportfolio und dem Risikomonitor sowie einer Analyse von Beziehungen zwischen Risiken ist eine gute Grundlage geschaffen, um weiter zu Schritt 3 zu gehen und Maßnahmen zu planen und letztlich zu bewerten. Mit Tab. 2.10 wird der Risikomonitor für Projekt ALPHA um Maßnahmen und eine zugehörige Kostenschätzung erweitert. Auch die Minderung des Risikopotenzials ist enthalten, die durch eine Maßnahme erreicht werden kann. Wir bleiben auch bei diesen Schätzungen wiederum grob, um Scheingenauigkeit und übertriebenen Aufwand zu vermeiden.

Zu beachten ist dabei, dass qualitätssteigernde Maßnahmen vielleicht ohnehin vorgesehen sind. Viele Organisationen arbeiten in wasserfallartigen Projekten mit einem Quality Gate Ansatz und setzen ab einer mittleren Projektgröße einen Qualitätsmanager ein. In Kap. 3 gehen wir darauf näher ein. Es stellt sich also die Frage, ob die oben aufgeführten Maßnahmen überhaupt Zusatzkosten zu den planerisch bereits erfassten Kosten verursachen würden.

2.8 Das Risikomanagement

Tab. 2.10 Risikomonitor mit Maßnahmen für Projekt ALPHA

Nr.	Risikopotenzial	Risiko	Maßnahmen	Kosten	Minderung des Risikopotenzials
1	30.000 = 100.000 * 0,3	• Qualifikationen der Projektteilnehmer sind nicht ausreichend	• Qualifizierungsmaßnahmen durchführen	20.000	30.000
			• Externe Ressourcen mit fehlenden Qualifikationen integrieren	1.000.000	30.000
			• Externe Reviews und Coachings durchführen	20.000	10.000
2	150.000 = 500.000 * 0,3		• Externes Architekturreview durchführen	3.000	100.000
			• Proof of Concept durchführen	500.000	150.000
			• Architektur-Konzept extern beauftragen	5.000	150.000
3	20.000 = 200.000 * 0,1	• Die Endanwender lehnen das neue Portal ab	• Endanwender kontinuierlich informieren	5.000	10.000
			• Repräsentative Endanwender in einen frühen Usability Test integrieren	5.000	10.000
			• Repräsentative Endanwender in einen Akzeptanz-Test gegen Projektende integrieren	10.000	10.000
4	60.000 = 100.000 * 0,6	• Die Datenmigration ist nicht im geplanten Zeitraum möglich	• Unterstützung durch externe Berater einplanen	40.000	30.000
			• Zeitpuffer in der Realisierungsphase einplanen	80.000	50.000

(Fortsetzung)

Tab. 2.10 (Fortsetzung)

Nr.	Risikopotenzial	Risiko	Maßnahmen	Kosten	Minderung des Risikopotenzials
5	30.000 = 50.000 * 0,6	• Synchronisation von Backend und Frontend ist nicht gegeben	• Intensive Kommunikation zwischen Backend- und Frontend-Teams fördern	10.000	15.000
			• Frühe Smoke-Tests durchführen	5.000	15.000
6	150.000 = 500.000 * 0,3	• Wichtige Anforderungen sind nicht testbar	• Einschränkungen der Testumgebung frühzeitig analysieren und möglichst beheben	30.000	50.000
			• Anforderungen an Testdaten erheben, Lücken aufzeigen und möglichst beheben	30.000	50.000
7	30.000 = 50.000 * 0,6	• Testfälle können nicht in der vorgegebenen Zeit ausgeführt werden	• Qualitätssteigernde Maßnahmen während der Konzept- und Spezifikationsphase durchführen	10.000	15.000
			• Qualitätssteigernde Maßnahmen während der Realisierungsphase durchführen	10.000	15.000
			• Manager für die Testumgebungen einsetzen	30.000	10.000
8	30.000 = 50.000 * 0,6	• Die Testphase wird verkürzt	• Zeitpuffer in der Realisierungsphase einplanen	80.000	15.000
			• Scope aktiv managen und Änderungen ab einem festgelegten Zeitpunkt unterbinden	5.000	15.000

(Fortsetzung)

2.8 Das Risikomanagement

Tab. 2.10 (Fortsetzung)

Nr.	Risikopotenzial	Risiko	Maßnahmen	Kosten	Minderung des Risikopotenzials
9	10.000 = 100.000 * 0,1	• Die Qualität der Entwicklung ist gering	• Qualitätssteigernde Maßnahmen während der Konzept- und Spezifikationsphase durchführen	10.000	5.000
			• Qualitätssteigernde Maßnahmen während der Realisierungsphase durchführen	10.000	5.000
			• Zeitpuffer in der Realisierungsphase einplanen	80.000	10.000

Aus der Sicht des Testmanagers können wir aus der Betrachtung der Risiken und Maßnahmen Folgendes lernen:

- Maßnahmen zur Verbesserung der Stabilität der Testphase können teuer sein, insbesondere wenn es um den Ausbau der Testumgebung oder Testdatenverfügbarkeit geht. Da diese Investitionen aber über das Projekt hinaus Nutzen stiften würden, könnten sie auch anders bewertet werden.
- Viele Maßnahmen können vom Testmanager nicht oder nur eingeschränkt gesteuert werden, da sie in dem Test vorgelagerten Projektphasen umgesetzt werden müssen. Der Testmanager ist also stark auf die Kooperation anderer angewiesen.
- Qualitätssteigernde Maßnahmen sind vermeintlich günstig gegenüber ihrem positiven Effekt.

Mit der Vorarbeit aus den ersten drei Schritten (Risiken identifizieren, Risiken bewerten, Maßnahmen planen) sollte es in Schritt 4 möglich sein, pro Maßnahme zu entscheiden, ob sie durchgeführt werden soll. In der Regel spricht das Projektmanagement eine Empfehlung aus, die vom Lenkungsausschuss bestätigt oder verändert werden muss. Dabei spielen das Risikopotenzial, die Kosten und auch Auswirkungen für die Durchführungen einer Maßnahme und deren Effizienz eine Rolle. Es ist wichtig, dass der Testmanager dem Projektmanagement seine Sicht im Vorfeld klar darstellt – anhand von Zahlen, Daten, Fakten. Nur so kann er andere unterstützen, eine angemessene Entscheidung zu treffen, die das Projekt voranbringt. Fällt die Entscheidung nicht ganz im Sinne des Testmanager aus, so sollte sich keine Enttäuschung oder gar Verärgerung einstellen. Projekte können nun mal nicht risikofrei ablaufen. Das Streben danach führt in der Regel zu unwirtschaftlichem Handeln. Ein Testmanager kann jedoch immer noch bewusst mit seiner eigenen Risikobeschreibung umgehen. Eventuell kann er eigene kleine Maßnahmen durchführen, um Risiken zu mindern. Zum Beispiel kann er auch ohne einen dedizierten Testumgebungsmanager klare Kommunikationswege herausarbeiten, um bei Schwierigkeiten mit der Stabilität und Verfügbarkeit der Testumgebung schnell reagieren zu können. Risiken zu kennen und sie mit offenen Augen zu betrachten, ist immer sinnvoll. Für einen Testmanager ist das besonders wichtig, da Testen in wasserfallartigen Projekten zum Ende der Projektlaufzeit erfolgt. Da Verzögerungen in der Testphase schnell zu einer Gefährdung des Produktionstermins führen, ist der Druck normalerweise so hoch, dass schnelle Entscheidungen und gezieltes Handeln entscheidend sind.

Das führt uns zum fünften und letzten Schritt: der Einplanung, Durchführung und Überwachung von Maßnahmen. Nachdem die Entscheidung für die initialen Risikomaßnahmen gefallen ist, müssen zunächst Anpassungen auf der Planungsebene vorgenommen werden. Dies dürfte hauptsächlich im Projektmanagement und Projektmanagement-Office stattfinden. Doch auch der Testmanager könnte die eine oder andere Änderungen an seinen Planungsgrundlagen vornehmen müssen. Er muss also bewerten, welche Konsequenzen aus den Maßnahmen auf ihn zukommen oder von ihm erwartet werden. Anschließend muss er natürlich entsprechend handeln, insbesondere wenn er für die Durchführung einer Maßnahme zuständig ist. Alle Risiken und auch die beschlossenen Maßnahmen müssen im Projekt anschließend überwacht werden. Dies erfolgt am besten, indem regelmäßige Checkpoints bestimmt werden, zu denen die Entwicklung der Risikosituation überprüft wird. Schließlich kann man nicht davon ausgehen, dass alle Maßnahmen wie angenommen wirken. Es sollte im Projektmanagement also ein stetiges Überprüfen und Adaptieren verankert sein. Dazu zählt auch ein kontinuierliches Bestreben, neue Risiken zu identifizieren, um sie strukturiert behandeln zu können. Das gilt auch für den Testmanager. Zum Beispiel könnte er in einem wöchentlichen Jour-Fixe einen Agendapunkt „Chancen und Risiken" setzen, zu dem die Risiken besprochen werden und eventuell Aktivitäten abgeleitet werden.

Erfahrungsbox: Risikomanagement
Projektrisiken, die auf unzulängliche Rahmenbedingungen für den Test zurückzuführen sind, haben wir in der Praxis immer wieder erlebt. Wo sind die Wurzeln dieser Missstände zu finden? Aus unserer Sicht liegt die Hauptursache in der zu geringen Bedeutung von Qualität gegenüber Quantität von Funktionen. Das klingt nun sehr pauschal, aber wenn man sich mit dem Thema beschäftigt, trifft man häufig auf ähnliche Aussagen. Zum Beispiel: „Für Refactorings im IT-Bereich erhalten wir kein Budget". Oder „Unsere Datenflüsse sind zu kompliziert, um einen konsistenten Testdatenbestand zu erzeugen". Oder „Eine zweite Testumgebung ist zu teuer. Bislang konnten wir ja auch mit einer leben". Oder „Um Kosten zu sparen,

> ist der Testserver nicht durchgängig in Betrieb". Haupursache für solche Rahmenbedingungen ist, dass sich mit reinen Qualitätszielen kein Business Case rechnen lässt. Damit lassen sich in einer Organisation, schwer Mittel für qualitätssteigernde Maßnahmen gewinnen. Konsequenz daraus ist der Aufbau eines „Schuldenberges", der über die Zeit die Produktivität einschränkt. Resultat daraus kann sein, dass sich eine Organisation erst eine „Auszeit" gönnen muss, bevor sie wieder in der Lage ist, IT-Projekte in Angriff zu nehmen. Das ist leider unsere erlebte Realität.

2.9 Reflexion und Praxis-Check

Als Testmanager den Anspruch zu haben, das Projekt zu verstehen, ist ein wesentlicher Erfolgsfaktor für eine solide Planung der Testaktivitäten und somit ein elementarer Baustein für den gesamten Projekterfolg. Um jedoch in der Lage zu sein, das Projekt zu verstehen, muss der Testmanager rechtzeitig in das Projekt eingebunden werden. Aus unserer Erfahrung reichen ca. vier Wochen aus, um sich in ein Projekt mit einer Laufzeit von einem Jahr einzuarbeiten. Ist diese Einarbeitungszeit nicht vorhanden, geht das Projektmanagement ein unnötiges Risiko ein.

Je umfangreicher ein Testmanager über das Projekt informiert wird und informiert ist, desto besser kann eine Testplanung mit hoher Qualität umgesetzt werden. Ein Projektsteckbrief des Projektmanagements, eine Umfeldanalyse sowie eine Übersicht der wesentlichen Projektziele geben hierzu entsprechende Informationen. Phasenplan und Projektorganisation liefern eine erste grobe Übersicht, die auch zeigt, wie umfangreich das Projektmanagement die Testaktivitäten einschätzt. Dies gilt es vom Testmanager zu evaluieren, zu validieren und abschließend zu verstehen. Im Rahmen des Projektstrukturplans werden alle Arbeitspakete, auch diejenigen, die zum Test gehören, klar identifiziert und auf dieser Grundlage die Verantwortlichkeiten sowie die Abgrenzung zu anderen Arbeitspaketen geklärt. Je erfahrener ein Testmanager ist, desto besser kann er die erhaltenen Informationen beurteilen. Bei Verständnisproblemen oder Sachverhalten, die nicht plausibel erscheinen, ist er gefordert für Klarheit zu sorgen. Er muss mit den zuständigen Ansprechpartnern oder dem Projektmanagement in Kontakt treten und so im Rahmen einer Verfeinerung zu einem besseren Gesamtverständnis beitragen. Nichts ist schlimmer, als Testaktivitäten auf vagen Annahmen oder Interpretationen zu planen.

Außerdem muss jedes Projekt seine Stakeholder bestmöglich managen. Dazu muss sich ein Testmanager fragen, welche Einstellung sie zum Projekt im Allgemeinen und zum Testen im Besonderen haben. Können Stakeholder darauf aufbauend sinnvoll am Testen teilhaben? Sobald eine grobe Vorstellung vorhanden ist, wie sich das Testteam zusammensetzt, sollte der Testmanager auf das Projektmanagement zugehen und über die Beziehung der Tester zum Projekt sprechen. Dabei sollte der Testmanager auch Vorschläge für Maßnahmen machen. Schließlich ist die Leistung des Testteams ein Erfolgsfaktor für jedes IT-Projekt und daher muss es im Interesse des Projektes sein, das Team gut zu integrieren.

Darüber hinaus zeichnet einen guten Testmanager seine Fähigkeit aus, Risiken früh zu identifizieren, zu bewerten und Aktivitäten anzustoßen, um diese zu reduzieren. Aufbauend auf der Risikobetrachtung des Projektmanagements, sollte der Testmanager sein eigenes Risikomanagement machen, das er kontinuierlich überprüft und adaptiert. Das setzt allerdings ein Grundverständnis zum Thema Risikomanagement voraus, welches zum Profil eines Testmanagers gehören sollte.

Praxis-Check

✓ Die Informationsquellen, um ein Projekt verstehen zu können, sind vorhanden. Dazu zählen:
  - ein Projektsteckbrief
  - eine Umfeld- sowie eine Stakeholderanalyse
  - eine Übersicht der Projektziele
  - ein Phasenplan
  - eine Projektorganisation
  - ein Projektstrukturplan
  - eine Übersicht der Projektrisiken

✓ Dem Testmanager sind alle Stakeholder bekannt und es besteht ein einheitliches Verständnis zum Projektauftrag und Projektziel.

✓ In den Grundlagen des Projektmanagements sind die Testaktivitäten sowie das Testteam berücksichtigt.

✓ Die geplante Testinfrastruktur ist bekannt. Die notwendigen Systeme und Testumgebungen mit den dazugehörigen notwendigen Schnittstellen sind grob umrissen.

✓ Erste Kontakte mit dem Releasemanagement wurden hergestellt.

✓ Risiken für die Testdurchführung sind identifiziert und deren Einfluss und negative Auswirkungen auf die Testaktivitäten sind bewertet.

Weiterführende Literatur

GPM (Deutsche Gesellschaft für Projektmanagement e. V.), „Kompetenzbasiertes Projektmanagement (PM3): Handbuch für Projektarbeit, Qualifizierung und Zertifizierung auf Basis der IPMA Competence Baseline Version 3.0", (2014).

Thor Möller, Florian Dörrenberg, *„Magisches Dreieck in der Projektsteuerung (Zeit, Kosten, Umfang)"* In: Projektmanagement, Oldenburg Verlag, (2003), S. 22.
https://de.wikipedia.org/wiki/ISO/IEC/IEEE_29119_Software_Testing (Zugriffsdatum 06.02.19)

Das Qualitätsmanagement

3

Zusammenfassung
Wenn die gewünschte Funktionalität eines Lieferobjektes zu einem bestimmten Zeitpunkt gewährleistet werden kann, ist ein hoher Qualitätsstand erreicht. Doch wie erreicht man dies? Es empfiehlt sich eine enge Verzahnung der Bereiche Test- und Qualitätsmanagement, wie sie auch (langsam) in der Projektwelt anzutreffen ist, um eine Systemeinführung ohne große Reibungsverluste zu ermöglichen. Je nach Projektgröße ist es sinnvoll einen dedizierten Qualitätsmanager zu installieren, sollte der Testmanager diese Aufgabe nicht zusätzlich erbringen können. Eine kontinuierliche Abstimmung der Maßnahmen zur Qualitätssicherung und der Testaktivitäten führt darüber hinaus dazu, dass die Projektleitung besser mit Informationen versorgt wird. Gleichzeitig wird damit ein geordneter Projektverlauf gewährleistet und eine „qualitätsgesicherte" Entscheidungsfindung unterstützt. Mögliche Risikosituationen werden somit frühzeitig transparent gemacht, rechtzeitig eskaliert und eliminiert. In vielen Projekten erfolgt dies jedoch nur schleppend.

Ein Qualitätsmanager ist für die Sicherstellung einheitlicher Definitionen, die Dokumentationen und die Einhaltung von definierten Qualitätsstandards und -kriterien verantwortlich. Ist beispielsweise die Qualität der Anforderungsdokumente mangelhaft, so kann über die Qualität der Testergebnisse nur sehr schwer eine seriöse Aussage getroffen werden. Möglicherweise wird aus diesem Grund am Ziel vorbei getestet, was sich in der Produktion rächen wird, etwa dadurch, dass die Produktion mit erheblichen Verzögerungen startet.

Generell muss in Qualität „investiert" werden, um Qualität zu erreichen, zum Beispiel durch ausreichend Projektzeit. Hundertprozentige Qualität zu erreichen, ist unrealistisch und ein solcher Perfektionismus entspricht auch nicht dem Realismus und Pragmatismus im Projekt. Deshalb ist es ratsam, einen harten Cut bei gefühlten 90 bis 95 % des Qualitätserreichungsgrad zu machen. In der Praxis wird die Qualität gerne anderen Zielen geopfert. Zwar wird sie häufig gezielt erwähnt, um einen Qualitätsanspruch nach außen zu demonstrieren, der aber innen nicht gelebt wird. Testphasen werden beschnitten, um Verzögerungen im Projektverlauf auszugleichen. Oder es werden aus Budgetgründen Aufwände im Test reduziert. Auch an der Bereitstellung einer tragfähigen Testumgebung mit ausreichenden Testdaten wird gerne gespart. Einer der Gründe dafür ist, dass Qualität schwer greifbar zu sein scheint – zumindest schwerer als ein Meilenstein, der Funktionsumfang oder die Kosten.

In den folgenden Abschnitten erklären wir, was wir unter Qualität im Rahmen des Testmanagements verstehen. Und wie ein Testmanager Qualität in den Testprozess bekommt. Um dieses Ziel zu erreichen, ist ein Grundverständnis zum Thema Qualität innerhalb Organisation beziehungsweise der übergeordnete Einsatz eines Qualitätsmanagements für das Projekt unabdingbar. Damit kann erreicht werden, dass es generell den Anspruch gibt, Qualität zu liefern – und dies auch gelebt wird. Das Qualitätsmanagement umfasst noch weitere Aspekte zum Beispiel aus vorgelagerten Projektphasen, wie der Entwicklung, die hier jedoch nicht weiter betrachtet werden.

3.1 Regelkreis des Qualitätsmanagements

Bevor wir das Thema mit Bezug zum Testmanagement vertiefen, möchten wir den Regelkreis des Qualitätsmanagements erwähnen. Beim Qualitätsmanagement wird großer Wert auf die kontinuierliche Verbesserung von Prozessen gelegt. Erfahrungen daraus fließen wieder zurück in die Planung, sodass ein Regelkreis (Demingkreis[1]) entsteht:

- Qualitätsplanung – es wird ein Istzustand ermittelt und die Rahmenbedingungen für das Qualitätsmanagement festgelegt. Danach werden Konzepte und Abläufe erarbeitet.
- Qualitätslenkung – die in der Planungsphase gewonnenen Ergebnisse werden umgesetzt.
- Qualitätssicherung – Auswerten qualitativer und quantitativer Qualitätsinformationen (Kosten-Nutzen-Betrachtungen, Überprüfen von gemachten Annahmen).
- Qualitätsgewinn – aus vorheriger Phase gewonnene Informationen werden für Strukturverbesserungsmaßnahmen und Prozessoptimierung eingesetzt. Erfolge und Ergebnisse werden kommuniziert.

---

[1] „Demingkreis" (auch „Deming-Rad", „Shewhart Cycle" oder „PDCA-Zyklus") beschreibt einen iterativen drei- bzw. vierphasigen Prozess für Lernen und Verbesserung des US-amerikanischen Physikers Walter Andrew Shewhart. „PDCA" steht hierbei für das Englische „Plan – Do – Check – Act", was im Deutschen auch mit „Planen – Tun – Überprüfen – Umsetzen" oder „Planen – Umsetzen – Überprüfen – Handeln" übersetzt wird. Die Ursprünge des Prozesses liegen in der Qualitätssicherung.

3.2 Den Qualitätsbegriff und das Qualitätsmanagement verstehen

Qualität kommt vom lateinischen Begriff „Qualitas", der mit Beschaffenheit oder Eigenschaft übersetzt wird. Aus der vagen Vorstellung, die sicherlich jeder zum Qualitätsbegriff hat, muss nun zunächst ein klar verfolgbares Ziel entwickelt werden. Die Definition der Deutschen Gesellschaft für Projektmanagement e. V. (GPM) hilft hier weiter (siehe auch „National Competence Baseline"[2]): Die Qualität eines Projektes ist das Ausmaß, in dem seine Eigenschaften denen der Projektanforderungen entsprechen. Auf Software-Implementierungsprojekte angewendet, ist die Qualität des Lieferobjektes also der Grad der Übereinstimmung seiner Eigenschaften mit den Anforderungen. Und schon ist man beim Testmanagement angelangt. Denn wie gut die Eigenschaften des Lieferobjektes mit den Anforderungen übereinstimmen, findet man durch Testen heraus. Wenn in einem Projekt also ein perfekter Anforderungskatalog existiert, zu jeder Anforderung ausreichend Testfälle erstellt worden sind, diese nach der Realisierung durchgeführt wurden und alle dabei entdeckten Fehler behoben wurden, ist es geschafft: die Qualität ist perfekt! Folglich sind alle Stakeholder und vor allem die Nutzer des Projektergebnisses glücklich. Doch so einfach ist das Leben leider nicht. Denn den perfekten Anforderungskatalog zu erstellen und seine fehlerfreie Umsetzung zu beweisen, kann nicht per Dekret erreicht werden. Die Unternehmen benötigen ein kontinuierliches Qualitätsmanagement, welches in allen Phasen und Projektteilen danach strebt, den Grad der Übereinstimmung mit den Anforderungen zu maximieren.

Um besser verstehen zu können, wie Qualität erreicht werden kann, hilft es den Qualitätsbegriff auf den folgenden drei Ebenen zu betrachten: der des Lieferobjekts, der des Realisierungsprozesses und der des Projektmanagementprozesses. Ein wirkungsvolles Qualitätsmanagement muss auf allen Ebenen wirken. Qualität im Lieferobjekt kommt ohne Exzellenz im Realisierungsprozess schwer zustande. Und ein guter Projektmanagementprozess ist erforderlich, um einen stabilen Realisierungsprozess zu gewährleisten. Auf jeder Ebene können und sollten qualitätssichernde Maßnahmen ergriffen werden. Idealerweise ist die Qualität auf jeder Ebene messbar, sodass die Wirkung der Maßnahmen beurteilt werden kann. Je nach Größe des Projektes ist es sinnvoll, einen neutralen Qualitätsmanager zu installieren, der von Beginn an im Projekt mitarbeitet und die qualitätssichernden Maßnahmen koordiniert. Er fungiert demnach als „interner Revisor" und fördert kontinuierlich die Sicherstellung der Qualität auf allen Ebenen.

---

[2]Grundlage und normatives Dokument der Personenzertifizierung im Projektmanagement ist die „ICB IPMA Competence Baseline" der IPMA International Project Management Association. Diese ist auch als „NCB National Competence Baseline" der PM-ZERT in deutscher Sprache verfügbar. Sie dient zur Selbsteinschätzung des Zertifikanten, ebenso wie zur Fremdbeurteilung durch die Assessoren der PM-ZERT.

Bei aller Theorie ist jedoch nicht zu vergessen, dass Software von Menschen entwickelt wird. Deren Kenntnisse und Qualifikationen, aber auch deren Streben nach Qualität ist mindestens so wichtig wie ein professionelles Qualitätsmanagement. Zum einen bedeutet dies, dass bei der Auswahl der Projektbeteiligten der Qualitätsanspruch eine Rolle spielen muss. Im Abschn. 6.5 gehen wir im Rahmen der Testplanung weiter darauf ein, wenn es um den Aufbau des Testteams geht. Zum anderen heißt dies aber auch, dass unter den vorhandenen Projektmitgliedern ein einheitliches Verständnis von Qualität erarbeitet werden muss. Und das kann nur gelingen, wenn die Projektkultur von Werten geprägt ist, die eine offene Auseinandersetzung mit Qualität ermöglichen. Eine Diskussion über die Qualität eines Arbeitsergebnisses wird schnell als verletzende Kritik empfunden, die Anstoß für weitere Konflikte sein kann. Werte sind also wichtig, um Qualität zu schaffen. Unsere persönliche Auswahl an Werten, die im Testmanagement gefördert werden sollten, erscheint uns hier sinnvoll: Transparenz und Offenheit, Mut, Respekt, Vertrauen, Wertschätzung und Fokus sollten für das Streben nach Qualität förderlich sein. Diese Werte und deren Verbindung zum Testmanagement wurden in Abschn. 1.4 genauer beschrieben.

3.3 Die Qualitätsanforderungen durch ISO, DIN & Co

In den meisten Organisationen fußt das Qualitätsmanagementsystem auf internationalen Standards und Normen, aus welchen in der Regel allgemeingültige Rahmenwerke abgeleitet werden. Im Zentrum steht dabei der Standard ISO/IEC 29119 Software Testing, der die international bekannten Normen IEEE 829 (Test Dokumentation), IEEE 1008 (Unit Testing) und BS 7925 (Testtechniken) ablöst. Er besteht aus fünf international vereinbarten ISO-Standards. Im ersten Teil geht es um Konzepte und Definitionen. Im zweiten werden Testprozesse behandelt. Der dritte Teil bearbeitet die Testdokumentation. Teil vier berücksichtigt Testtechniken. Im fünften Teil versucht der Standard, an die agile Entwicklung mit Keyword-driven Testing anzuschließen.

Ein Testmanager muss einschätzen können, welche dieser vielen Vorgaben im Testprozess sinnvoll berücksichtigt werden können. Es hat nur Sinn, die Normen einzusetzen, wenn es mit hoher Wahrscheinlichkeit zu einer qualitativen Verbesserung führt. Eine wirtschaftliche Betrachtung ist hier durchaus angebracht. Denn oft müssen dabei Dokumente produziert werden, die sonst keinen nennenswerten Mehrwert liefern. Um eine Auswahl der Normen treffen zu können und den richtigen Umfang der Nutzung zu bestimmen, müssen dem Testmanager allerdings die Inhalte der Normen bekannt sein. Die Normen sollten als eine Art Tool-Box verstanden werden, die passgenau in die Testaktivitäten mit eingebaut werden können. Der richtige Mix führt zu einer Qualitätsverbesserung. Werden die Normen einfach nur befolgt, führt das zum Realitätsverlust, Ablenkung und Irreführung der Projektmitglieder vom eigentlichen Projektziel. Um Konflikte zu vermeiden, ist es sinnvoll, konstruktiv über den Sinn der Einhaltung von Normen zu diskutieren.

> **Erfahrungsbox: Qualitätsanforderungen durch ISO, DIN & Co**
> Für ein IT-Projekt, bei dem eine Standard-Software eingeführt und angepasst wurde, haben wir in einer frühen Phase zunächst das Testrahmenwerk und die ISO-Standards studiert. Auftrag der Projektleitung war beides umzusetzen. Nach Sichtung der Unterlagen schätzten wir, dass der Testmanager etwa 30 % seines Aufwandes in die Dokumentation investieren müsste, um die Einhaltung aller Vorgaben nachweisen zu können. Nach Rücksprache mit dem Projektleiter schloss sich dieser der Meinung an, dass ein striktes Befolgen der „internen" (Testrahmenwerk) als auch der „externen" (ISO-Standards) Vorgaben unwirtschaftlich wäre und darüber hinaus zu Konflikten führen könnte. Die Lösung, die sich anbot, war aus beiden Quellen ausgewählte Elemente in ein Testkonzept einfließen zu lassen. So wurde das Beste für das Testvorhaben ausgewählt. Quintessenz: Im Fokus sollte immer das Testvorhaben stehen und nicht die „mentale Befriedigung" von Rahmenwerken und Standards! Die ausgeschlossenen beziehungsweise nicht umgesetzten Punkte wurden mit entsprechenden Begründungen als Abgrenzungen aufgenommen, damit diese im weiteren Projektverlauf nicht erneut diskutiert werden mussten.

Die Normen und Standards zur Qualität stehen in der Kritik, weil sie oft mit hohem Aufwand und zweifelhaftem Nutzen verbunden sind. Das Hauptargument der Kritiker ist, dass die Aktivitäten nicht aus dem Kontext des konkreten Vorhabens abgeleitet werden, sondern aus einem theoretischen Werk. Dieses mag wohl auf Erfahrungen begründet sein, doch warum sollten diese Erfahrungen verallgemeinert werden können? Aus dieser Haltung hat sich der Ansatz des kontextgetriebenen Testens (context-driven testing) entwickelt. Dieser geht davon aus, dass es keine sogenannten „Best Practices" gibt. Unternehmen, die kontextgetriebenes Testen unterstützen, setzen stattdessen auf die Menschen in ihren Projekten und trauen ihnen zu, eine passgenaue Praxis selbst zu entwickeln. Aus diesem Grund wird der kontinuierliche Austausch von Entwicklung, Test und Business (die „drei Amigos") gefördert, denn durch die Einschätzung dieser Abteilungen, was die relevanten kontextabhängigen Faktoren sind, kann das bestmögliche Testvorgehen wachsen. Projektbeteiligte werden also zur gemeinsamen Reflexion angeregt, die zur kontinuierlichen Verbesserung führen soll. Konflikte werden damit vermieden und die mühsame Suche nach einem Sündenbock erübrigt sich. Die frei werdende Energie lässt sich in Qualität investieren. Allerdings muss eine Organisation offen und kommunikationsstark sein, um dieses Prinzip erfolgreich einzusetzen. Und es gehört für Projektverantwortliche Mut dazu, Normen und Standards außer Acht zu lassen, auf die man sich zurückziehen kann, falls es einmal nicht perfekt laufen sollte. Bevor sich ein Testmanager also gegen ISO, DIN & Co. entscheidet, sollte er seine Rahmenbedingungen hinterfragen. In Unternehmen, die gute Erfahrungen mit agilen

Methoden gemacht haben, sollte es ihm leichter fallen, einen kontextgetriebenen Ansatz zu propagieren und zu verfolgen.

Zusammenfassend lässt sich festhalten, dass Testmanager ohne große Praxiserfahrung besser einem Standard folgen. Ein erfahrener Testmanager sollte in der Lage sein, generische Standards so zu kombinieren, dass sie zum einen als Leitplanken dienen und zum anderen individuell für das jeweilige Projekt Mehrwerte liefern. Unabhängig davon halten wir es aber grundsätzlich für eine sinnvolle Idee, die interdisziplinäre Kommunikation zu fördern, wie wir sie in diesem Buch unter dem Begriff der „drei Amigos" (Entwicklung, Test und Fachbereich) vorschlagen.

3.4 Die Qualitätsmerkmale nach ISO/IEC 25000 ff. berücksichtigen

Nachdem der Testansatz durch die oben erwähnte ISO/IEC 29119 beschrieben wird, stellt sich die Frage, wie die Qualität in Testprojekten erhoben und gemessen werden kann. Die internationale Norm ISO/IEC 25000 „Software engineering – Software product Quality Requirements and Evaluation (SQuaRE) – Guide to SQuaRE" ist hier ein Standard, der seit 2005 die Normen ISO/IEC 9126 und ISO/IEC 14598 ersetzt. Er wurde von dem Normungsgremium ISO/IEC JTC 1/SC 07 „Software and systems engineering" erstellt. Die Formulierung einer deutschen Version nach DIN ISO/IEC 25000 „Software-Engineering – Qualitätskriterien und Bewertung von Softwareprodukten (SQuaRE) – Leitfaden für SQuaRE" erfolgt seit 2010 durch den NA 043 Normenausschuss Informationstechnik und Anwendungen (NIA) des Deutschen Instituts für Normung. Abb. 3.1 fasst die maßgeblichen Inhalte der ISO/IEC 25000 zusammen. Die sechs Qualitätsziele werden dabei jeweils durch mehrere Qualitätsmerkmale erreicht.

Für den Testmanager ist die Transformation der ISO/IEC 25000 in die Praxis von Bedeutung. Generell sollte der Testmanager die Qualitätsmerkmale als Anforderungen betrachten. Er sollte deshalb die Qualitätsmerkmale, die für das Projekt berücksichtigt werden müssen, mit Testfällen und Testaktivitäten hinterlegen.

Anhand unseres Beispielprojekts ALPHA wollen wir die praktische Umsetzung der ISO/IEC 25000 genauer aufzeigen. Die folgende Tabelle zeigt die Qualitätsmerkmale mit den zugehörigen Qualitätszielen, die für das Projekt ALPHA relevant sind und führt geplante Maßnahmen zu deren Absicherung auf (Tab. 3.1).

Die in Tab. 3.2 aufgeführten Testarten sollte der Testmanager gemeinsam mit den Fachbereichen und der IT priorisieren. Für Projekt ALPHA könnte eine Priorisierung in den jeweiligen Testphasen wie folgt aussehen (a = Hoch, b = Mittel, c = Gering).

Die Qualitätsziele „Funktionalität" und „Benutzbarkeit" sind in Projekt ALPHA am höchsten priorisiert und stellen daher einen Testschwerpunkt dar. Entsprechend sorgfältig sollte der Testmanager die Testaktivitäten planen und den entsprechenden

3.4 Die Qualitätsmerkmale nach ISO/IEC 25000 ff. berücksichtigen

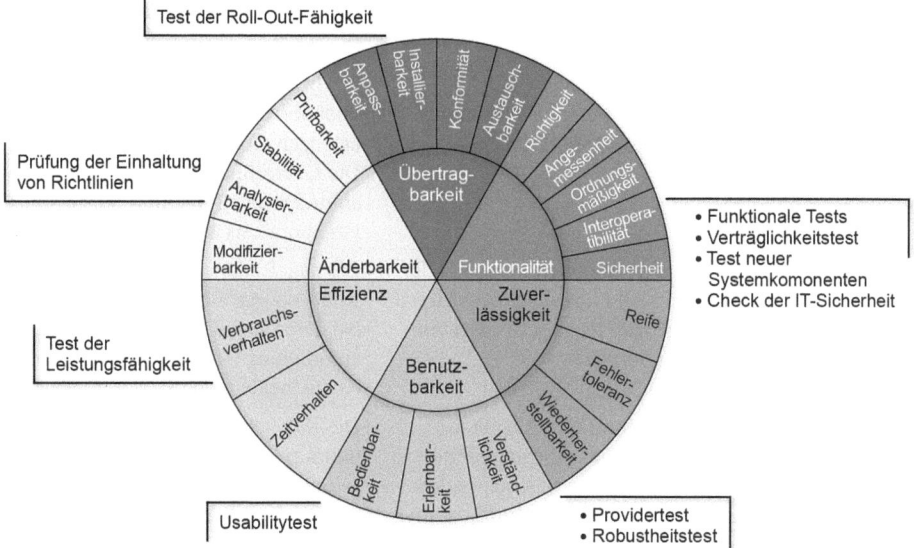

Abb. 3.1 Qualitätsziele und -merkmale nach ISO 25000

Testumfang sicherstellen. Das heißt die Anforderungen müssen an dieser Stelle sehr gut beschrieben sein: interpretationsfrei! Mehr dazu in Kap. 9 ff.

> **Erfahrungsbox: Qualitätsmerkmale**
>
> In der Praxis kommt es vor, dass Qualitätsmerkmale in der Konzeption und Spezifikation eines Projektes nicht berücksichtigt werden. Anforderungen, die sich auf die Qualität des Lieferobjektes beziehen, sind dann nicht vorhanden. Dennoch sollte der Testmanager in solch einem Fall die Qualitätsmerkmale im Test berücksichtigen. Er kann die Qualitätsanforderungen gemäß ISO/IEC 25000/29119 auflisten und im Kreise geeigneter Projektmitglieder Priorität und Komplexität abstimmen. Angepasst an die Klassifizierung kann er die Erstellung und Durchführung passender Testfälle planen. Wenn die Qualitätsanforderungen in einem Testtool als Anforderungen abgelegt werden, so können die Testfälle damit verknüpft werden. Somit kann der Testmanager zum Abschluss der Testphasen nachweisen, wie viele Testfälle für jede Qualitätsanforderung durchgeführt worden sind. Hiermit wird transparent gemacht, in welchen Bereichen es Qualitätsprobleme gab oder noch gibt.

Tab. 3.1 Qualitätsziele und -merkmale

Qualitätsziel	Qualitätsmerkmal	Beschreibung/Maßnahme(n)
Funktionalität	**Richtigkeit,** das heißt die angeforderte Funktionalität erzielt richtige (fachliche) Ergebnisse	Die bestehenden und neuen Funktionalitäten im Kundenportal erzeugen fachlich richtige Resultate. Die Überprüfung dieser Qualitätsanforderung erfolgt im Rahmen von Funktionstests und Abnahmetests
Funktionalität	**Ordnungsmäßigkeit,** das heißt die angeforderte Funktionalität wird ordnungsgemäß (technisch) ausgeführt bzw. bereitgestellt	Die angeforderten Funktionalitäten im Kundenportal sind technisch verfügbar. Die Überprüfung dieser Qualitätsanforderung erfolgt im Rahmen von Komponenten- und Funktionstests
Funktionalität	**Interoperabilität,** das heißt das Lieferobjekt führt die geforderte Funktionalität auf Basis eines definierten Soll-Prozesses im Zusammenspiel mit anderen Systemen korrekt aus	Die Datenübergaben vom Kundenportal an die Back Office Systeme erfolgen wie in den Spezifikationen beschrieben. Die Back Office Systeme können die Daten ohne weitere Rückfragen beim Kunden verarbeiten. Bei fehlgeschlagenen Datenübergaben entstehen keine undefinierten Zustände. Die Überprüfung dieser Qualitätsanforderung erfolgt im Rahmen von Funktions- und Integrationstests und orientiert sich im Systemaufsatz an den vom Fachbereich definierten Sollprozessen
Funktionalität	**Sicherheit,** das heißt die IT-Sicherheitsvorgaben werden eingehalten	Die Authentifizierung und Autorisierung im Kundenportal genügen den IT-Sicherheitsvorgaben. Die Datenübergabe an andere Systeme erfolgt auf sicheren Übertragungswegen. Zugriffsschutz und Revisionssicherheit im Kundenportal sind gewährleistet. Dazu werden unter anderem Penetrationstests durchgeführt
Zuverlässigkeit	**Fehlertoleranz,** das heißt das Lieferobjekt gibt adäquate Rückmeldungen an den Benutzer beim Auftreten von Fehlern, auf Fehler folgen adäquate Reaktionen	Das Kundenportal ist robust gegen fehlerhafte Eingaben des Anwenders. Bei Fehlern, die durch das Kundenportal selbst oder über Schnittstellen zu anderen Systemen entstehen, erfolgt eine Reaktion, die für den Anwender verständlich ist und keine undefinierten Zustände zur Folge hat. Dazu werden Negativ-Tests durchgeführt

(Fortsetzung)

3.4 Die Qualitätsmerkmale nach ISO/IEC 25000 ff. berücksichtigen

Tab. 3.1 (Fortsetzung)

Qualitätsziel	Qualitätsmerkmal	Beschreibung/Maßnahme(n)
Zuverlässigkeit	**Wiederherstellbarkeit,** das heißt das System lässt sich nach Ausfällen in angemessener Zeit wiederherstellen	Das Kundenportal kann nach einem Systemausfall innerhalb einer festgelegten Dauer wieder produktiv genutzt werden. Betrachtete Ursachen sind technische Ausnahmesituationen sowie geplante Ausfallzeiten nach Wartungsmaßnahmen
Benutzbarkeit	**Erlernbarkeit,** das heißt die Nutzung eines Systems ist in angemessener Zeit erlernbar	Das Kundenportal ist so gestaltet, dass keine Schulungsmaßnahmen für die Anwender notwendig sind. Wo die Bedienung nicht selbsterklärend ist, werden einfach verständliche Hilfetexte angeboten. Die Erlernbarkeit wird im Rahmen des User Acceptance Tests mit repräsentativen Benutzern geprüft
Benutzbarkeit	**Bedienbarkeit,** das heißt das System ist intuitiv bedienbar, das Lieferobjekt lässt sich intuitiv bedienen	Die Funktionen im Kundenportal entsprechen der Erwartungshaltung der Anwender und orientieren sich an deren Gewohnheiten. Insbesondere wird das Bedienkonzept aus dem bestehenden Kundenportal weitestgehend beibehalten. Die Bedienbarkeit wird im Rahmen des User Acceptance Tests mit repräsentativen Benutzern geprüft
Effizienz	**Verbrauchsverhalten,** das heißt das Lastverhalten des Systems entspricht den für die erwarteten Nutzerzahlen festgelegten IT-Anforderungen	Das Kundenportal ist auch bei der maximal erwarteten Nutzerzahl noch funktionsfähig, ohne dass für den Anwender negative Effekte bemerkbar sind. Die IT-Anforderungen zur Serverauslastung sind berücksichtigt. Zur Überprüfung werden Lasttests durchgeführt
Effizienz	**Zeitverhalten,** das heißt die Verarbeitungsgeschwindigkeit entspricht den für die erwarteten Nutzerzahlen festgelegten IT-Anforderungen	Das Kundenportal reagiert bei der erwarteten Nutzungsintensität auf allen Endgeräten innerhalb üblicher Zeiten. Zur Überprüfung werden Performancetests durchgeführt
Änderbarkeit	**Prüfbarkeit,** das heißt Systemänderungen lassen sich in angemessener Zeit prüfen	Das Kundenportal kann nach Änderungen innerhalb vorgegebener Zeiten getestet werden. Die dazu durchzuführenden Regressionstests sind in angemessener Zeit durchführbar
Änderbarkeit	**Stabilität,** das heißt Systemänderungen führen nicht zu Instabilität	IT-Anforderung: Darüber hinaus ist die Systemstabilität nach Go-Live zu überwachen (kein konkreter Testfall)

(Fortsetzung)

Tab. 3.1 (Fortsetzung)

Qualitätsziel	Qualitätsmerkmal	Beschreibung/Maßnahme(n)
Änderbarkeit	**Analysierbarkeit,** das heißt Systemänderungen lassen sich in angemessener Zeit analysieren	IT-Anforderung: zum Beispiel im Rahmen von Fehleranalysen
Änderbarkeit	**Modifizierbarkeit,** das heißt Systemänderungen lassen sich generell (ohne externe Unterstützung) durchführen	Das Kundenportal ist nach Produktivsetzung ohne Beteiligung externer Berater wart- und pflegbar
Übertragbarkeit	**Konformität,** das heißt die Produktivsetzung entspricht den IT-Anforderungen	Bei der Produktivsetzung des Kundenportals werden die IT-Anforderungen eingehalten. Es gibt ein definiertes Verfahren inklusive Fallback-Szenarien
Übertragbarkeit	**Installierbarkeit,** das heißt die Installation des Systems ist in angemessener Zeit möglich	Die Installation des Kundenportals entspricht den IT-Anforderungen. Die Überprüfung erfolgt durch einen Installationstest

Tab. 3.2 Priorisierung der Testarten zur Erreichung der Qualitätsziele

Testphase	Testart	Qualitätsziele					
		Funktionalität	Änderbarkeit	Benutzbarkeit	Effizienz	Übertragbarkeit	Zuverlässigkeit
System- und Funktionstest (Entwicklung)	Komponententest	a	b	a	c	c	a
	Integrationstest	b	b	a	c	c	a
	Migrationstest	b	c	b	b	a	b
System- und Funktionstest (IT)	Smoke-Test	a	c	b	c	c	a
	Systemtest	a	b	a	b	c	a
	Systemintegrationstest	a	c	b	a	c	a
System- und Funktionstest (Fachbereich)	Annahmetest	c	c	a	a	c	a
	End-to-End-Test	b	c	a	a	a	a
	User-Acceptance-Test	a	c	a	b	b	a
Nichtfunktionale Test (IT & Fachbereich)	Performancetest	a	b	a	a	c	a
	Security-Test	b	a	a	a	a	a
	Recovery-Test	a	b	a	b	a	a

3.5 Die Festlegung von Quality Gates entlang der Projektphasen

Quality Gates sind Meilensteine, mit deren Hilfe anhand fester Kriterien im Laufe eines Softwareentwicklungsprojektes entschieden wird, ob die nächste Projektphase beginnen kann. Quality Gates dienen der sukzessiven Qualitätsverbesserung des Lieferobjektes: vom Projektstart bis zur finalen Einführung in die Produktion. Das stringente Einhalten von Quality Gates führt zu einem stabilen Projektverlauf. Das Risiko einer Budgetüberschreitung soll dadurch reduziert werden. Quality Gates können sehr früh gesetzt sein und bereits einen Qualitätsanspruch an die Initialisierung eines Projektes festlegen. Üblicherweise existiert zumindest ein Quality Gate bereits vor den Testaktivitäten (zum Beispiel QG: Start Testvorbereitung), um einen hohen Qualitätsstand der Entwicklungsobjekte zum Teststart (zum Beispiel QG: Start Testdurchführung) sicherzustellen.

Doch wie werden Quality Gates definiert und sinnvoll in den Projekt-/Testprozess eingebaut? Folgende Fragen sollten dazu geklärt werden:

- **Frage 1:** Wie viele Quality Gates werden für das Projektvorhaben benötigt?
- **Frage 2:** Wie werden die Eingangs- und Ausgangskriterien für jedes Quality Gate definiert?
- **Frage 3:** Welche Schwellenwerte werden pro Quality Gate festgelegt und wie flexibel können diese gestaltet werden, ohne den Projekt- und Testprozess zu unterbrechen oder zu stoppen?
- **Frage 4:** Wie erfolgt die Umsetzung der Quality Gates – rechtfertigt der Aufwand den Nutzen?
- **Frage 5:** Welche Risiken entstehen, wenn ein Quality Gate nicht erreicht wird?

zu Frage 1: Wie viele Quality Gates werden für das Projektvorhaben benötigt?
Die Anzahl der Quality Gates sollte sich an Größe und Komplexität des Projektes orientieren. Für die reinen Testaktivitäten der IT und des Fachbereichs sollte es mindestens zwei Quality Gates geben, die sich auch unterteilen lassen können. Organisationen mit einer höheren Anzahl an Quality Gates drücken damit einen hohen Qualitätsanspruch aus. Dabei darf nicht außer Acht gelassen werden, dass für jedes Quality Gate eine Dokumentation anzufertigen ist. Der zeitliche Aufwand dafür sollte einen angemessenen Rahmen nicht überschreiten.

Nach unserem Verständnis lassen sich für ein Projektvorhaben sechs Quality Gates aus den nachfolgenden klassischen Projektphasen ableiten, wobei ein Quality Gate (hier: Quality Gate 4 „Testphase") den Schwerpunkt auf die Testaktivitäten legt. Jedes Quality Gate bildet den Abschluss einer Projektphase. Das erzielte Ergebnis wird als „Reifegrad" definiert und leitet in die nächste Projektphase über.

- Quality Gate 1: Initialisierungsphase
- Quality Gate 2: Konzept- und Spezifikationsphase

- Quality Gate 3: Realisierungsphase (mit Entwicklertest)
- Quality Gate 4: Testphase – aufgeteilt in:
  - System- und Funktionstest (IT)
  - System- und Funktionstest (Fachbereich)
  - Nicht-funktionaler Systemtest (IT & Fachbereich)
- Quality Gate 5: Einführung (Go-Live)
- Quality Gate 6: Stabilisierung (Post-Go-Live)

Abweichend von unserem Vorschlag ist es in wasserfallartigen Projekten auch üblich ein Quality Gate pro Testphase zu definieren. Um die Übersicht zu erleichtern und den Aufwand zu straffen, schlagen wir vor, für alle Testphasen ein übergreifendes Quality Gate zu definieren. Für jede Testphase sollten darin allerdings eigenständige Testeingangs- und Ausgangskriterien festgelegt sein, die klar messbar gestaltet sind. Idealerweise steigt der Qualitätsanspruch mit jeder Testphase, was sich in Form von immer strikteren Kriterien zeigt.

In Tab. 3.3 ist dargestellt, wie die Durchführung der einzelnen Testphasen unter Berücksichtigung der festgelegten Quality Gates erfolgen kann.

Tab. 3.3 Quality Gates entlang der klassischen Projektphasen

Quality Gate	Projektphase	Erzielter Reifegrad	Zugehörige Testphase	Zugehörige Testart
Quality Gate 1	Initialisierung	Spezifikationsreife		
Quality Gate 2	Konzept und Spezifikation	Realisierungsreife		
Quality Gate 3	Realisierung	Testreife	Entwicklertest	Komponententest
				Integrationstest
				Migrationstest
Quality Gate 4	Test	Produktionsreife	System- und Funktionstest (technisch)	Smoke-Test
				Systemtest
				Systemintegrationstest
				Migrationstest
			System- und Funktionstest (fachlich)	Annahmetest
				User-Acceptance-Test
				End-to-End-Test
			Nicht-funktionale Tests (technisch und fachlich)	Performancetest
				Security-Test
				Recovery-Test
Quality Gate 5	Einführung			
Quality Gate 6	Stabilisierung			

3.5 Die Festlegung von Quality Gates entlang der Projektphasen

Die für das Testmanagement relevanten Inhalte stellen sich pro Quality Gate wie folgt dar:

Quality Gate 1: Initialisierungsphase mit dem Ziel einer Spezifikationsreife
Bereits nach der Initialisierungsphase des Projektes sollte eine Spezifikationsreife erlangt worden sein, die es erlaubt in die Konzept- und Spezifikationsphase einzutreten. In der Initialisierungsphase gibt es noch keine Entwicklungs- oder Testaktivitäten.

Quality Gate 2: Konzept- und Spezifikationsphase mit dem Ziel einer Realisierungsreife
In dieser Phase werden Konzepte und Spezifikationen erstellt, die die Grundlage für die Realisierung des Lieferobjektes bilden. Es kann sich dabei um eine Vielzahl verschiedener Dokumente handeln, zum Beispiel:

- Fachliche Anforderungsdokumente (BRD – Business Requirement Documentation)
- Fachliche Prozessdokumentation (FSWD – Future State Workflow Documentation)
- Fachliche Zielarchitektur (TOM – Target Operating Model)
- Technisches Architekturdokument (Architecture Landscape)
- Technische Anforderungsdokumente (FSD – Functional Specification Documentation, SoW – Statement of Work)
- Technische Schnittstellendokumentation (IDD – Interface Design Documentation)

Echte Testaktivitäten gibt es in der Konzept- und Spezifikationsphase noch nicht. Es wird jedoch die Grundlage für alle folgenden Testaktivitäten gelegt. Deshalb ist es sehr wichtig, eine Qualitätssicherung aller erstellten Anforderungsdokumente bzw. Konzepte durchzuführen. Mehr dazu in Abschn. 3.6.

Quality Gate 3: Realisierungsphase mit dem Ziel einer (funktionalen) Testreife
In der Realisierungsphase können durch die Entwicklungsabteilung exemplarisch folgende Testarten durchgeführt werden:

- Komponenten-/Modultest (Testen der kleinsten Softwareeinheit die auf Basis einer technischen Spezifikation getestet werden kann) [nach IEEE 610])
- Integrationstest (Aufdeckung von Fehlerzuständen in den Schnittstellen und im Zusammenspiel integrierter Komponenten/Module)
- Migrationstest (Datenkonvertierung von einem Alt-System in ein neues System)

Die Entwicklertests werden nicht aktiv vom Testmanager gesteuert. Dies geschieht in Eigenverantwortung der Entwicklungsabteilung. Ein intensiver Austausch des Testmanagers mit dem Entwicklungschef ist jedoch notwendig, um den Zielerreichungsgrad vorab definierter Liefertermine zu verifizieren. Zusätzlich können zum Entwicklertest auch statische Testverfahren zählen. Dabei erfolgt keine Ausführung des Programmcodes sondern lediglich eine Analyse des Quellcodes.

Quality Gate 4a: Technischer System- und Funktionstest mit dem Ziel der Produktionsreife

Nachdem die Entwicklung ihre Arbeiten abgeschlossen hat und der Entwicklertest erfolgreich durchlaufen ist, ist die Testreife für den funktionalen Systemtest (Funktionstest) erlangt. Das entwickelte Lieferobjekt wird nun an das technische Testteam übergeben. Diese Testphase kann klassischerweise aus den folgenden Testarten bestehen:

- Smoke-Test: Sicherstellung der wichtigsten Funktionen des Lieferobjekts ohne jedoch zu detailliert zu testen
- Systemtest: Funktionaler Test auf Basis einer funktionalen Spezifikation für eine Komponente oder ein System
- Systemintegrationstest (SIT): Testen der Integration von Systemen und Komponenten sowie der Schnittstellen zu anderen Systemen und/oder externen Organisationen

Quality Gate 4b: Fachlicher System- und Funktionstest mit dem Ziel der Produktionsreife

Nach erfolgreich durchgeführtem Funktions- und Systemtest der IT erfolgt die Übergabe an den Fachbereich als primärer Auftraggeber. Dazu sind folgende Testarten sinnvoll:

- Annahmetest: Bevor der Fachbereich mit dem User-Acceptance-Test beginnt, empfiehlt sich ein sogenannter „Annahmetest" des Fachbereiches. Dieser soll sicherstellen, dass das Lieferobjekt „testbar" ist und mit den geplanten Testaktivitäten begonnen werden kann. Der Annahmetest des Fachbereichs entspricht dem „Smoke-Test" der IT nach Auslieferung durch die Entwicklung.
- User-Acceptance-Test (UAT): Das Lieferobjekt wird im Rahmen eines fachlichen Abnahmetests auf die Funktionalitäten getestet, die in den fachlichen Anforderungsdokumenten spezifizierten worden sind.
- End-to-End-Test (E2E): Häufig bieten die Anforderungsdokumente keine Prozesssicht an, sondern eher eine Funktionssicht. Daher kommt der fachliche Prozesstest als reiner User-Acceptance-Test womöglich zu kurz, wenn nicht gesonderte End-to-End-Tests durchgeführt werden. Diese Testfälle erfordern häufig einen höheren Vorbereitungsaufwand, dauern länger und erfordern oft Kooperation verschiedener Gruppen oder Abteilungen.

Quality Gate 4c: Nicht-funktionaler Test mit dem Ziel der Produktionsreife

Bei den nicht-funktionalen Tests werden Systemeigenschaften, die nicht direkt mit der Funktionalität in Zusammenhang stehen, getestet. Dazu zählen Qualitätsmerkmale wie beispielsweise Änderbarkeit, Benutzbarkeit, Effizienz, Übertragbarkeit oder Zuverlässigkeit. Darüber hinaus zählen auch Systemperformancetests und Sicherheitstests zu den nicht-funktionalen Tests, die sowohl vom Fachbereich als auch der IT durchgeführt werden können und ebenfalls zum Ziel haben, die Produktionsreife zu erlangen. Nicht-funktionale Tests können, falls erforderlich, auch früher durchgeführt werden, um die Testreife zu erlangen.

Nach erfolgreichem Abschluss aller Testaktivitäten wird zum Ende des Quality Gates 4 die Produktionsreife festgestellt. Hierzu wird oftmals im Rahmen eines Change Prozesses ein sogenanntes Change Advisory Board oder auch der Lenkungsausschuss einberufen, um auf Basis der erzielten Testergebnisse zu entscheiden, ob die Freigabe für den Produktionsbetrieb (Go-Live) erteilt werden kann.

Quality Gate 5: Einführung (Go-Live)
Mit dem Erreichen des Quality Gates 5 erfolgt die Einführung in die Produktion. Die Produktionsvorbereitenden Tests (unter anderem Probelauf/Dress Rehearsal, Parallelbetrieb/Parallel-Run etc.) wurden bereits in den vorherigen Testphasen durchlaufen und werden bei der Systemeinführung anhand eines „Production-Run-Books" als Drehbuch „abgespielt". Oftmals wird der Go-Live an einem Wochenende durchgeführt, um dann zu Beginn der Woche mit dem neuen System oder der neuen Funktion „Live" zu gehen. Ein Deployment-Team aus dem IT-Produktionsbereich führt den Go-Live durch. Das technische Testteam und Vertreter des Fachbereichs unterstützen den Go-Live Prozess und sind für Rückfragen verfügbar.

Quality Gate 6: Stabilisierungsphase (Post-Go-Live)
Nach erfolgtem Go-Live sollten das fachliche und das technische Testteam noch für eine angemessene Zeit, je nach Projektgröße bis zu sechs Wochen, für eine Stabilisierung des Live-Betriebs zur Verfügung stehen. In dieser Stabilisierungsphase kann es vorkommen, dass Produktionsfehler sehr schnell behoben werden müssen. Dies setzt einen klaren Fehlerbehebungsprozess voraus sowie ein „eingeschwungenes" Team, das genau weiß, was zu tun ist.

zu Frage 2: Wie werden die Eingangs- und Ausgangskriterien für Testaktivitäten im Rahmen der jeweiligen Quality Gates definiert?
In vielen Rahmenwerken werden Eingangs- und Ausgangskriterien nur anhand formaler Elemente definiert. Oftmals stehen Dokumentationsanforderungen vor tatsächlich erzielten oder noch zu erzielenden Ergebnissen. Das Ziel sollte sein, mit fortschreitendem Projektverlauf die Qualität des Lieferobjektes zu erhöhen. Wir sind der Auffassung, dass die Eingangs- und Ausgangskriterien möglichst quantitativ gestaltet sein sollten, um die steigende Qualität des Lieferobjektes abzufordern. Die Eingangskriterien eines Quality Gates sollten daher inhaltlich zumindest den Ausgangskriterien eines vorgelagerten Quality Gates entsprechen und noch um themenspezifische Elemente ergänzt werden. Test- und Qualitätsmanagement müssen eine Absprache mit der Projektleitung führen, falls die Eingangskriterien nur teilweise oder gar nicht erreicht wurden. Dabei wird entschieden, ob mit den anstehenden Testaktivitäten begonnen werden kann oder nicht. Die wesentlichen Eingangskriterien für die Quality Gates, die den Test betreffen, lassen sich exemplarisch wie folgt definieren:

Ausgangskriterien für die Konzept- und Spezifikationsphase (Übergang zu Quality Gate 3 in die Realisierungsphase):
- Alle Anforderungsdokumente liegen in abgenommener Form vor
- Risiko- und Komplexitätsanalysen wurden durchgeführt (siehe Abschn. 2.8)

Eingangskriterien für die Testphase zum Beginn von Quality Gate 4 (Testbeginn):
- Kriterien für die Testausführung:
  - Die Entwicklungsarbeiten sind erfolgreich abgeschlossen und das System ist zum Testen einsatzfähig
  - Ein Entwicklertest wurde erfolgreich durchgeführt
  - Die Testumgebung ist verfügbar und wie geplant ausgestattet
  - Testfälle sind im Rahmen eines Vier-Augen-Prinzips abgestimmt
  - Testsets (Zusammenfassung von Testfällen) wurden gebildet und bereitgestellt
- Kriterien für die Testdatendefinition:
  - Es ist sicherzustellen, dass für das Lieferobjekt notwendige Testdaten bereitgestellt werden
  - Gegebenenfalls müssen Produktionsdaten verfügbar sein, um erzielte Testergebnisse mit Live-Daten vergleichen zu können
- Kriterien für die Unterbrechung der Testaktivitäten:
  - Das Testsystem oder die Testumgebung sind dauerhaft instabil
  - Testdaten sind in größerem Umfang fehlerhaft oder fehlen
  - Ein mangelhafter Entwicklungsstand blockiert eine größere Anzahl von Testfällen
- Kriterien für die Wiederaufnahme der Testaktivitäten:
  - Die Testumgebung ist erfolgreich „repariert" (der Annahmetest/Smoke-Test war erfolgreich)
  - Die Testdaten sind korrigiert
  - Anpassungen durch die Entwicklung sind erfolgt, sodass alle Testfälle durchführbar sind

Ausgangskriterien der Testphase zum Abschluss von Quality Gate 4 (Testende):
- Ein festgelegter Anteil der Anforderungen ist positiv getestet. Alle Testfälle von vorab definierten Kriterien zum Beispiel bestimmter ausgewählter Kategorien oder Prioritäten sind durchgeführt worden
- Alle geplanten Testarten sind verwendet worden
- Seiteneffekte in unveränderten Komponenten wurden ausgeschlossen
- Ein Testdurchlauf (Testausführung aller Testfälle) ist mit einer konstanten Softwareversion erfolgt
- Die Anzahl der noch enthaltenen (bereits als Abweichung dokumentierten) Fehler, ist abhängig von der Schwere des Fehlers
- Testdaten, Skripte, Protokolle usw. sind archiviert
- Alle zu erzeugenden Dokumente sind vollständig und auf dem aktuellsten Stand

3.5 Die Festlegung von Quality Gates entlang der Projektphasen

zu Frage 3: Welche Schwellenwerte sollten für Testausführungsgrade und Fehlersituation pro Testphase festgelegt werden und wie flexibel können diese gestaltet werden, ohne den Projekt- und Testprozess zu unterbrechen?

Als generelle Regel gilt: Mit Fortschritt des Projektes sollte steigende Qualität eingefordert werden, ohne jedoch den Testprozess zu unterbrechen!

Damit das Lieferobjekt möglichst frei von funktionalen und technischen Fehlern ausgeliefert werden kann, ist es notwendig, Schwellenwerte zu definieren, mit denen Erfolg und Misserfolg quantifiziert werden können. Es empfiehlt sich, die Schwellenwerte in das Testkonzept mit aufzunehmen. So werden diese den beteiligten Stakeholdern (unter anderem Leiter der Fachbereiche, Projektleitung) bekannt gemacht und unterstreichen den Qualitätsanspruch des Testmanagements.

Der Testausführungsgrad für den **technischen** System- und Funktionstest soll für unser Beispiel pro Prioritätsklasse wie folgt durchgeführt werden; die Prozentsätze stellen das Mindestkriterium für den Ausführungsgrad der Testfälle dar:

- Prioritätsklasse 1 = 100 %
- Prioritätsklasse 2 = 75 %
- Prioritätsklasse 3 = 50 %

Demnach müssen alle Testfälle der Prioritätsklasse 1 durchgeführt werden. In dieser Kategorie darf es keine Testfälle geben, die sich noch in Bearbeitung befinden („Not Completed") oder noch nicht begonnen wurden („No run"). Der finale Status im Test-Tool ist dann entweder „Bestanden" („Passed"), „Fehlgeschlagen" („Failed") oder „Nicht anwendbar" („Not applicable") – falls ein Testfall zurückgestellt werden musste oder sich herausgestellt hat, dass er für das Testvorhaben keine Relevanz hat. Der Ausführungsgrad von 100 % bedeutet also nicht, dass alle Testfälle mit positivem Ergebnis durchgeführt wurden, sondern dass sie überhaupt durchgeführt beziehungsweise aussortiert wurden.

Für den **fachlichen** System- und Funktionstest mit abschließendem Abnahmetest zur Produktionsfreigabe, könnten die Vorgaben für den Ausführungsgrad folgendermaßen aussehen:

- Prioritätsklasse 1 = 100 %
- Prioritätsklasse 2 = 90 %
- Prioritätsklasse 3 = 80 %

Für alle Testfälle ist in unserem Beispiel die folgende **Fehlersituation** akzeptabel, um den **technischen** System- und Funktionstest als „erfolgreich durchgeführt" zu klassifizieren:

- Fehlerklasse 1 = Keine Fehler
- Fehlerklasse 2 = 25 (mit erfolgreich getestetem und dokumentiertem Workaround)
- Fehlerklasse 3 = 50

Für den **fachlichen** System- und Funktionstest könnten die Vorgaben für akzeptable Abweichungen wie folgt aussehen:

- Fehlerklasse 1 = Keine Fehler
- Fehlerklasse 2 = 10 (mit erfolgreich getestetem und dokumentiertem Workaround)
- Fehlerklasse 3 = 20

Die Fehlertoleranz wird also von Testphase zu Testphase verringert, um damit eine höhere Qualität des Lieferobjektes zum Go-Live sicherzustellen. Trotzdem ist vom Testmanager zu berücksichtigen, dass genügend „Puffer" eingebaut wird, um den Testprozess nicht zum Erliegen zu bringen. Es muss also aufgrund des Projektauftrages abgewogen werden, wie eng man die Bandbreiten festlegt, ohne den Testfortschritt potenziell zu gefährden. Frühere Testphasen sind hier mit größeren Bandbreiten auszustatten als spätere, die kurz vor dem Go-Live liegen.

zu Frage 4: Wie erfolgt die Umsetzung der Quality Gates – rechtfertigt der Aufwand den Nutzen?
Der Erfolg eines Projektes ist stark davon abhängig, mit welchem Qualitätsanspruch ein Projekt begonnen wird und wie das Qualitätsniveau im Zeitablauf aufrechterhalten werden kann. Quality Gates sind die „besseren" Meilensteine, da sie mit messbaren Kriterien ausgestattet sind und nicht nur auf die Einhaltung eines Termins achten. Doch Vorsicht! Bei den messbaren Kriterien sollte es beim Qualitätsmanagement nicht nur um das Abhaken von Listen gehen. Quality Gate-Sitzungen, in denen ein illustrer Kreis von Business Analysten, Entwicklern, Testern und Managern gemeinsam bestätigen, dass die vorgeschriebenen Dokumente vorhanden sind, mit den aktuellen Vorlagen erstellt wurden und dabei auch noch die Satzschablone eingehalten wurde, können zwar unterhaltsam sein. Zielführend sind sie meistens nicht. Stattdessen sollten die Quality Gates einen Prozess abschließen, der die inhaltliche Qualität der Arbeitsergebnisse im Fokus hat. Nach Durchlaufen des Quality Gates zum Abschluss der Konzept- und Realisierungsreife sollten beispielsweise interpretationsfreie Anforderungen vorliegen. Um dieses Ziel zu erreichen, ist eine intensive Auseinandersetzung mit den Inhalten notwendig, die weit vor dem Abschluss der Phase beginnen muss.

Bei der Pflege der Quality Gates sollte deshalb die aktive und inhaltliche Qualitätssicherung von Arbeitsergebnissen Priorität haben und nicht eine passive (reaktive) Überwachung von Checklisten. Der Testmanager sollte daher dafür sorgen, dass der „bürokratische" Aufwand für das Testteam möglichst gering bleibt. Denn schließlich ist das Ziel des Testens das Finden von Fehlern. Und das dürfte besser funktionieren, wenn den Testern genügend Zeit zum Testen bleibt. Wenn zu viel Aufwand für das Ausfüllen von Dokumente entsteht, wird oftmals der Testlauf behindert („Flow") und das Testteam demotiviert. Genauso wird der Flow unterbrochen, wenn Projektbeteiligte auf die formale Freigabe eines Quality Gates warten müssen, um mit ihrer Arbeit fortzufahren. In der Praxis ist es nicht besonders sinnvoll, alle Tätigkeiten einer Phase genau gleichzeitig zu beenden, dann ein Quality Gate zu durchlaufen, um im

3.5 Die Festlegung von Quality Gates entlang der Projektphasen

Anschluss die nächste Phase zu starten. Vor allem bei einem größeren Projektumfang ist das eine unrealistische Annahme. Sinnvoller ist es, zwei Phasen überlappen zu lassen, sodass in einem festen Zeitraum alle Kriterien zum Durchlaufen eines Quality Gates überprüft werden können. In unserem Beispielprojekt haben wir daher die beiden Phasen Realisierung und Test leicht überlappen lassen, wie aus Abb. 2.2 in Abschn. 2.4 hervorgeht.

> **Erfahrungsbox: Quality Gates entlang der Projektphasen**
> Neben den oben genannten Testarten können auch noch weitere Testarten zur Anwendung kommen. In einem Projekt, bei welchem ein System extern entwickelt wurde, wurde jeweils vor der Auslieferung eines Teststandes an den Kunden ein explorativer Test durchgeführt. Dabei haben alle Entwickler und Tester zwei Stunden lang das System frei getestet. Es wurde lediglich pro Person ein fachlicher Schwerpunkt festgelegt, der besonders berücksichtigt werden sollte. Die Erfahrungen mit dieser Testart waren positiv, denn es wurden nicht nur immer wieder Fehler gefunden, sondern es half auch, im gesamten Team einen umfassenden Blick auf das System zu fördern.
>
> In einem anderen sehr großen Projekt wurde außerdem ein Paralleltest durchgeführt. Dabei wurden das neue und ein abzulösendes System für einen festen Zeitraum parallel betrieben. Die betroffenen Fachbereiche mussten also alle Aktivitäten, die sie am Altsystem durchführten genauso am neuen System durchführen. Dadurch wurden viele Fehler aber auch problematische Abläufe erkannt, die man in den vorigen Testphasen nicht erkannt hatte. Denn die Realität ist doch immer anders als die Teststellung. Insbesondere, wenn hohe Risiken im Raum stehen, kann ein solcher Paralleltest sinnvoll sein.

zu Frage 5: Welche Risiken entstehen, wenn ein Quality Gate nicht erreicht wird?
Wird in einem Projekt in der Testausführung eine Deadline gerissen oder sind die Testergebnisse so schlecht, dass die selbst gesteckten Kriterien nicht erreicht werden, kann dies dazu führen, dass ein Quality Gate nicht erreicht wird. Ob dadurch tatsächlich Risiken für das Projekt entstehen, hängt davon ab, welche Auswirkung das Nichterreichen hat. Im Abschn. 10.4 gehen wir gesondert darauf ein, wie wir Risiken im Test bestens identifizieren und quantifizieren.

Wird ein Quality Gate nicht erreicht, muss auf Basis der vorliegenden Ergebnisse mit der Projektleitung analysiert werden, wie viel noch bis zur Zielerreichung fehlt und ob der Start in eine neue Testphase sinnvoll ist oder nicht. Oft kommt es vor, dass die Projektleitung, getrieben von Zeit- und Kostendruck, mit dem Lenkungsausschuss abstimmt, dass in die nächste Testphase gestartet werden soll – ungeachtet der aktuellen Ergebnissituation. In diesem Fall muss sich der Testmanager schriftlich bestätigen lassen, dass eine Managemententscheidung getroffen wurde, auf die der Testmanager keinen Einfluss hatte.

> **Erfahrungsbox: Quality Gate nicht erreicht**
> Die Durchführung der Systemtests ist für etwa 80 % erfolgreich umgesetzt worden. Es gab circa 10 % Fehler und 10 % noch nicht durchgehführte Testfälle. In einem Review mit den Testbeteiligten Entwicklung, Systemtester, Projektleiter, Testmanager und Vertretern aus den Fachbereichen wurde entschieden, in die nächste Testphase – hier User-Acceptance-Test – zu gehen, obwohl noch nicht alle Tests durchgeführt und noch nicht alle Fehler korrigiert wurden. Dies war möglich, da mit dem UAT Testteam die Vereinbarung getroffen wurde, zunächst die Bereiche zu testen, die im Systemtest erfolgreich waren und die Bereiche, die noch Fehler enthielten, erst anzugehen, wenn diese behoben worden sind. Der Abstimmungsaufwand war naturgemäß sehr hoch, die Zeit konnte jedoch eingehalten werden und der Go-Live war nicht in Gefahr, da es im UAT keine Fehler gab, die produktionsverhindernd waren.

3.6 Die Qualitätssicherung von Anforderungen

Exakt definierte Anforderungen, die auch Dritte verstehen können, sind die Grundlage für die Erstellung von Testfällen mit guter Qualität. Sind die Anforderungen zu unpräzise gefasst, lassen sich daraus nur schwer eindeutige Testfälle ableiten. Das führt unweigerlich zu Testergebnissen, deren Aussagekraft kaum bis gar nicht bewertet werden kann. Die Sichtung und Prüfung kann von einem vorab definierten Reviewerkreis zum Beispiel aus unseren „drei Amigos" (Business, Test und IT) erfolgen. Business Analysten, Testanalysten und ein zusätzlich eingesetzter Qualitätsmanager können hier zum Einsatz kommen. Der Qualitätsmanager muss daher alle Anforderungsdokumente sichten. Sind die Anforderungen nicht interpretationsfrei, so muss der Qualitätsmanager eine Überarbeitung herbeiführen, zum Beispiel indem er eine Liste offener Punkte so lange verfolgt, bis alle Unklarheiten beseitigt worden sind. Eine einfache Aufgabe ist das keinesweg, wie vermutlich viele bestätigen können, die bereits als Qualitätsmanager tätig waren. Anforderungen sind selten auf Anhieb so eindeutig, dass problemlos Testfälle erstellt werden können. Durch einen starken Fokus des Qualitätsmanagers auf die Anforderungsdokumente kann Abhilfe geschaffen werden.

Die Kommunikation zwischen Testern, Entwicklern und Fachbereich ist trotzdem extrem wichtig, diese kann und soll nicht durch die Arbeit des Qualitätsmanagers ersetzt werden. Er soll vielmehr dafür sorgen, dass alle Leser der Anforderungsdokumente in der Lage sind, ihre nachfolgenden Aufgaben zu verfolgen. Dafür ist ein hohes Maß an Kommunikation und Kooperation zwischen Autor und Qualitätsmanager erforderlich. Das Ergebnis sollte zum einen eine qualitativ hochwertige Grundlage für die Erstellung von Testfällen sein. Zum anderen sollte die Qualitätssicherung auch eine bessere Basis für den späteren Testprozess bilden, indem eine eindeutige Kennung (Nomenklatur) der Anforderungen sowie zusätzliche Attribute wie Priorität und Komplexität gefordert werden.

3.6 Die Qualitätssicherung von Anforderungen

Der Mehrwert für das Testmanagement von vorab qualitätsgesicherten Anforderungen lässt sich wie folgt zusammenfassen:

- Bei der Ausarbeitung und Qualitätssicherung der Anforderungen wird der Interpretationsspielraum vermindert, da ein neutraler Dritter die beschriebenen Anforderungen gelesen und auf Verständlichkeit und Plausibilität geprüft hat.
- Mögliche Fehlinterpretationen werden so bereits in einem frühen Projektstadium bemerkt, sie werden nicht erst in späteren Projektphasen- oder im schlimmsten Fall in der Produktion, aufgedeckt.
- Testfälle und daraus resultierende Fehler lassen sich später klar einer Anforderung zuweisen, indem in den Anforderungsdokumenten eine eindeutige Nomenklatur verwendet wird.
- Es wird sichergestellt, dass alle Parteien ein einheitliches Verständnis der umzusetzenden Anforderungen erlangen.
- Eine durchgängige Priorisierung der Anforderungen ermöglicht einen effizienten Einsatz von Ressourcen und eröffnet Spielräume, falls Neuplanungen notwendig werden.
- Eine Klassifikation der Anforderungen nach Priorität und Komplexität erlaubt es, die Anzahl und Tiefe von Testaktivitäten besser zu planen.
- Die Wahrscheinlichkeit von späteren Change Requests wird reduziert, wodurch späte Testaufwände vermieden werden.

Für die Klassifizierung der Priorität einer Anforderung empfehlen wir eine Festlegung von A bis C in Anlehnung an das MosCow-Prinzip[3]:

- A = MUSS: Die Anforderung hat die höchste Prioritätsstufe und muss zwingend umgesetzt werden. Es handelt es sich also um eine Pflicht-Anforderung. Eine Nicht-Berücksichtigung dieser Anforderung würde zu einer Produktionsverhinderung führen.
- B = SOLL: Die Anforderung hat eine mittlere Prioritätsstufe und ihre Umsetzung ist damit nicht zwingend erforderlich. Die Anforderung nicht umzusetzen, würde zu einer Einschränkung im produktiven Betrieb führen, diesen aber nicht verhindern.
- C = KANN: Die Anforderung hat eine niedrige Prioritätsstufe und ihre Umsetzung ist zur Erreichung der Projektziele damit nicht unbedingt erforderlich. Die Anforderung nicht zu berücksichtigen, würde maximal zu einer geringen Einschränkung in der Produktion führen, da auf die Umsetzung der Anforderung verzichtet werden kann.

In Projekten mit Frontend-Entwicklung können die Anforderungen der Endanwender mithilfe des Kano-Modells priorisiert werden. Basisfaktoren (unterbewusste Anforderungen) erhalten Priorität A, Leistungsfaktoren (bewusste Anforderungen)

---

[3] „MoSCoW" ist ein Akronym und steht für: M – MUST (unbedingt erforderlich), S – SHOULD (sollte umgesetzt werden, wenn alle MUST-Anforderungen trotzdem erfüllt werden können), C – COULD (kann umgesetzt werden, wenn die Erfüllung von höherwertigen Anforderungen nicht beeinträchtigt wird), W – WON'T (wird diesmal nicht umgesetzt, aber für die Zukunft vorgemerkt).

erhalten Priorität B und Begeisterungsfaktoren (unbewusste Anforderungen) erhalten Priorität C. Auch in unserem Beispielprojekt ALPHA, in dem ein Kundenportal mit neuen Oberflächen entwickelt wird, ist die Anwendung des Kano-Modells möglich, allerdings nur für die Anforderungen, die die Nutzung des Kundenportals durch den Endanwender beschreiben. Für alle anderen Anforderungen sollten Prioritäten vergeben werden, die mit der Einordnung nach Kano verträglich sind.

Für die zusätzliche Klassifizierung der Komplexität einer Anforderung empfehlen wir eine Festlegung von 1 bis 3, wobei

- 1 = hohe Komplexität
- 2 = mittlere Komplexität
- 3 = niedrige Komplexität

bedeuten.

Die Kriterien für die Bestimmung der Komplexität lassen sich je nach Projektauftrag mit den Projektbeteiligten aus Entwicklung, Test und Fachbereich festlegen. Für unser Beispiel-Projekt ALPHA könnten die Komplexitätskriterien für Anforderungen folgendermaßen definiert sein (Tab. 3.4):

Daraus ergibt sich eine Klassifizierung der Anforderungen nach Priorität und Komplexität von A1 bis C3, die für den Testmanager sehr hilfreich ist. In der Planung kann er auf dieser Basis die Anzahl der zu erstellenden Testfälle besser abschätzen. Eine Anforderung mit hoher Komplexität dürfte in der Regel zu einer größeren Zahl von Testfällen führen und damit zu einem höheren Testaufwand. In der Testdurchführung kann er in kritischen Testsituationen gezielter steuern und beispielsweise auf den Test von niedrig priorisierten Anforderungen verzichten, damit sich das Team auf das Testen von Anforderungen mit höherer Priorität konzentrieren kann.

Vorsicht bei Anforderungen, die nicht aus den Fachkonzepten abgeleitet worden sind, sondern zum Beispiel anhand von festgelegten Qualitätsmerkmalen. Auch sie sollten mit Priorität und Komplexität versehen werden, um eine durchgängige Klassifizierung aller Anforderungen zu ermöglichen.

Alle Anforderungsdokumente müssen von den jeweiligen Bereichen möglichst vor einer von der Projektleitung festgelegten Deadline freigegeben werden, sodass diese als verbindliche Dokumente für die Umsetzung des Projektvorhabens klassifiziert sind und nicht im Nachgang noch Änderungen vorgenommen werden. Sollte Änderungen notwendig sein, so sind alle Projektbeteiligten entsprechend vom Testmanager zu informieren, um herauszuarbeiten welche „Nebenwirkungen" durch die Änderung oder

Tab. 3.4 Komplexitätskriterien für Anforderungen

	1 (hohe Komplexität)	2 (mittlere Komplexität)	3 (niedrige Komplexität)
Anzahl relevanter Felder	>20	5–20	<5
Anzahl Masken	>3	2–3	1
Umfang der Verarbeitung	Hoch	Mittel	Gering

Anpassung für den eigenen Testbereich entsteht. Hier ist der Testmanager als Risikomanager gefragt. In Abschn. 9.1 gehen wir explizit auf die Inhalte von Anforderungsdokumenten ein, die sich nach IREB (International Requirements Engineering Board) orientieren sollten, um interpretationsfreie Anforderungen zu dokumentieren.

> **Erfahrungsbox: Einsatz von Qualitätsmanagern**
> Um schon von zu Beginn Qualität in den Testprozess zu bekommen, hat ein Qualitätsmanager als „neutrale" Instanz alle erstellten Konzepte einer Durchsicht unterzogen. Sobald Inhalte nicht verständlich waren, wurden diese als offene Punkte am Ende des Entwurfs dokumentiert und mit dem Autor des Dokuments durchgesprochen. Dieser Prozess wurde iterativ durchgeführt, bis es keine offenen Verständnisfragen mehr gab. Warum wurde dies vom Qualitätsmanager gemacht? Die Antwort ist relativ einfach: Je besser eine Anforderung beschrieben ist und dessen Inhalt von einem Dritten verstanden wird beziehungsweise plausibel erscheint, desto besser können Entwickler Anforderungen in Code übersetzen oder IT – und Fachbereiche – Testfälle erstellen. Oftmals sind tiefe technische oder fachliche Kenntnisse des Qualitätsmanagers nicht erforderlich, um eine Qualitätssicherung auf Plausibilität und Verständlichkeit durchzuführen. Bei Bedarf können mehrere Qualitätsmanager für eine Durchsicht pro konzeptionellem Schwerpunkt eingesetzt werden, um zusätzlich die inhaltliche Richtigkeit sicherzustellen. Oftmals erfolgt dies jedoch von den jeweiligen Kollegen des Autors im Rahmen eines Vier-Augen-Prinzips, bevor ein Konzept zur Durchsicht gegeben wird.

3.7 Die Qualitätssicherung des Testmanagementprozesses

Bislang haben wir uns damit auseinandergesetzt, wie das Qualitätsmanagement auf das Anforderungsmanagement und damit auf das Lieferobjekt wirkt. Doch wie steht es mit der Qualitätssicherung des Testmanagementprozesses selbst? Gute Management-Prozesse wirken positiv auf den Entwicklungsprozess und damit auf die Qualität des Lieferobjekts. Also sollten konsequenterweise auch die Arbeitsergebnisse des Testmanagers einer Qualitätssicherung unterliegen. Im Qualitätsmanagement-Plan von Projekten ist dies selten stark verankert. Oft ist lediglich die Freigabe eines Testkonzepts durch den Projektmanager und eventuell weiterer Projektbeteiligte vorgeschrieben. Ob sich aber hinter einer Freigabe tatsächlich Ansätze zur Qualitätssteigerung des Testmanagements verbergen, kann infrage gestellt werden. Auch wenn Vertrauen zum Testmanager sicher begrüßenswert ist, schlagen wir vor, dass der Testmanager selbst Maßnahmen ergreift, um die Qualität seiner eigenen Ergebnisse zu steigern. Schließlich ist niemand vor Betriebsblindheit gefeit, die zu unausgewogenen Einschätzungen führen kann.

Der Testmanager sollte deshalb andere Projektbeteiligte zur Qualitätssicherung seiner Arbeitsergebnisse aktiv einbinden. Wenn Dokumente einen stabilen Stand haben, vielleicht gefühlte 90 % beschrieben sind, könnte der Testmanager bereits einen Termin zum Review mit ausgewählten Personen organisieren. Falls das Dokument eine Freigabe benötigt, macht es Sinn, die Personen einzuladen, die diese erteilen sollten. Dabei nicht bis zur endgültigen Fertigstellung des Dokumentes zu warten, hat dabei den Vorteil, dass Anregungen anderer leichter integriert werden können und so eine offenere Diskussion möglich ist, die tatsächlich eine Qualitätsverbesserung ergeben könnte. Die nachfolgenden Aufzählungen gelten grundsätzlich für alle Lieferobjekte. Es gibt verschiedene Arten von Reviews, im Wesentlichen sind diese:

- Stellungnahme: Das Dokument wird an den oder die Prüfer übergeben, mit der Bitte Stellung dazu zu nehmen. Dies kann frei oder aber anhand von vorher festgelegten Qualitätskriterien erfolgen. Findet ein Prüfer Mängel, so sollte er diese festhalten. Am besten wird die Stellungnahme in einem persönlichen Gespräch zwischen Testmanager und Prüfer übergeben und diskutiert.
- Inspektion: Das Dokument durchläuft eine eher formale Inspektion durch einen oder mehrere Prüfer. Dazu werden mehrere Phasen getrennt voneinander durchlaufen, zum Beispiel Planung, Übersicht, Prüfung und Korrektur. In der Planung werden die Ziele und das Vorgehen der Inspektion vereinbart. In der Übersicht erläutert der Testmanager die Inhalte des Dokuments. In der Prüfung befassen sich die Prüfer mit dem Dokument und halten ihre Mängel fest, entweder jeder für sich oder im Team. In der Korrektur-Phase werden die Mängel aller Prüfer zusammengetragen und gemeinsam mit dem Testmanager besprochen. Für jeden Mangel wird eine Korrektur vereinbart, die üblicherweise vom Autor, also dem Testmanager, umgesetzt werden muss. Eine solche Inspektion kann weiter formalisiert werden, zum Beispiel indem die Rollen eines Vorlesers und eines Protokollanten eingeführt werden. Welcher Aufwand angemessen ist, sollte im Voraus bewertet werden.
- Walkthrough: In einem Termin geht der Testmanager mit den Prüfern gemeinsam durch das Dokument. Das Dokument sowie die Qualitätskriterien sollten dazu im Voraus verteilt werden. Fragen und Mängel werden im Walkthrough dokumentiert. Die Korrekturen erarbeitet der Testmanager im Anschluss eigenständig.

Welche dieser Review-Arten für den Testmanager infrage kommen, hängt mit den Inhalten des Dokumentes, mit der Projektkultur, mit der Verfügbarkeit der Beteiligten und nicht zuletzt mit der Persönlichkeit des Testmanagers zusammen. Wir sprechen uns hier deutlich für eine Variante mit direkter Kommunikation aus. Vorbereitung ist jedoch für alle Reviews notwendig, damit sich die Beteiligten auf die Qualitätssteigerung fokussieren und sich nicht in Details verlieren. Hier könnte auch Nährboden für Konflikte entstehen, denn ein Review gibt auch immer eine Möglichkeit zur Profilierung. Zum Testen werden Meinungen oft gerne bereitwillig geäußert – „denn so kompliziert kann das doch nicht sein". Ein Testmanager sollte also im Vorfeld eines Reviews über die Wertevorstellungen und die Kultur im Projekt nachdenken. Auch die Werte: Transparenz und Offenheit, Mut, Fokus, Vertrauen, Wertschätzung und Respekt sollten insbesondere im Review-Prozess gelebt werden.

Auch wenn die vom Testmanager zu erstellenden Arbeitsergebnisse an dieser Stelle noch nicht besprochen sind, wollen wir hier eine grobe Übersicht geben, wie die Qualitätssicherung aussehen könnte. Tab. 3.5 nennt mögliche Prüfer und zentrale

3.7 Die Qualitätssicherung des Testmanagementprozesses

Tab. 3.5 Qualitätssicherung des Testmanagementprozesses

Arbeitsergebnis/ Dokument	Mögliche Prüfer	Zentrale Fragestellungen
Testkonzept	• Qualitätsmanager • IT • Fachbereich • Projektmanagement • projektfremde Testmanager	• Ist das Testkonzept mit den internen Rahmenwerken und Standards verträglich? • Ist das Testkonzept umsetzbar? Sind beispielsweise die benötigten Testdaten, Testumgebungen, Tools vorhanden oder können sie beschafft werden? • Ist ein risikogerechtes Testen erkennbar? Wurden die Risiken nachvollziehbar eingeschätzt? • Wurden alle bekannten Anforderungsquellen berücksichtigt? • Welche Metriken sollen verwendet werden? • Ist ein aussagekräftiges Reporting enthalten, anhand dessen der Fortschritt in der Vorbereitung und der Testdurchführung gemessen werden kann?
Testaufwandsplanung	• Qualitätsmanager • Projektmanagement • projektfremde Testmanager • Tester	• Wurde ein nachvollziehbarer Ansatz für die Aufwandschätzung gewählt? • Ist die Strukturierung der Aufwandspositionen verständlich? • Ist der geschätzte Aufwand realistisch oder optimistisch oder pessimistisch? • Wurde Zusatzaufwand für Dokumentation berücksichtigt? Hält sich dieser in einem vertretbaren Rahmen?
Testplan	• Qualitätsmanager • IT • Fachbereich Projektmanagement • projektfremde Testmanager	• Ist der Zeitplan umsetzbar? Sind projektinterne Abhängigkeiten berücksichtigt? • Erfolgte eine Abstimmung mit anderen Projekten und den Verantwortlichen für Testumgebung und Testdaten? • Biete die Planung genügend Flexibilität, um reaktionsfähig zu bleiben? Ist ein Puffer berücksichtigt?
Testfälle	• Fachbereich • IT • Testanalyst	• Sind genügend Testfälle auf Basis der Priorisierung der Anforderungen erstellt worden? • Sind die Testfälle verständlich? • Decken die Testfälle alle Anforderungen ab? Decken die Testfälle auch prozessuale Anforderungen ab? • Decken die Testfälle auch alle definierten Qualitätsanforderungen ab?

Fragestellungen, die für das jeweilige Dokument infrage kommen. Die Tabelle ist natürlich je nach Projektauftrag erweiterbar. Beim Review sollte darauf geachtet werden, dass inhaltliche Elemente vor einer bestimmten Form oder einem Layout rangieren und dass ein vorab festgelegter Zeitrahmen nicht überschritten wird.

3.8 Reflexion und Praxis-Check

Qualitätsmanagement bedeutet nicht das Pflegen von Checklisten und Einsammeln von Unterschriften, um das nächste Quality Gate zu erreichen. Basierend auf einem einheitlichen Verständnis von Qualität müssen stattdessen in allen Phasen und Projektteilen Maßnahmen umgesetzt werden, die auch die Qualität steigern. Aus unserer Sicht sollte ein Testmanager in der Praxis unbedingt folgendes sicherstellen:

Praxis-Check
- ✓ Alle Projektmitglieder haben sich mit dem Qualitätsbegriff beschäftigt und haben ein gemeinsames Verständnis. Mit dem Testteam kann dazu beispielsweise ein Workshop durchgeführt werden.
- ✓ Die Kenntnisse und Qualifikationen, die vom Testteam erwartet werden, passen zum Qualitätsanspruch des Projektes.
- ✓ Die Umsetzung von Standards, Normen und Rahmenwerke können Mehrwerte schaffen und weniger erfahrene Testmanager unterstützen. Erfahrene Testmanager nutzen diese eher als Tool-Box.
- ✓ Der Zusatzaufwand für Dokumentationspflichten ist erkannt und wurde so weit wie möglich reduziert, um das Testteam nicht zu belasten.
- ✓ Qualitätsmerkmale sind identifiziert und mit Testaktivitäten hinterlegt, so dass die Erreichung der Qualitätsziele messbar ist.
- ✓ Quality Gates sind entlang der Projekt- und Testphasen festgelegt und mit quantitativen Eingangs- und Ausgangskriterien versehen. Die Kriterien erzeugen steigende Qualität über den Projektverlauf hinweg.
- ✓ Es sind Maßnahmen zur Qualitätssicherung des Testmanagementprozesses geplant.
- ✓ Alle Anforderungsdokumente durchlaufen eine Qualitätssicherung, die Interpretationsspielraum ausräumt.
- ✓ Ein Qualitätsmanager ist in das Projekt integriert und seine Rolle ist klar beschrieben. Falls bei kleineren Projekten kein Qualitätsmanager vorhanden ist, so sind die Verantwortlichkeiten für die Qualitätssicherung klar vergeben oder der Testmanager übernimmt diese Rolle für den Testprozess.

Weiterführende Literatur

GPM (Deutsche Gesellschaft für Projektmanagement e. V.), „Kompetenzbasiertes Projektmanagement (PM3): Handbuch für Projektarbeit, Qualifizierung und Zertifizierung auf Basis der IPMA Competence Baseline Version 3.0", (2014).
Klaus Pohl, Chris Rupp, Kano-Modell in: *„Basiswissen Requirements Engineering"*, (2009).
https://de.wikipedia.org/wiki/Demingkreis (Zugriffsdatum 06.02.19)
https://de.wikipedia.org/wiki/ISO/IEC_25000 (Zugriffsdatum 06.02.19)
https://de.wikipedia.org/wiki/MoSCoW-Priorisierung (Zugriffsdatum 06.02.19)
https://www.gpm-ipma.de/zertifizierung_icb_3/ipma_4_l_c_zertifikate_fuer_projektmanager/grundlage_ncb_30.html (Zugriffsdatum 06.02.19)

Der Projektgegenstand und seine Umgebung

4

Zusammenfassung

In einem Software-Implementierungsprojekt hat der Testmanager das Ziel, fehlerfreie Software in Betrieb zu nehmen, die ihren Anforderungen entspricht. Es liegt auf der Hand, dass sich der Testmanager dazu mit der Software, die erstellt oder angepasst werden soll, intensiv beschäftigen muss. Doch das alleine genügt aus unserer Sicht nicht. Denn:

- Software dient den Zielen eines übergeordneten Geschäftsmodells
- Software ist eingebettet in eine bestehende technische Umgebung
- Software ist selten alleiniger Projektgegenstand
- Software soll Menschen helfen

Ein Testmanager muss sich daher auch Wissen über die Organisation und deren Geschäftsmodell aneignen, über deren technische Umgebung und über alle Lieferobjekte, die Gegenstand des Projektes sind. Außerdem muss er die Nutzer des Projektgegenstandes verstehen lernen. Denn schließlich soll Software ihnen helfen, ihre Aufgaben zu bewältigen – ansonsten würde sie ihren Zweck verfehlen. Aus unserer Erfahrung genügt es, wenn sich ein Testmanager dabei eine grundlegende Orientierung verschafft. Er muss den Gesamtkontext so weit durchdrungen haben, dass er in Gesprächen mit dem Projektmanagement, dem Business und der IT folgen kann. Wenn ein Testmanager in solchen Gesprächsrunden Fragen stellen kann, deren Klärung für die Beteiligten relevant ist, dann hat er den richtigen Kenntnisstand. Dann ist er in der Lage risiko- und wertorientiert zu handeln. Sich Detailwissen in den Domänen anderer anzueignen, ist dagegen nicht notwendig, vielleicht sogar hinderlich.

Im folgenden Kapitel wollen wir die oben genannten Punkte beleuchten. Wir schlagen vor, welches Wissen sich ein Testmanager in einem Software-Implementierungsprojekt erarbeiten sollte und mit welchen Visualisierungsmöglichkeiten er arbeiten kann. Dabei greifen wir zur Beschreibung des Geschäftsmodells auf das bekannte Business Model Canvas zurück. Um die technische Umgebung zu visualisieren, schlagen wir ein Systemkontextdiagramm vor. Zusätzlich nutzen wir zur Beschreibung des Projektgegenstandes eigene Kategorien, die auf unseren Erfahrungen basieren.

4.1 Die Organisation und ihr Geschäftsmodell

Ein Testmanager ist ein Risikomanager. Denn durch Testen werden Risiken minimiert, die in Softwareprojekten entstehen. Um wirklich bewerten zu können, welche Risiken aber auch welche Chancen in einem Softwareprojekt stecken, muss der Testmanager daher das Geschäftsmodell der Organisation in seinen Grundzügen verstehen. Nun könnte man meinen, dass das nicht allzu wichtig ist, weil Testen immer nach denselben Mustern abläuft. Mit den Anforderungen vor sich müsste doch jeder Tester in der Lage sein, Fehler zu finden. Ein fachlicher Experte muss er dazu nicht sein. Folglich muss auch der Testmanager nicht viel vom Business verstehen. Er muss ja nur den Testprozess steuern, in dem mithilfe der immer selben Methoden Fehler gefunden werden.

Wir sind der Meinung, dass diese Ansicht nicht sinnvoll ist. Ein guter Tester zieht aus seinem fachlichen Verständnis die Sicherheit, dass er die richtigen Spuren verfolgt und im entscheidenden Moment ein Problem erkennt. Und er kann aufgrund seiner Einsichten seine Testaktivitäten so priorisieren, dass er die wirklich wichtigen Fehler auffinden kann. Denn es gibt in der Regel mehr zu testen, als die Zeit zulässt. Genau dasselbe trifft für den Testmanager zu. Durch sein klares Verständnis für das Business kann er seine Aufgaben so umsetzen, dass er die Risiken im Testprojekt aus Sicht der Organisation am besten behandeln kann.

Nach dieser Erkenntnis stellt sich die Frage, wie sich ein Testmanager Wissen über die Organisation und deren Geschäftsmodell aneignen kann. Einfach ist es, wenn der Testmanager aus der Organisation kommt, in der sein Projekt stattfindet. Denn dann sollte er die meisten Kenntnisse schon besitzen. Schwieriger ist es, wenn sich der Testmanager das Geschäftsmodell erst aneignen muss. Ein Problem sehen wir darin jedoch nicht – ein offensiver Umgang mit der Tatsache, dass man sich zunächst noch in die Organisation einfinden muss, hilft dabei ungemein. Die Wissenslücke kann kaum als Schwäche ausgelegt werden, sofern in einer Bewerbungsphase nichts anderes versprochen wurde. Wir schlagen in jedem Fall vor, dass sich jeder Testmanager einen groben Überblick zu den folgenden Themen verschafft:

- Kundensegmente: Für wen schafft die Organisation Werte?
- Wertangebote: Welche Produkt- und Dienstleistungspakete werden jedem Kundensegment angeboten? Welche Kundenbedürfnisse werden erfüllt? Welche Werte werden für die Kunden geschaffen?

- Kanäle: Auf welchen Wegen interagiert die Organisation mit ihren Kunden, um für sie Mehrwerte zu liefern?
- Kundenbeziehungen: Welche Art von Beziehung herrscht zwischen den Kunden und der Organisation?
- Einnahmequellen: Wofür bezahlen die Kunden der Organisation? Wie bezahlen sie? Wie hoch sind die Anteile pro Kundesegment?
- Schlüsselressourcen: Welche Ressourcen sind unabdingbar, um die Wertangebote zu schaffen und sie den Kunden zu liefern?
- Schlüsselaktivitäten: Welche Aktivitäten sind erforderlich, um die Wertangebote zu schaffen und sie den Kunden zu liefern?
- Schlüsselpartner: Auf welche Partner ist die Organisation angewiesen, um die Schlüsselressourcen zu erhalten und die Schlüsselaktivitäten durchzuführen?
- Kostenstruktur: Welche Kosten sind mit den Schlüsselressourcen und -aktivitäten verbunden?

Das sind die neun Bausteine des Business Model Canvas. Mehr Informationen zu diesem Modell gibt es im Internet – Artikel, Anleitungen, Videos und Beispiele sind in einer Vielzahl vorhanden. Wir schlagen vor, dass ein Testmanager sein Wissen zu diesen neun Bausteinen zusammenfasst. Und zwar nicht nur die Bausteine im Einzelnen, sondern auch deren Verbindung untereinander. Es ist sinnvoll, dazu tatsächlich ein Plakat anzufertigen – ein Canvas eben. Wenn man Post-Its nutzt, um die Antworten auf die Fragen zu notieren, dann kann man über einen längeren Zeitraum mit demselben Plakat arbeiten. In Abb. 4.1 ist unsere Variante des Business Model Canvas dargestellt.

Für die Zwecke des Testmanagers kann das Business Model Canvas vielleicht auch nur einen Ausschnitt des gesamten Geschäftsmodells einer Organisation abdecken. Wenn sich beispielsweise ein Projekt nur auf ein Kundensegment bezieht, kann es sinnvoll sein, andere Segmente auszusparen, um den Aufwand zu begrenzen.

Wichtig ist, dass der Testmanager in der Lage ist, die Verbindung zum Projekt zu schlagen. Er sollte sich also fragen, wie das Projekt mit dem Geschäftsmodell der Organisation zusammenhängt. Oder als Frage formuliert: An welchen Stellen im Business Model Canvas versucht das Projekt Veränderungen zu bewirken? Falls es einem Testmanager nicht gelingt, zumindest einen Baustein zu identifizieren, an dem das Projekt ansetzt, dann fehlt es ihm vermutlich immer noch an ausreichend Hintergrundwissen.

Für unser Projekt ALPHA könnten folgende Aussagen die Verbindung zu einem Geschäftsmodell klar herausstellen: „Mit Projekt ALPHA wird der elektronische Informationskanal für die Privatkunden gestärkt. Dazu erweitern wir diesen Kanal um neue Funktionen, wie zum Beispiel der Möglichkeit auch unsere Zusatzprodukte online zu kaufen. Dadurch entsprechen wir dem Selbstbedienungswunsch in diesem Kundensegment. Kundenberatung und Produktverkauf werden damit weiter automatisiert, wodurch die kostenintensive telefonische Beratung reduziert wird." Durch diese wenigen Sätze können die Projektziele in das Geschäftsmodell eingeordnet werden. Dadurch entsteht ein tieferes Verständnis, warum das Projekt ALPHA der Organisation Nutzen stiftet.

Abb. 4.1 Business Model Canvas für den Testmanager

Und wann reicht das Verständnis für das Geschäftsmodell aus? Wenn ein Testmanager in Gesprächen mit Projektkollegen die Aussagen auf seine Version des Business Model Canvas zurückführen kann, dann ist er auf dem richtigen Wissensstand. Denn dann ist er in der Lage im Sinne der Organisation und ihrem Geschäftsmodell zu agieren.

> **Erfahrungsbox: Wertschätzung des Testens**
> Tatsächlich haben wir mehr als nur eine Organisation kennengelernt, in der dem fachlichen Verständnis von Testern und Testmanagern kaum Wert beigemessen wurde. Es gibt zum Beispiel die Vorstellung, dass „jeder Mensch von der Straße" Testfälle durchführen kann, wenn diese nur gut genug beschrieben sind. Oder es gibt Projekte, in denen technische Testteams aus überwiegend branchenfremden Testern gebildet werden. Man kann sich schon vorstellen, dass das nicht gut funktionieren kann. In der Realität sind die Seiteneffekte jedoch deutlich spürbar. Die Kommunikation ist schwierig, die Motivation unter den Beteiligten ist weniger ausgeprägt und das Risikobewusstsein ist nicht vorhanden. Dadurch sinkt die Wahrscheinlichkeit, beim Testen Fehler zu finden.

4.2 Die technische Umgebung

Ein Software-Implementierungsprojekt findet immer in einer bestehenden technischen Umgebung statt. So wie ein Haus in der Regel in einer Stadt oder einem Dorf gebaut wird, gibt es auch bei jedem Projekt ein bereits bestehendes Ökosystem, in dem sich die Veränderung abspielt. Vielleicht ist dieses System noch recht klein – ein Haus kann ja auch ohne ein umgebendes Dorf entstehen. Dann gibt es aber zumindest eine Straße, eine Stromleitung, einen Wasseranschluss oder ganz einfach die Natur rund um das zu bebauende Grundstück. Das Haus wird nach dem Bau Teil dieses Ökosystem sein und sollte sich daher möglichst gut einpassen. Gleichzeitig bringt das Ökosystem Rahmenbedingungen mit, die beim Bau des Hauses eine Rolle spielen. Es gibt viel oder wenig Platz für die Lagerung von Baumaterial, die Anfahrt ist schmal oder breit, die Anwohner sind leicht durch Lärm erregbar oder sehr tolerant, und so weiter und so fort. In die Zukunft geschaut, stellt sich die Frage, wie sich das Leben der Menschen im Ökosystem durch den Bau des Hauses verändern wird.

Genau dieselben Gedanken kann man sich bei einem Software-Implementierungsprojekt machen. Wie sieht das Ökosystem rund um die zu bauende oder zu verändernde Anwendung aus? Durch welche Prinzipien ist sie geprägt, welche Rahmenbedingungen bringt sie mit sich und wie agieren die Menschen darin? Ein Testmanager sollte sich diese Gedanken machen.

Und zwar aus folgenden Gründen:

- Um Risiken einschätzen zu können und den Testablauf entsprechend priorisieren zu können, müssen Auswirkungen auf die Umgebung bewertet werden.
- Aufwände für die Durchführung von Testfällen können von Faktoren außerhalb der zu erstellenden oder zu ändernden Anwendung abhängig sein.
- Für die Bereitstellung einer Testumgebung muss ein Verständnis vorhanden sein, wie die vom Projekt betroffenen Anwendungen mit anderen Systemen interagieren.
- Eine passende Strukturierung der Arbeitspakete im Test hängt auch von der Umgebung ab.
- Auch in der technischen Umgebung sind Menschen tätig, deren Unterstützung für den Testerfolg entscheidend sein kann.

Die Liste ist nicht vollständig, aber sie sollte genügen, um zu demonstrieren, wie wichtig es ist, dass sich ein Testmanager mit der technischen Umgebung auseinandersetzt. Ein erster und vielleicht auch schon ausreichender Schritt, um die technische Umgebung zu erfassen, ist die Betrachtung eines Systemkontextdiagramms und die Gespräche, die rund um das Diagramm in verschiedensten Situationen entstehen. Dazu werden das oder die Systeme grafisch dargestellt, die erstellt oder verändert werden – und zwar inklusive deren Umgebung. Es geht also darum den zukünftigen Zustand zu visualisieren, um in Gesprächen eine eindeutige Grundlage zu haben, auf die verwiesen werden kann. Zum Einstieg zeigt Abb. 4.2 die grundsätzlichen Begriffe für ein Systemkontextdiagramm.

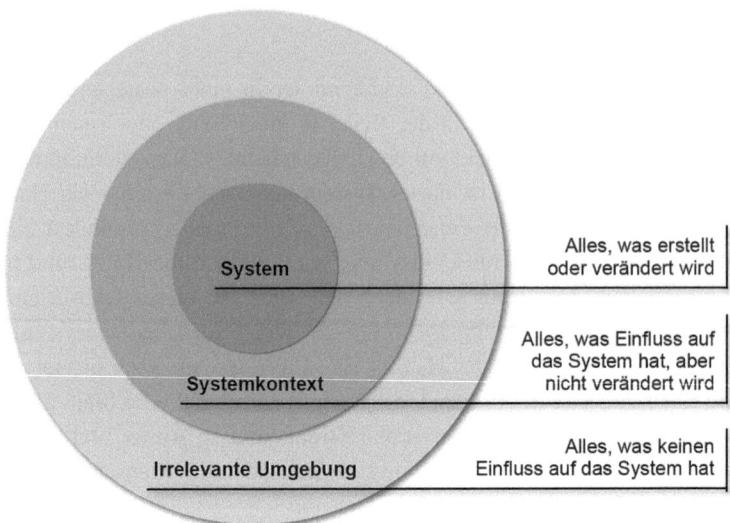

Abb. 4.2 Aufbau eines Systemkontextdiagramms

Eventuell existiert bereits ein Systemkontextdiagramm aus einer früheren Projektphase. Die Wahrscheinlichkeit dafür ist hoch, wenn die Anforderungsanalyse nach IREB[1] erfolgt (siehe auch Abschn. 9.1). Wenn es noch kein Systemkontextdiagramm gibt, dann macht es Sinn, dass der Testmanager eines anfertigt. Aus unserer Sicht geht es dabei nicht um einen Schönheitspreis – das Diagramm muss einfach nur verständlich sein. Wenn ein Testmanager das Diagramm in Gesprächen nutzen kann, um mit den Teilnehmern eine gemeinsame Sprachebene zu finden, dann ist es genau richtig. Es muss also kein mühsam angefertigtes UML-Diagramm sein. Vielleicht genügt es auch, eine Darstellung auf einem Whiteboard oder einem Flipchart zu haben – hauptsache es hilft dabei, Klarheit zu schaffen. Perfekt ist es übrigens, wenn man als Testmanager spontan einen Ausschnitt aus der technischen Umgebung zeichnen kann.

In einem Systemkontextdiagramm können neben Systemen zum Beispiel Personen, Prozesse, Ereignisse, Dokumente oder Schnittstellen enthalten sein. Klare Empfehlungen, was alles dargestellt werden sollte oder gar auf welche Art, wollen wir hier nicht geben. Denn das ist stark abhängig von der konkreten Projektsituation. Stattdessen zeigen wir in Abb. 4.3, wie ein Systemkontextdiagramm für Projekt ALPHA aussehen könnte.

Dieses Systemkontextdiagramm dürfte ein guter Begleiter für viele Diskussionen im Projekt ALPHA sein. Einem Testmanager würden wir empfehlen, es immer zur Hand zu haben und einfach auf den Tisch zu legen. Die Gespräche werden sich dann von alleine um das Diagramm ranken. Hier einige Anwendungsmöglichkeiten für Projekt ALPHA:

---

[1]Das „International Requirements Engineering Board", kurz IREB, bietet ein Zertifizierungsmodell im Bereich Requirements Engineering an.

4.2 Die technische Umgebung

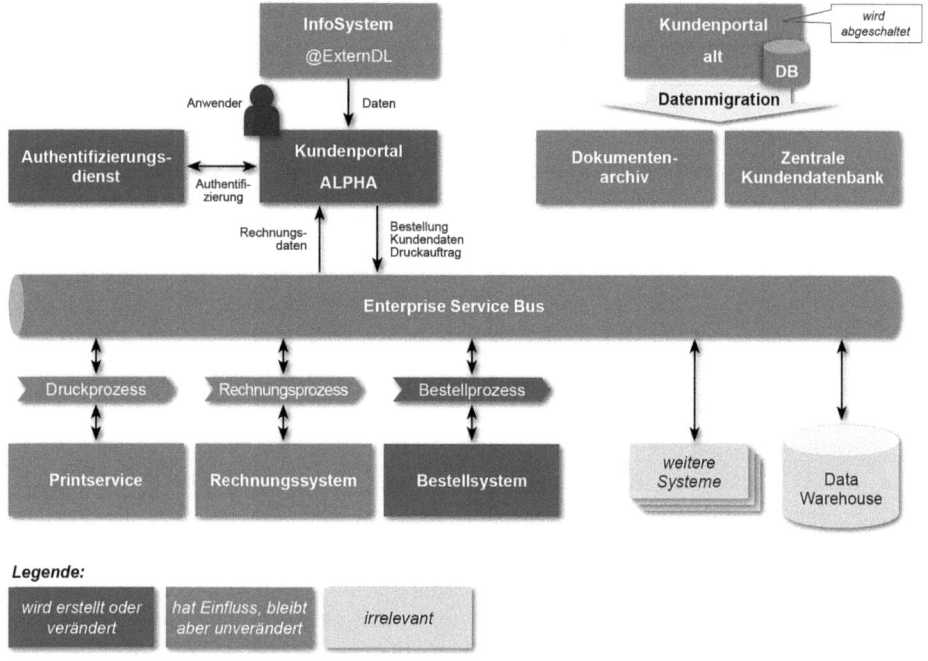

Abb. 4.3 Systemkontextdiagramm für Projekt ALPHA

- Die initiale Datenversorgung im neuen Kundenportal wird durch eine Datenmigration vom alten Kundenportal in die zentrale Kundendatenbank und das Dokumentenarchiv realisiert. Um das Kundenportal wirklich testen zu können, werden also Testdaten benötigt, die die Vielfalt der Objekte und Strukturen abbilden, die im alten Kundenportal vorhanden sind.
- Am Systemkontextdiagramm lässt sich erkennen, dass für eine durchgängige Testumgebung auch das InfoSystem des externen Dienstleisters berücksichtigt werden muss. Der Testmanager muss also sicherstellen, dass eine Abstimmung erfolgt.
- Da der Bestellprozess angepasst wird, muss zumindest das Bestellsystem mitgetestet werden, auch wenn es selbst keine Änderungen erfährt. Hier sind also Regressionstests notwendig. Außerdem müssen andere Systeme, die den Bestellprozess nutzen, identifiziert und einer Risikobetrachtung unterzogen werden.

Wichtig ist dabei, dass Systemkontextdiagramm als lebendiges Hilfsmittel zu betrachten. Denn in jedem Projekt lernen die Beteiligten ständig dazu. Und das Gelernte kann zu einer Anpassung des Systemkontextdiagramms führen. Zum Beispiel können Änderungen im Projektumfang dazu führen, dass weitere Systeme angepasst werden und daher ergänzt werden müssen. Oder Teammitglieder stellen fest, dass es hilft, Batchprozesse zu visualisieren, die nachts ablaufen. Im Vordergrund muss also stehen, dass das

Systemkontextdiagramm ein Verständnis für die gesamte technische Umgebung fördert. Was immer dazu beiträgt, sollte einfließen.

> **Erfahrungsbox: Technische Umgebung**
> In Software-Implementierungsprojekten, in denen eine starke Integration in bestehende Prozesse erfolgt, haben Rahmenbedingungen aus der technischen Umgebung immer wieder große Auswirkungen auf den tatsächlichen Testverlauf und auch dessen Erfolg. Hier nur einige wenige Beispiele aus unserer Erfahrung:
>
> - Eine externe Anwendung konnte in ihrer Testversion nicht alle fachlichen Konstellationen anbieten, die in der weiteren Datenverarbeitung relevant waren. Dadurch waren einzelne Testfälle nicht ausführbar. Die daraus entstehenden Risiken mussten eingeschätzt werden und Maßnahmen gefunden werden.
> - In der hausweiten Testumgebung wurde der Druckoutput nur auf Anfrage erzeugt und erforderte manuellen Aufwand. Um einen Teil der Testfälle durchzuführen, musste also zunächst Unterstützung in einer Abteilung beantragt werden, die mit dem Projekt an sich nicht befasst war.
> - Um fachliche Prozesse end-to-end zu testen, musste eine Testumgebung bei einem externen Dienstleister zur Verfügung gestellt werden. Als dieser angefragt wurde, war es allerdings schon zu spät, da seine Aufbauarbeiten lange Vorlaufzeiten benötigten.
> - Durch die Einführung eines Services wurde ein manueller Prozess automatisiert. In der manuellen Bearbeitung wurde allerdings eine Sonderlocke durchgeführt, um den nachfolgenden Prozess zu beeinflussen. Da dies nur eine mündliche Absprache zwischen wenigen Beteiligten war, wurde diese Tatsache sowohl in der Konzeption und Spezifikation als auch in der Entwicklung und im Test nicht berücksichtigt. Konsequenz nach Produktivstellung war eine Prozessstörung, die nicht im Service selbst bedingt war, sondern in einem Fehlverhalten der technischen Umgebung, die in den Test nicht eingebunden war.

4.3 Der Projektgegenstand und seine Nutzer

Die allermeisten Software-Implementierungsprojekte dienen dazu, das Leben von Menschen zu verändern. Auch wenn dies in den Projektzielen nicht erwähnt wird, ist dies in der Regel der tiefere Sinn. Im Projekt ALPHA geht es beispielsweise darum, dass Kunden schneller an Informationen gelangen, indem sie das Kundenportal nutzen. Im Unterschied zu früher muss ein Kunde nicht mehr anrufen, um eine Auskunft zu erhalten, sondern kann sich rund um die Uhr eigenständig über das Kundenportal informieren.

4.3 Der Projektgegenstand und seine Nutzer

Also verändert sich das Leben der Kunden. Aus unserer Sicht ist diese Erkenntnis zwar recht trivial, aber dennoch in vielen Projekten nicht ausreichend berücksichtigt – schon gar nicht im Test.

Häufig dominiert eine funktionsorientierte Sichtweise anstatt einer nutzerorientierten. Anforderungsdokumente und Spezifikationen handeln allzu oft von Buttons, von Listen an Oberflächen, von Daten-Strukturen, von technischen Prozessen und vielen weiteren Software-Funktionen. Eine Sicht auf die Bedürfnisstrukturen von Nutzern fehlt dagegen aus unserer Erfahrung oft. Ausnahmen bilden Projekte, in denen konsequent Methoden zur Nutzerzentrierung angewendet werden. Folgen aus fehlender Nutzerorientierung können unter anderem sein:

- Die Software entspricht nicht den Nutzerbedürfnissen und findet daher keine Anwendung.
- Die Software bietet mehr oder umfangreichere Funktionen als die Nutzer bräuchten und ist daher teurer, als sie hätte sein müssen.[2]
- Die Software berücksichtigt nur einen Teil der Nutzerbedürfnisse und findet daher keinen Anklang.
- Die Software wird von den Nutzern in anderen Kontexten eingesetzt als gedacht. Daher ist sie suboptimal gestaltet.
- Die Software ist zwar von vielen Nutzergruppen anwendbar, jedoch für keine der Gruppen richtig überzeugend.

Unserer Ansicht nach sollte ein Testmanager das Ziel verfolgen, diesen Punkten entgegenzuwirken. Er muss Anwalt der Nutzer sein und aus deren Sicht das Testen organisieren. Ideen, wie er dies angehen könnte, stellen wir im Folgenden vor. Wir gehen dabei davon aus, dass ein Testmanager nicht immer auf Material über die Nutzer einer Software zurückgreifen kann.

- **Nutzergruppen identifizieren:** Ein Testmanager muss damit beginnen, Nutzergruppen zu identifizieren und eine simple Liste hierzu anfertigen. Ein Ausgangspunkt dafür kann die Stakeholderübersicht sein (siehe dazu Abschn. 2.6), die auch Nutzer beinhalten sollte. Wichtig ist dabei, eine End-to-End-Betrachtung vorzunehmen. Denn oft gibt es Nutzer, die auf den ersten Blick nicht auffallen. Dazu zählen beispielsweise Mitarbeiter im Backoffice oder des Service Desks. Auch sie sind Nutzer mit ihren eigenen Bedürfnissen und Abläufen. Wenn Prozessketten durchgängig betrachtet werden, sollten diese Nutzer jedoch auftauchen. Eventuell gibt es Prozessmodelle, die dabei hilfreich sind.

---

[2] Im Fachjargon wird häufig von „Gold Plating", „Feature-Creep" oder „Goldenen Wasserhähnen" gesprochen.

- **Nutzergruppen bewerten und priorisieren:** Es ist normal, dass nicht alle identifizierten Nutzergruppen gleich wichtig sind. Es macht daher Sinn, dass der Testmanager eine Bewertung der Nutzergruppen vornimmt, die er mit andern Projekt-Beteiligten gemeinsam erarbeitet und abstimmt. Als Folge daraus sollte es eine Priorisierung von Nutzergruppen geben. Es macht dabei durchaus Sinn, wenn zunächst nur eine Nutzergruppe im Fokus steht, die aus strategischen Gründen bevorzugt wird.
- **Nutzergruppen verstehen:** Ein Testmanager sollte bei der Identifikation von Nutzergruppen nicht aufhören, sondern sich anschließend um ein tieferes Verständnis und deren Bedürfnisstrukturen bemühen. Oftmals entfällt dieser Schritt, wenn wir uns anmaßen, dass wir andere verstehen, ohne mit ihnen gesprochen zu haben. Aus eigener Erfahrung können wir jedoch berichten, dass immer wieder Überraschungen vorkommen, wenn zum ersten Mal Nutzer beobachtet werden. Am besten ist es, wenn Informationen zu Nutzern aus erster Hand stammen. Dazu können strukturierte Befragungen oder auch narrative Interviews mit Vertretern von Kundengruppen durchgeführt werden. Wenn möglich, können auch Prototypen eingesetzt werden, um das Verhalten von Nutzern zu beobachten. Hier ist durchaus Kreativität gefragt.
- **Nutzergruppen beschreiben:** Eine gute Möglichkeit, um Nutzergruppen zu beschreiben, sind Personas. Eine Persona ist eine fiktive Person, die stellvertretend für eine Nutzergruppe und eventuell auch einen bestimmten Typ innerhalb einer Gruppe steht. Sie kann ganz schlank beschrieben werden und dann im Testen herangezogen werden, um ihre Perspektive einzunehmen. Nutzergruppen können natürlich auch abstrakt beschrieben werden. Mit Personas wird es jedoch einfacher, sich in die Nutzer hineinzuversetzen.
- **Testfälle aus Nutzersicht erstellen:** Nutzergruppen zu identifizieren und zu beschreiben, ist natürlich nur dann sinnvoll, wenn diese dann auch im Test berücksichtigt werden. Dazu muss der Testmanager dafür sorgen, dass sich die Nutzersicht auch in den Testfällen niederschlägt. Dies gelingt natürlich umso einfacher, je besser das Testteam mit den Nutzern vertraut ist. Handelt es sich um interne Nutzergruppen, so muss spätestens bei dieser Gelegenheit Kontakt zu den Nutzergruppen entstehen, um dabei auch abzuprüfen, ob sie auf die Veränderungen in ihrer Welt eingestellt sind.
- **Nutzer im Test beteiligen:** Idealerweise schafft es ein Testmanager, Nutzer am Test zu beteiligen. Das kann im Rahmen einer Testphase passieren, üblicherweise im User-Acceptance-Test. Der Testmanager kann aber auch andere Varianten wählen; zum Beispiel durch geplante Präsentationen mit anschließender freier Testzeit zum explorativen Testen für anwesende Nutzer. Um einen echten Nutzertest mit externen Nutzern zu organisieren, ist in der Regel viel Organisationsaufwand zu leisten. Nutzer müssen rekrutiert, administrative Hürden – zum Beispiel zum Datenschutz – müssen eingeplant, eine Test-Veranstaltung muss geplant und umgesetzt werden und vieles mehr. Der Testmanager muss also Aufwand und die notwendige Vorlaufzeit berücksichtigen und vertreten. Es handelt sich hierbei selbstverständlich um eine Investition, die der Testmanager begründen können muss.

In diesem Prozess muss der Testmanager jedoch wiederum darauf achten, ob sich die Anforderungen durch die Integration von Nutzerperspektiven verändern. Denn die Wahrscheinlichkeit ist groß, dass neue Anforderungen entstehen oder eine allgemeine Schärfung stattfindet, die zu einer Veränderung des Scopes führt. Genauso muss der Testmanager hinterfragen, inwiefern in der Entwicklung eines Projektes nutzerorientiert gearbeitet wurde. Falls dieser Aspekt zu kurz kam, sollte er das Gespräch mit dem Projektmanagement suchen.

> **Erfahrungsbox: Nutzerorientierung im Großprojekt**
> In einem globalen Großprojekt erlebten wir, dass eine interne fachliche Nutzergruppe erst spät im Test-Prozess hinzugekommen war. Ihre täglichen Arbeitsabläufe blieben bis zu diesem Zeitpunkt unberücksichtigt. Die Konsequenz daraus war, dass für diese Nutzer keine Entwicklung mehr erfolgen konnte und ihre Arbeitsabläufe nach Produktivsetzung gestört waren. Sie mussten also aus eigener Kraft Workarounds definieren und Abläufe einüben, um überhaupt ihrer Verantwortung gerecht werden zu können. Dies war mit deutlichem Zusatzaufwand verbunden, der vermeidbar gewesen wäre, wenn diese Nutzergruppe früher identifiziert und auch integriert worden wäre.

4.4 Reflexion und Praxis-Check

Für einen Testmanager reicht es nie aus, nur den Projektgegenstand zu betrachten. Er muss immer eine erweiterte Sicht besitzen, um seiner Verantwortung gerecht werden zu können. Die Einbettung in das Geschäftsmodell, die technische Umgebung sowie die Nutzerperspektiven sind besonders wichtig. Ein wirklich guter Testmanager muss also Wege finden und gehen, um sich Wissen anzueignen. Darüber hinaus muss er dafür Sorge tragen, dass die relevanten Aspekte daraus in das Testen integriert werden.

Praxis-Check
- ✓ Die neun Bausteine aus dem Business Model Canvas sind verständlich und das Projekt kann damit in Verbindung gebracht werden.
- ✓ In Gesprächen ist erkennbar, dass ein gemeinsames Verständnis des Geschäftsmodells und dessen Einbettung in das Projekt vorhanden ist.
- ✓ Es gibt eine Visualisierung der technischen Umgebung, die im Projekt an verschiedenen Stellen genutzt wird und im Dialog mit Projektbeteiligten auch Nutzen stiftet.
- ✓ Es ist erkennbar, dass sich die Darstellung der technischen Umgebung weiterentwickelt und verbessert.

- ✓ Es gibt einen Umgang mit Nutzern und deren Bedürfnissen, der mit dem Projekt-Management abgestimmt ist.
- ✓ Der Gedanke der Nutzerorientierung ist in das Testen integriert.
- ✓ In Gesprächen zu Testinhalten spielt die Nutzerperspektive immer eine Rolle.

Literatur

https://strategyzer.com/canvas/business-model-canvas (Zugriffsdatum 06.02.19)

5 Die vorbereitenden Planungsaufgaben des Testmanagers

© Burkhard Mohr

> **Zusammenfassung**
>
> Die Testplanung bildet die Basis für alle anstehenden Testaktivitäten und ist die Grundlage für die zu liefernde Qualität. Die Herausforderung dabei ist, die wesentlichen Aspekte zu erkennen, anstatt in Details abzutauchen. Durch die Kenntnis aller Rahmenbedingungen und Vorgaben muss der Testmanager in der Lage sein, potenzielle Risiken zu identifizieren und diese zu verhindern. Ziel ist es, die Transformation von der Theorie in die Praxis möglichst praktikabel zu gestalten. Wichtig ist uns hier der Begriff „praktikabel". Denn es kann schnell passieren, dass mit einer Testplanung zwar ein hohes Qualitätsniveau angestrebt wird, der Plan selbst aber nicht umsetzbar ist.
>
> Auch in der Vorbereitungsphase ist der Testmanager auf die Offenheit und Kooperationsbereitschaft der handelnden Akteure (unter anderem Stakeholder, Projektleitung, Fachbereich, IT) angewiesen. Sind Kooperation und Kommunikation in der Testplanungsphase nicht ausreichend gegeben, führt das zu Qualitätsmängeln in der Umsetzung bis hin zu einer Verzögerung oder Verhinderung des Go-Lives.

5.1 Das Test-Rahmenwerk verstehen und beurteilen

In vielen Organisationen gibt es ein Test-Rahmenwerk, das als Leitfaden für die Umsetzung von Testvorhaben dienen soll. Oftmals empfindet es der Testmanager als Leidfaden – mit einem D. Denn zu viele Vorgaben und dedizierte Handlungsanweisungen vernebeln den Blick auf das Ziel. Trotzdem muss sich der Testmanager kritisch mit dem Test-Rahmenwerk auseinandersetzen, es verstehen und es einer kritischen Prüfung unterziehen. Hierbei ist klar herauszuarbeiten, welche Inhalte für das Testvorhaben hilfreich sind und welche eben nicht. Oftmals enthält das Test-Rahmenwerk jedoch eine strikte Vorgabe, wie der Testmanager das Testvorhaben durchzuführen hat. Die Intention der Organisation das Testen zu standardisieren, führt aus unserer Erfahrung jedoch selten zu mehr Qualität, sondern zuallererst zu mehr Bürokratie. Das heißt, es wird sehr oft über das Ziel hinausgeschossen, da in einem konkreten Projekt die notwendige Fokussierung fehlt. Der Testmanager ist also gefordert, Fokussierung zu schaffen, ohne dabei das Test-Rahmenwerk und dessen Autoren zu missachten. Vorsicht – dafür ist oft Fingerspitzengefühl nötig. Warum Teile eines Test-Rahmenwerkes in einem konkreten Projekt nicht sinnvoll sind, sollte gut begründet sein. Sonst ist die Gefahr für den Testmanager groß, in Konflikte zu geraten.

Es ist eine Herausforderung, ein allgemein gehaltenes Test-Rahmenwerk auf ein konkretes Projekt anzuwenden. Der Testmanager muss in der Lage sein, unplausible Inhalte und Mängel aufzuzeigen und diese mit konstruktiven Vorschlägen zu beheben. Unterwirft er sich einfach dem Rahmenwerk, so kann die Qualität des Testprozesses darunter leiden. Noch wichtiger ist es, dass der Testmanager sein eigenes Testvorgehen klar definieren kann, ohne sich durch ein Test-Rahmenwerk beeinträchtigen zu lassen. Das setzt eine Kultur voraus, in der Rahmenwerke nicht als strikte Vorgabe, sondern als Orientierung oder Hilfestellung interpretiert werden.

> **Erfahrungsbox: Test-Rahmenwerk**
>
> In dem Projekt eines Finanzdienstleisters gab es ein Test-Rahmenwerk von etwa 150 Seiten. Nach kritischer Durchsicht sind viele Fragen entstanden. Anbei ein paar Exemplare:
>
> - Warum gibt es keine definierten quantitativen Eingangs- und Ende-Kriterien zwischen den Testphasen?
> - Warum weichen Testtypen sowohl von Standards als auch von den Ausprägungen im hausweit verwendeten Test-Tool ab?
> - Warum existiert keine Risikoklassifizierung von Anforderungen hinsichtlich Kritikalität und Komplexität?
>
> Diese exemplarischen Fragen belegen, dass es zwar viel Papier gab, jedoch wichtige Elemente fehlten. Daraufhin wurde der Auftraggeber konsultiert und mit den Fragen konfrontiert. Im Nachgang wurde das Test-Rahmenwerk nachgebessert und der Testmanager war in der Lage die für ihn wichtigen Punkte verbindlich zu klären.

5.2 Das Testvorgehen planen

Unter dem Begriff Testvorgehen verstehen wir die Festlegung von Testphasen und der Zuweisung von Testarten. Zunächst ist in der Vorbereitung zu klären, welche verschiedenen Testarten für das Projekt in den jeweiligen Testphasen infrage kommen. Hierzu bietet es sich an, gemeinsam mit dem Projektmanagement entlang des Projektplans einen groben Meilensteinplan für die Testaktivitäten aufzustellen. Die einzelnen Testphasen und Testarten für unser Projekt ALPHA wurden im Rahmen der Quality Gates betrachtet (siehe Abschn. 3.5). Welche Testart wann und wie lange durchgeführt werden soll, ist mit dem Projektmanagement abzustimmen. Eine Absprache mit der Entwicklungsabteilung ist ebenfalls notwendig, um herauszuarbeiten, zu welchem Zeitpunkt mit welchen Testaktivitäten begonnen werden kann.

Ein grober Testansatz bestehend aus Testphasen und Testarten kann in Tab. 5.1 betrachtet werden.

Um die Testarten zu ermitteln, die angewandt werden sollen, empfehlen wir ein Test Risk Assessment durchzuführen, welches im nächsten Abschnitt behandelt wird. Die einzelnen Elemente werden anschließend auf eine Zeitschiene gelegt und mit dem Projektmanagement für eine erste grobe Planung abgestimmt: (Grafik nur exemplarisch).

Um die Testarten zu definieren, kann man das Glossar des ISTQB[1] zur Hilfe nehmen. Alternative eigene Definitionen können ebenfalls sinnvoll sein. Entscheidend ist, dass die Beschreibungen klar, verständlich und für alle Projektmitglieder frei zugänglich sind. Die Abb. 5.1 liefert ein Beispiel für einen Testphasenplan.

Idealerweise wird ein grober Testphasenplan mit seinen Elementen mit in ein Testkonzept aufgenommen. Die Inhalte eines Testkonzeptes werden in Kap. 6 ff. behandelt.

Tab. 5.1 Testphasen und Testarten

Testphase	Testart
Systemtest	Smoke-Test
	Integrationstest
	Regressionstest
Funktionstest	End-to-End-Test
	Operational Acceptance Test (OAT)
	UAT (User-Acceptance-Test)
	Go-Live-Test
Nicht-funktionale Tests	Performancetest
	Security-Test
	Disaster Recovery Test (DR Test)

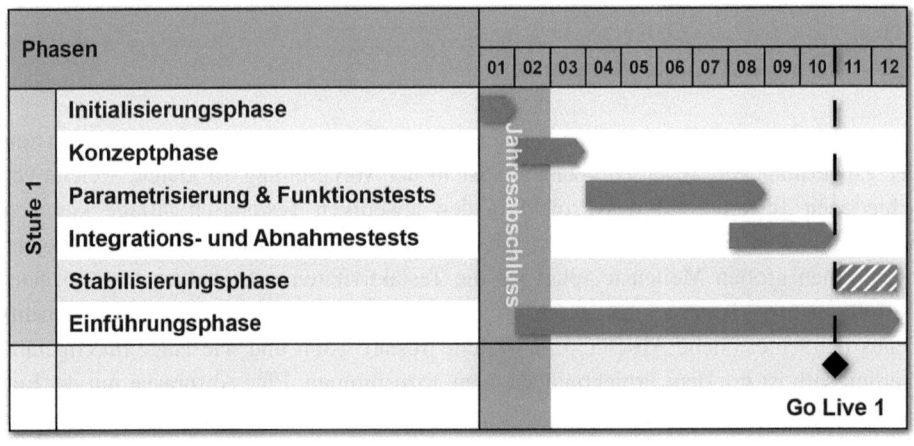

Abb. 5.1 Testphasenplan

---

[1]ISTQB® (International Software Testing Qualifications Board), GTB (German Testing Board) – Standardglossar der Testbegriffe.

5.3 Die Risikobetrachtung vornehmen

Um für das jeweilige Testvorhaben den richtigen Testansatz – also die passende Kombination aus Testphasen und Testarten – zu wählen, sollte eine umfassende Risikobetrachtung vorgenommen werden. Diese lässt sich am besten durch ein sogenanntes „Test Risk Assessment" durchführen. Bei größeren Projekten kann es sinnvoll sein, eine Aufteilung vorzunehmen und zum Beispiel mit den Teilprojekten jeweils ein eigenes Test Risk Assessment durchzuführen. Dabei muss jedoch darauf geachtet werden, dass eine Synchronisation der Teilprojekte erfolgt.

Ein Test Risk Assessment ist ein Fragebogen, mit dem herausgearbeitet werden kann, welche Testarten in den jeweiligen Testphasen durchgeführt werden sollten. Das Test Risk Assessment ist vom Testmanager mit Vertretern der Entwicklung und der betroffenen Geschäftsbereiche durchzuführen.

Dieser Fragebogen lässt sich ohne großen Aufwand am einfachsten mit Hilfe von Excel erstellen. Anbei ein Vorschlag zum Aufbau mit ein paar Fragen:

- Allgemeine Informationen zur Anwendung: Handelt es sich um eine neue oder eine bestehende Anwendung? Handelt es sich um Standardsoftware oder eine Eigenentwicklung? Ist es eine Web-Applikation oder Standalone-Lösung?
- Geschäftsrisiken: Enthält die Anwendung sensitive Kundendaten? Sind durch den Einsatz der neuen oder angepassten Applikation im Geschäftsprozess vor- oder nachgelagerte Applikationen involviert beziehungsweise betroffen? Würde ein Systemausfall zu erheblichen wirtschaftlichen Verlusten führen? Existiert ein Service-Level-Agreement (SLA) zu Systemantwortzeiten?
- Technische Risiken: Ist mit einem hohen Nutzeraufkommen zu rechnen? Sind viele Transaktionen zu erwarten? Ist die neue Systemarchitektur als komplex zu bezeichnen? Wird die Applikation in verschiedenen Ländern/Lokationen eingesetzt? Sind externe Datenversorgungen vorgesehen?

Insgesamt sollte der Fragebogen nicht zu granular sein und nicht mehr als 30 Fragen beinhalten, damit er sich im Rahmen eines Workshops von 60 bis 90 Min. beantworten lässt. Mittels einfacher JA/Nein Beantwortung können so verschiedene Testarten ermitteln werden. Das Ergebnis kann für unser Projekt ALPHA wie in Tab. 5.2 dargestellt aussehen.

Es handelt sich hier um Empfehlungen von Testarten. Es besteht deshalb nicht die Pflicht, alle diese Testarten durchzuführen. Sie sollen als Orientierungsgrundlage dienen, um zum Beispiel gemeinsam mit dem Projektmanagement und Vertretern der Entwicklungsabteilung abzustimmen, welche Testarten auf jeden Fall durchgeführt werden sollen und welche eine geringere Priorität besitzen. Mit dieser Methode wird auf der Grundlage von Fakten und sehr transparent herausgearbeitet, welche Testarten in Betracht gezogen werden sollten. Darüber hinaus wird die Kommunikation innerhalb des

Tab. 5.2 Testarten und empfohlene Testaktivitäten

Testart	Empfohlene Testaktivitäten
	Anwendungswechsel umfassend oder gering
Smoke-Test	Zutreffend
Integrationstest	
Regressionstest	Zutreffend
End-to-End-Test	Zutreffend
OAT (Operational Acceptance Test)	
UAT (User-Acceptance-Test)	Zutreffend
Go-Live-Test	
Performancetest	
Security-Test	Zutreffend
Disaster Recovery Test (DR Test)	

gesamten Projektteams gefördert, indem die vorgeschlagenen Testarten näher betrachtet werden.

Der Mehrwert zur Durchführung eines Test Risk Assessments ist mit wenigen Punkten zu erklären:

- Transparente Erhebung der Risikosituation mittels standardisiertem Fragebogen
- Intensiver Austausch aller wesentlichen Projektbeteiligten zur Risikosituation
- Förderung des allgemeinen Verständnisses zum Projektauftrag beziehungsweise zum Projektgegenstand
- Erhöhung der Akzeptanz von Testaktivitäten
- Keine eigenmächtige Entscheidung von Stakeholdern, in welchem Umfang getestet werden sollte
- Verringerung von Konflikten, die zum Beispiel aufgrund hoher Testaufwandsplanungen entstehen können, da die Planungsgrundlagen durch die gemeinsam herausgearbeiteten Testarten transparent und nachweisbar sind

> **Erfahrungsbox: Risikobetrachtung**
> Im Rahmenwerk eines großen Finanzdienstleisters war kein Test Risk Assessment vorgesehen. Als Testmanager haben wir die Vorzüge eines Test Risk Assessments gemeinsam mit der Projektleitung und später mit den im Konzern verantwortlichen Mitarbeitern herausgearbeitet. Es wurde innerhalb von zwei Tagen ein Fragebogen konzipiert, der nun bei neuen Projekten mit eingesetzt wird.
>
> Dies zeigt, dass ein Testmanager auch neue Ideen mit einbringen kann, die insgesamt Mehrwerte stiften können.

5.4 Die Testumgebungen sicherstellen

Klassischerweise existieren in Unternehmen verschiedene Systemumgebungen. Eine für die Produktion, möglicherweise eine Parallelumgebung zur Sicherstellung der Produktion, eine oder mehrere Umgebungen für die Geschäftsbereiche und meist mehrere für die IT. Normalerweise ist es die Aufgabe eines IT-Projektleiters, für ein Projekt die benötigten Systemumgebungen zur richtigen Zeit und in richtiger Güte zur Verfügung zu stellen. In der Praxis zeigt sich jedoch, dass diese Aufgabe oftmals nur unzureichend wahrgenommen wird und für den Testmanager somit ein erhebliches Risiko besteht, ob er seine Tests zu den geplanten Zeitpunkten in den geplanten Umgebungen durchführen kann. Woran liegt das? Zum einen an der Kommunikation und zum anderen an der häufigen Überlastung des IT-Projektleiters. Je nach Projektgröße empfiehlt sich hier zur Unterstützung der Einsatz eines Testumgebungsmanagers, der als Bindeglied zwischen IT und Testmanagement fungiert. Je nach Projektgröße kann diese Aufgabe auch der Testmanager durchführen.

Die Ergebnisse des Test Risk Assessments dienen hier als Orientierung, wie umfangreich getestet werden muss. Für unser Projekt ALPHA ist also pro Testphase (Systemtest, Funktionstest, Nicht-funktionale Tests) sicherzustellen, dass die benötigten Testumgebungen verfügbar sind und auch mit der richtigen „Ausstattung" versehen sind. Was ist hierfür zu beachten?

- Intensiver Austausch mit dem IT Projektleiter
- Synchronisation mit dem Entwicklungsleiter
- Abstimmung mit dem Release-Management von möglicherweise zuliefernden oder empfangenden Systemen
- Erhebung von geplanten Wartungsarbeiten/nicht Verfügbarkeiten von Systemen und Umgebungen
- Analyse der Implikationen auf die Grobplanung der Testaktivitäten
- Abstimmung mit der Projektleitung
- etc.

All diese Punkte können auch als kritische Erfolgsfaktoren betrachtet werden, um überhaupt in der Lage zu sein etwas testen zu können. Ein intensiver Austausch zwischen IT, Projektleitung und Testmanagement ist unbedingt notwendig, um eine adäquate Planung der Testaktivitäten durchführen zu können. Die Verfügbarkeit von Testumgebungen hat einen direkten Einfluss auf die Testplanung und auf die gesamte Projektplanung und ist damit ein wesentlicher Baustein zum Erfolg eines Projektes.

> **Erfahrungsbox: Testumgebung sicherstellen**
> Trotz Einsatz eines Testumgebungsmanagers ist es kurz vor Abschluss des Integrationstests dazu gekommen, dass ein lang geplanter Releasewechsel einer Datenbank durchgeführt werden musste, was jedoch in der Testdurchführungsplanung nicht berücksichtigt worden ist. Das hat dazu geführt, dass die Testaktivitäten gestoppt werden mussten. Erschwerend kam hinzu, dass der Releasewechsel fehlgeschlagen ist und zu einer weiteren Verzögerung der Testaktivitäten geführt hat. Hier war der Testmanager gefordert, seine Ressourcen schnell mit anderen Tests oder vorbereitenden Tätigkeiten für weitere Tests zu versorgen, um Fehlzeiten auszuschließen. Dieses Beispiel zeigt, dass eine transparente Sicht auf alle im Test involvierten Systeme und deren Umgebungen notwendig ist. Andererseits läuft man Gefahr, dass durch Releasewechsel oder anderen Wartungsarbeiten die Verfügbarkeit der benötigten Systeme nicht gewährleistet ist, und Tests damit blockiert werden!

5.5 Die Verfügbarkeit von Testdaten planen

Testdaten geraten immer wieder mal in Vergessenheit. Wir zumindest haben mehr als nur ein Projekt miterlebt, in dem irgendwann festgestellt wurde, dass die passenden Testdaten nicht verfügbar sind. Im schlimmsten Fall fällt dieser Mangel erst dann auf, wenn Tests durchgeführt werden sollen. Und dann ist Flexibilität gefragt: Es müssen Wege gefunden werden, um Testdaten zu produzieren, damit nicht allzu viel wertvolle Testzeit verloren geht. Oder es muss eine Möglichkeit gefunden werden, auch ohne die perfekten Testdaten voranzukommen. Dadurch reduziert sich in der Regel der Testumfang, wodurch wiederum Unzufriedenheit entsteht. Abgesehen davon sorgt ein Hauruck-Verfahren, um doch noch sinnvoll testen zu können, immer für Unruhe, die sich auf die Stimmung des Teams niederschlägt.

Es stellt sich also die Frage, wie ein Testmanager frühzeitig erkennen kann, welche Anstrengungen zur Bereitstellung von Testdaten unternommen werden müssen. Wir machen dazu folgenden Vorschlag:

In jeder Testphase müssen Testdaten in ausreichender Qualität vorhanden sein, um die geplanten Testfälle durchzuführen. Wenn der Testmanager in seiner Planung eine Testphase mit den gegebenen Testzielen betrachtet, muss er sich also folgende Fragen stellen:

- Welche Testdaten werden für die Testphase benötigt?
- Welche Testdaten werden in der Testphase verfügbar sein?
- Und welche Möglichkeiten gibt es, die Lücke zu schließen, falls andere Testdaten benötigt werden als verfügbar sind?

Die Problematik dabei ist, dass die Testfälle in der Planungsphase noch nicht bereitstehen und damit die benötigten Testdaten noch nicht bekannt sind. Um also die Tätigkeiten zur Bereitstellung der Testdaten einplanen zu können, müssen zunächst grobe

5.5 Die Verfügbarkeit von Testdaten planen

Annahmen darüber gemacht werden, welche Testdaten wohl benötigt werden. Der Testmanager besitzt wahrscheinlich nicht genug Wissen, um das selbst zu machen. Deshalb ist es sinnvoll, das Testteam einzubinden und als Testmanager nur den Rahmen dafür zu schaffen, dass eine grobe Einschätzung möglich ist. Hier ist das Timing entscheidend! Für die Analyse des Bedarfs muss der Testmanager genügend Zeit einplanen. Das setzt wiederum voraus, dass die Anforderungen klar definiert vorliegen und es eine erste Vorstellung über die Ausprägung der Testdaten gibt. Der Testmanager sollte dazu in Erfahrung bringen, ob es in der Organisation Zuständigkeiten für Testdaten gibt oder ob diese erst geschaffen werden müssen.

Und warum wird die Verfügbarkeit von Testdaten nun oftmals zu einem Problem? Wir können folgende Erklärungsansätze anbieten – zum Teil aus eigener Erfahrung:

- Um zu verstehen, welche Testdaten benötigt werden, muss zunächst Transparenz geschaffen werden. Bei der Testfallerstellung muss also klar herausgearbeitet werden, welche Testdaten notwendig sind. Dafür ist ein grundlegendes Verständnis des Datenmodells notwendig, das nicht immer vorhanden ist.
- Testdaten werden wegen historischer Gründe häufig erstellt, indem Abzüge von produktiven Datenbeständen gemacht werden. Die heutigen Datenschutzbestimmungen fordern dabei jedoch häufig eine hochwertige Anonymisierung, um Missbrauch zu verhindern. Die Bereitstellung von Testdaten wird dadurch teuer.
- Um ideale Mechanismen zur Bereitstellung von Testdaten zu bekommen, muss in einer Systemlandschaft häufig relativ viel Aufwand betrieben werden. Dieser Aufwand ist normalerweise in Projektbudgets und -zeitpläne nicht eingepreist. Nachträglich dafür Budget zu bekommen, ist schwer, da kein Mehrwert geschaffen wird, der den fachlichen Projektzielen dient. Daher werden in der Regel Behelfslösungen gesucht und gefunden, um fehlende Testdaten zu kompensieren. Eine dauerhaft funktionierende Lösung wird meist nicht geschaffen.

Abschließend empfehlen wir, insbesondere das Thema Testdaten bei einer Überführung des Lieferobjektes in die Linie zu berücksichtigen.

> **Erfahrungsbox: Verfügbarkeit von Testdaten**
> In einem internationalen Großprojekt haben wir erlebt, dass für den geplanten Parallelbetrieb nicht rechtzeitig über die Datenbereitstellung nachgedacht wurde. Im Parallelbetrieb sollten Mitarbeiter des Unternehmens ihre realen Aktivitäten sowohl im produktiven Altsystem als auch in der neuen Systemumgebung durchführen. Um die Resultate dieser Aktivitäten überhaupt vergleichen zu können, mussten beide Umgebungen permanent mit denselben Daten bestückt sein. Erschwerend hinzukam, dass die neue Systemumgebung natürlich noch im Testmodus betrieben wurde, was bedingte, dass externe Schnittstellen nicht aktiv waren. Somit kam es zwangsläufig dazu, dass die Datenstände jeden Abend

auseinanderliefen. Um am nächsten Tag wieder vergleichbare Zustände zu erhalten, musste also täglich eine Korrektur der Daten in der neuen Systemumgebung erfolgen. Da daran allerdings erst spät gedacht wurde, war eine Automatisierung rund um die Bereitstellung und Korrektur der Testdaten nicht mehr möglich. Konsequenz war ein aufwändiger teils manueller, teils automatisierter Prozess, der fehleranfällig war. Die Testergebnisse des Parallelbetriebs waren daher sehr viel schwerer zu interpretieren, da die Datenbereinigung eine grundsätzliche Fehlerquelle war.

5.6 Das Stakeholdermanagement des Testmanagers

Unter einem Stakeholder verstehen wir eine im Projekt beteiligte Person oder Personengruppe, die ein berechtigtes Interesse am Erfolg des Projektvorhabens hat. Stakeholder können Mitglieder der Geschäftsführung oder des Lenkungsausschusses sein, das Projektmanagement und die Programmleitung, Leiter der Entwicklung und der IT-Projektleitung, das Service-Desk sowie Vertreter der Fachbereiche. Für jeden Stakeholder gibt es eine Erwartungshaltung an das Projekt. Diese unter dem Aspekt der Testaktivitäten zu beleuchten, also herauszufinden, welche Erwartungen mit entsprechender Priorisierung ein Stakeholder explizit an das Testen hat, ist Aufgabe des Testmanagers. Er sollte die Erkenntnisse, die er aus den Gesprächen mit den Stakeholdern gewinnt, in seinen Planungsaufgaben berücksichtigen, um die Bedürfnisse der Stakeholder entsprechend zu befriedigen. Auch kann der Testmanager durch Kommunikation mit den Stakeholdern ein Stimmungsbild zum Gesamtprojekt bekommen. Üblicherweise existiert eine Liste der Stakeholder mit entsprechender Erwartungshaltung für das Projekt, welche von der Projektleitung veröffentlicht worden ist.

Für unser Projekt ALPHA haben wir exemplarisch einige wichtige Stakeholder herausgegriffen, die auch in vielen unserer durchgeführten Projekte vorzufinden waren.

Leiter der Entwicklung und IT Projektleitung

Die Abstimmung des Testmanagers mit dem Leiter der Entwicklung und dem IT-Projektleiter ist sehr wichtig, da sehr viele Testaktivitäten im Zusammenhang mit Entwicklungsleistung stehen, die vorher erbracht wird. Auf Grundlage der Anforderungen sind die Entwicklungsarbeiten zu planen. Der daraus entstandene Zeitplan bildet die grobe Vorgabe für die Testaktivitäten. Der Testmanager muss in der Lage sein, den Umfang und mögliche Abhängigkeiten des Entwicklungsplans zu verstehen, da er seine Testaktivitäten dementsprechend koordinieren muss. Der Entwicklungsplan ist somit der erste Baustein für die grobe Planung der Testaktivitäten. Werden diese Abstimmungen gemeinsam mit dem IT-Projektleiter durchgeführt, erhöht dies die Verbindlichkeit und somit die Planungssicherheit für die Testaktivitäten. Der Testmanager sollte während der jeweiligen Projekt- und Testphasen kontinuierlich im Austausch mit diesen sehr wichtigen Stakeholdern bleiben.

Systemverantwortliche und Release-Management
Nachdem sich der Testmanager eine grobe Übersicht zur geplanten Systemlandschaft gemacht hat, sollte er sich mit den Systemverantwortlichen und dem dazugehörigen Release-Management treffen. Dadurch kommen Informationen zu möglichen Besonderheiten der Systeme ans Licht, die für die Testplanung relevant sein können. Hierzu zählen zum Beispiel das Verhalten im Produktionsbetrieb, Auffälligkeiten bei Upgrades, Anpassungen oder Releasewechseln. Gerade das Thema Releasewechsel ist besonders erwähnenswert, da es hier zeitliche Abhängigkeiten gibt, die oftmals nicht in der Projektplanung mit berücksichtigt worden sind. Neben dem bestehenden Release-Management gilt es auch in Erfahrung zu bringen, ob auch Releases für den Test geplant sind, in denen Funktionalitäten bereitgestellt (deployed) werden. Die Anzahl der involvierten Systeme, unterschiedliche Release-Zyklen und mögliche zusätzliche Deployments aus dem Test lassen erahnen, wie komplex ein solches Vorhaben sein kann und wie wichtig eine genaue zeitliche Abstimmung aller Beteiligten ist. Die Aufgabe des Testmanager ist es aus der Vielzahl der Informationen und Abhängigkeiten eine adäquate Testplanung vorzunehmen. Das setzt voraus, dass er über Planungsänderungen informiert wird. Auch hier steht die Kommunikation wiederum im Vordergrund.

Vertreter des Fachbereichs
Durch die Abstimmung mit dem Fachbereich kann der Testmanager erfahren, wie die Anforderungen erarbeitet und an die IT übergeben werden. Hierzu zählen die fachlichen Anforderungsdokumente an die Funktionalität der Systeme, die sogenannten Fachkonzepte sowie auch Dokumentationen über die zukünftigen fachlichen Abläufe. Idealerweise werden die Anforderungen in den Dokumenten bereits nach Priorität und Komplexität klassifiziert und mit einer Nomenklatur versehen, die es erlaubt die Anforderungen mittels einer ID im gesamten Testprozess zu verfolgen. Dies ermöglicht auch die Verknüpfung von Anforderungen mit den Testfällen, die wir im Kap. 9 ff. näher beschreiben. Neben diesen Rahmenbedingungen sind natürlich auch die Inhalte der Anforderungsdokumente entscheidend dafür, ob ein Projekt erfolgreich oder weniger erfolgreich umgesetzt werden kann. Hier knüpft das Qualitätsmanagement an, das sicherstellen muss, ob die beschriebenen Anforderungen auch verständlich sind. Der Testmanager muss in der Lage sein, zu beurteilen, ob die Inhalte der Anforderungsdokumente den Ansprüchen genügen, daraus sinnvolle Einzelanforderungen abzuleiten, aus denen sich auch Testfälle erstellen lassen. Sind Struktur oder die Inhalte von Anforderungsdokumenten nicht überzeugend, muss der Testmanager diesen Mangel offen mit dem Fachbereich und der Projektleitung besprechen. Nur so ist er in der Lage, mehr Qualität in den Testprozess und in das Projekt insgesamt zu bekommen. Je nach

Projektgröße empfiehlt es sich einen Qualitätsmanager zu installieren, der auch die Anforderungsdokumente einem kritischen Review unterzieht. Ist das Projekt nicht so groß, sollte auch der Testmanager in der Lage sein, diese qualitätssichernden Maßnahmen durchführen zu können.

Service Desk
Eine Stakeholdergruppe im Projekt ALPHA wollen wir etwas näher betrachten: die Service Desk Mitarbeiter. Wer in einer Serviceeinheit für IT-Systeme arbeitet, ist vom Qualitätsniveau der Systeme direkt betroffen. Schlecht verständliche Funktionen und Abläufe führen zu erhöhtem Anrufvolumen, noch schlimmer wird es, wenn Fehler auftreten. Werden Service Desk Mitarbeiter nicht aktiv am Projekt beteiligt, haben sie jedoch kaum Möglichkeiten, auf das Projektergebnis einzuwirken. Typischerweise entwickeln sich daraus Missmut und Ablehnung gegenüber einem Projekt. Der Testmanager kann in solch einer Situation vorschlagen, die Service Desk Mitarbeiter in den Test zu integrieren. Damit kann einerseits ein Teil der Schulungsmaßnahmen für die Service Desk Mitarbeiter abgedeckt werden und andererseits kann die zusätzliche Expertise im Test genutzt werden. Denn Service Desk Mitarbeiter sind es gewohnt, Systeme aus den Augen der Anwender zu betrachten und haben daher in der Regel ein gutes Gespür für potenzielle Problemfelder. So können wir aus Betroffenen Beteiligte machen – ein guter Ansatz, um Konflikte zu vermeiden. Durch diese partizipative Strategie entsteht also eine Win-win-Situation für das Projekt. Ob und wie dieser Ansatz konkret umgesetzt werden kann, muss mit dem Projektmanagement abgestimmt werden.

Der Testmanager hat außerdem die Aufgabe, die Service Desk Mitarbeiter rechtzeitig über bekannte Fehlersituationen zu informieren, die zur Einführung nicht behoben werden können. Dazu gehören auch Workarounds, die während des Testens etabliert wurden. Und um die oben genannten Prozessschritte im Stakeholdermanagement zu komplettieren: im weiteren Projektverlauf sollte der Testmanager beobachten, wie sich die Stimmung im Service Desk entwickelt. Idealerweise sind die Mitarbeiter zur Produktivsetzung positiv gestimmt, weil sie sich gut vorbereitet fühlen. Die Folgeprozesse nach der Produktivsetzung werden dadurch reibungsloser ablaufen. Auch hier der Hinweis das Stakeholdermanagement im Rahmen der Kommunikationsmatrix zu betreiben, also dem kommunikativen Zusammenfügen von den „drei Amigos" – hier aus Entwicklung, Test und Service Desk – als Fachbereichsvertreter.

Projekt- und Programm-Management
Eine von Vertrauen und Offenheit geprägte Beziehung zum Projektmanagement und Programmmanagement ist bei großen Projekten für den Testmanager ein sehr wichtiges Fundament für alle Testaktivitäten. Hier bietet sich aus unserer Erfahrung ein wöchentlicher Jour-Fixe an, um offen und ehrlich den Fortschritt und mögliche Probleme zu besprechen. So erfährt der Testmanager in dieser Runde aus erster Hand, wo das Projekt steht und ob es gewisse Konstellationen gibt, die Einfluss auf das Testen haben. Genauso

erfährt die Projektleitung, was mögliche Gründe für Verzögerungen im Test sind oder ob es beispielsweise mögliche Ressourcenengpässe im Testteam gibt.

> **Erfahrungsbox: Stakeholdermanagement**
> In einem Jour-Fixe mit der Projektleitung wurde der Testmanager mit dem Vorwurf konfrontiert, dass es zu wenig Fortschritt bei der Testdurchführung gebe. Der Grund war jedoch die zu spät zur Verfügung gestellte Anforderungsdokumentation. Diese wurde teilweise bis zu sechs Wochen zu spät an das Testteam geliefert, die Zeit zum Testen sollte aber gleich bleiben. Der Testmanager hat in seinen Statusberichten darauf hingewiesen, dass es zu Verzögerungen kommen wird. Im Gespräch mit der Projektleitung wurde sich auf den Kompromiss geeinigt, dass die Anforderungsdokumente bereits ab einem Fertigstellungsgrad von 80 % vom Testteam gesichtet werden, um daraus Testfälle zu erstellen und nicht noch mehr Zeit zu verlieren. Auch hier hat sich die Kommunikationsmatrix sehr positiv auf die Zusammenarbeit ausgewirkt. Für alle Projektbeteiligten war transparent, warum es zu Verzögerungen gekommen ist. Die direkte Zusammenarbeit der Autoren der Anforderungsdokumente mit den Testern sowie die offene Kommunikation des Testmanagers mit der Projektleitung haben dazu beigetragen, dass es keine gegenseitigen Schuldzuweisungen gab, sondern alle gemeinsam versucht haben, einen Weg zu finden, die verlorene Zeit wieder aufzuholen.

5.7 Der Einsatz von Test-Tools in der Planungsphase

Nachdem die wesentlichen vorbereitenden Planungsaufgaben vorgenommen worden sind, kann der Testmanager gemeinsam mit der IT-Projektleitung einen Review von den Testmanagement- und Test-Tools machen, die im Haus vorhanden sind. Der Testmanager sollte nun auf Grundlage des Projektauftrages und der Ergebnisse aus dem Test Risk Assessment abzuschätzen können, welche Test-Tools benötigt werden und ob welche fehlen. Das setzt allerdings voraus, dass der Testmanager die gängigen Test-Tools für die Testdurchführung zum Beispiel für Performance-Tests sowie für die Durchführung der verschiedenen Testaktivitäten kennen, aber nicht beherrschen muss. Beim Testmanagement-Tool, das eingesetzt wird, muss der Testmanager entsprechende Kenntnisse mitbringen, um ein gutes Testmanagement durchführen zu können. Von einem Testmanagement, das nur auf Excel basiert, ist aus unserer Erfahrung abzuraten.

Testmanagement-Tools haben den Vorteil, dass sie Transparenz und Stabilität in den Testprozess bringen. Sollten sich mehrere Testmanagement-Tools im Hause befinden, so ist eines auszuwählen. Es ist davon abzuraten, ein Tool mit dem anderen mittels einer Schnittstelle zu verbinden oder nur für Teilbereiche, zum Beispiel für das

Anforderungsmanagement zu nutzen. Bereits in der Planungsphase können mit einem Testmanagement-Tool die bisher erarbeiteten Projektstrukturen, Phasenplan, Testarten, Testobjekte oder auch Anforderungen gut abgebildet werden. Eine gute Struktur im Testmanagement-Tool bildet die Basis für ein qualitativ hochwertiges Test-Reporting und natürlich für das Testmanagement. Ebenfalls ist sicherzustellen, dass die Tester entsprechend darin geschult sind, das Tool zu benutzen. Das gilt natürlich auch für die geplanten Test-Tools. Notwendige Schulungen müssen mit eingeplant und rechtzeitig durchgeführt werden. Außerdem ist bei der Planung darauf zu achten, dass für alle vorgesehenen Testlokalitäten zuverlässig die Infrastruktur, bestehend aus Hardware und Software mit den jeweiligen Benutzerzugriffen gewährleistet ist. Das setzt eine intensive Planung mit der IT voraus. Nichts ist schlimmer, als wenn alle zum Testen bereit sind, aber aufgrund von Infrastrukturproblemen nicht getestet werden kann!

5.8 Reflexion und Praxis-Check

Gut geplant ist halb gewonnen! Die vorbereitenden Planungsaufgaben erfordern ein sehr hohes Maß an Kommunikation und die Einbindung und Überzeugung von wichtigen Projektmitgliedern unter anderem Projektleiter, Fachbereichsleiter, Technische Leiter, Release-Manager und die „Stakeholder" aus der Geschäftsführung – soweit im Projekt präsent. Werden diese wichtigen Mitglieder, die in Summe das Projekt „sind", nicht vom Testmanager erreicht, sind spätere Konflikte vorprogrammiert. Deshalb ist es notwendig, dass der Testmanager rechtzeitig vom Projektmanagement eingebunden wird, sodass er seine Rolle und seine Aufgabe erklären kann. Rechtzeitig bedeutet: Sobald sich abzeichnet, welchen Umfang ein Projekt annimmt, kann der Testmanager bereits integriert werden. Anfänglich vielleicht auf Basis einer Drei-Tage-Woche, die dann je nach Arbeitsanfall flexibel auf vier bis fünf Tage erhöht werden kann. Durch die rechtzeitige Einbindung ist der Testmanager in der Lage, das Projekt in Gänze zu verstehen und potenzielle Risiken herauszuarbeiten, die auf den Testprozess Einfluss nehmen könnten.

Der Test-Planungsprozess bildet somit die Basis für alle Testaktivitäten. Bei aller Planung sind auch unvorhergesehene Ereignisse, wie zum Beispiel Verzögerungen in der Bereitstellung von neu entwickelter Software, zu berücksichtigen. Der Testmanager tut gut daran für jeden Testabschnitt genügend Puffer einzuplanen, damit „in time" geliefert werden kann.

Für die vorbereitenden Planungsaufgaben des Testmanagers ergeben sich aus unserer Sicht folgende Check-Punkte:

Praxis-Check
- ✓ Rechtzeitige Einbindung des Testmanagers, um die Möglichkeit zu haben, das Projekt zu verstehen und damit aus der „Testbrille" heraus planen zu können.
- ✓ Adäquates Stakeholder Management, um die Erwartungshaltungen an die Testaktivitäten abzuholen.
- ✓ Potentielle Risiken aus den jeweiligen geplanten Testaktivitäten mittels eines Test Risk Assessments identifizieren und geeignete Testarten einplanen.
- ✓ Genügend zeitlichen Puffer für die Testdurchführung einplanen, um lieferfähig zu sein. Je nach Testumfang sprechen wir aus unserer Erfahrung von einer bis maximal zwei Wochen bevor eine neue Testphase begonnen wird.
- ✓ Sicherstellung der Testinfrastruktur, dazu zählen: Räumlichkeiten, Hardware, Testmanagement- und Test-Tools, Zugriffsrechte sowie Vorbereitungen für das Test-Reporting.
- ✓ Erstellung eines Testkonzeptes „Light", welches nicht auf einer Vorlage basiert, sondern sich an einer Vorlage orientiert. Nur die für das Projekt relevanten Elemente sollten in das Testkonzept mit einfließen. Der Rest wäre Füllmaterial ohne nennenswerten Mehrwert.

Literatur

http://glossar.german-testing-board.info/ (Zugriffsdatum 06.02.19)

Das Testkonzept 6

> **Zusammenfassung**
>
> „In der Kürze liegt die Würze!"
>
> Nach diesem Motto sollte der Testmanager bei der Anfertigung des Testkonzeptes streben. Wahrscheinlich wird er allerdings viel Zeit damit verbringen, bereits existierende Rahmenwerke zu sichten und auf seine (Test-) Bedürfnisse hin anzupassen. Hier kommt es darauf an, ob das Projektumfeld und die Vorgaben der Organisation es zulassen, vorgegebene Standards als Leitplanken zu sehen oder aber als eine strikte Vorgabe. Da das Testkonzept ein klassischer Prüfpunkt bei Projekt-Reviews ist, soll es verständlich geschrieben sein, sodass auch Außenstehende (unter anderem interne und externe Prüfer) in der Lage sind sich zu orientieren.

6.1 Das Testkonzept erstellen

Nachdem sich der Testmanager einen Gesamtüberblick über das Projekt verschafft hat, indem er alle verfügbare Unterlagen gesichtet und sich mit den Stakeholdern ausgetauscht hat, kann er beginnen, das Testkonzept zu erstellen. Das Testkonzept bildet die Grundlage für alle Testaktivitäten und ist eine Niederschrift des Testplanungsprozesses. Es kann auch als „Bibel" des Testmanagers verstanden werden, sollte aber auch von Dritten verstanden werden. Der Inhalt und die Struktur sollten nicht zu statisch sein, sondern sich am Projektauftrag orientieren. Das Testkonzept verstehen wir als ein dynamisches Dokument, welches je nach Projektverlauf auch angepasst werden kann. Häufig werden dem Testmanager Templates zur Verfügung gestellt, die entsprechend befüllt werden sollen. Hier ist zu beachten, dass es je nach Projektauftrag verschiedene Schwerpunkte geben kann und ein Template eher als Orientierung genutzt werden sollte. Die darin enthaltenen Vorgaben sollten vom Testmanager als Vorschläge verstanden werden und nicht in Stein gemeißelt sein. Nicht alle Inhalte von Templates sind für ein Projekt wichtig und sollten vom Testmanager dann auch entsprechend als „nicht zutreffend" markiert werden. Wird der Testmanager genötigt, das komplette Template auszufüllen, sollte er das Gespräch mit der Projektleitung suchen. Es ist zu empfehlen in solch einem Gespräch auf „Zahlen, Daten, Fakten" zu verweisen. Das Ziel sollte immer sein, Mehrwerte zu generieren und nicht Rahmenwerke zu befriedigen. Die Informationen im Testkonzept dienen als Orientierung und Dokumentation für den Testmanager und interessierte Dritte, wie der Testprozess geplant und umgesetzt werden soll. Nach Fertigstellung des Testkonzeptes sollte es von der Projektleitung und Vertretern des Fachbereiches abgenommen werden, um zu dokumentieren, dass man mit dem geplanten Vorgehen der Testaktivitäten einverstanden ist.

6.1 Das Testkonzept erstellen

Erfahrungsbox: Testkonzept erstellen
In einem Projekt wurden wir mit einem 20-seitigen Template für die Erstellung des Testkonzeptes konfrontiert. Die Zielgröße des Konzeptes würde laut Programmleitung etwa 80 Seiten betragen, was auch in anderen Projekten durchschnittlich produziert worden ist und für unser Projekt ein Maßstab sein sollte. Nach Rückfrage, ob dies auch kürzer gefasst werden könne, entgegnete man uns, dass dies untypisch sei, da eben andere Projekte vom Umfang ähnlich geartete Konzepte abgeliefert hätten. Nach Sichtung von zwei Referenzprojekten war klar, warum so viel Papier produziert worden ist. Das Template war viel zu „aufgeblasen", ließ Testmanager aber glauben, zu jedem Kapitel etwas schreiben zu müssen, ob sinnvoll, Mehrwert stiftend oder nicht. Hauptsache es wurden Wörter produziert. Nach Rücksprache mit der Projektleitung und der im Unternehmen für das Testrahmenwerk verantwortlichen Person haben wir auf diesen Missstand hingewiesen und vorgeschlagen, ein Testkonzept „Light" zu erstellen, was die in unseren Augen wichtigsten Elemente enthält, ohne Gefahr zu laufen, wichtige Punkte außer Acht zu lassen. Herausgekommen ist ein 20-seitiges Dokument, welches sich explizit auf den Projektauftrag konzentriert hat und alle übrigen Inhalte als „nicht zutreffend" klassifiziert hat. Das Ergebnis war für alle Projektbeteiligten sehr überzeugend. Daraufhin hatte man das Template nur noch als Empfehlung herausgegeben und nur noch 1/3 der Inhalte als verpflichtend vorgegeben. Dieses Ergebnis wird dem Kunden in künftigen Projekten viel Zeit und damit Geld sparen, ohne dass es zu qualitativen Einbußen kommt!

Das Testkonzept hat üblicherweise folgende Inhalte:

- Einführung → Projektinformationen/Referenzierte Dokumente/Projektphasenplan und Testmeilensteine/Test-Organigramm
- Ziele und Abgrenzung → Qualitäts- und Testziele/Testgrundlagen (Anforderungen)/Testobjekte/Abgrenzung und Abhängigkeiten
- Teststrategie → Testverfahren/Defect-Management
- Testplanung → Terminplanung/Aufwandsplanung/Ressourcenplan
- Testinfrastruktur → Räumlichkeiten/Testumgebungen/Testdaten/Test-Tools
- Dokumentation und Berichtswesen → Ablage der Testdokumente/Gremien und Berichte
- Genehmigungen

In den folgenden Abschnitten geben wir einige Hinweise und Beschreibungen zur Erstellung eines Testkonzept „Light".

6.2 Die Einführung

Die Einführung kann erheblich verkürzt werden, da diese Informationen normalerweise in einem Projektsteckbrief oder im Projektantrag der Projektleitung vorhanden und dokumentiert sind. Es reicht hier aus, die Projekt ID und den Projektnamen zu referenzieren und eine Liste mit Links zu den für die Testplanung herangezogen Dokumente zu erstellen, die zentral für alle Projektbeteiligten abgelegt werden sollten. Zu den referenzierten Dokumenten können zählen:

- Testhandbuch
- Informationen zum projektübergreifenden Defect Management
- Entwicklungsrichtlinien
- Systemdokumentationen
- Betriebskonzepte
- Leitfäden zur funktionalen und nichtfunktionalen Anforderungen

Allein aus der Vielzahl möglicher projektbegleitender Dokumente, die ein Testmanager eventuell zu berücksichtigen hat, lässt sich ableiten, wie viele Informationen zu verarbeiten sind und welche Herausforderung es sein wird, daraus ein sinnvolles Testkonzept zu erstellen.

Ein Projektphasenplan wird von der Projektleitung erstellt. Die darin enthaltenen Meilensteine für das Testen entsprechen einer ersten groben Planung, die der Testmanager auf Basis der ihm zur Verfügung gestellten Informationen überprüfen muss. Sollten sich für die Grobplanung der Testmeilensteine bereits größere Abweichungen ergeben, sollte der Testmanager Rücksprache mit der Projektleitung halten. Auch hier ist eine offene, ehrliche und auf Fakten basierte Kommunikation der Schlüssel zum Erfolg, um potenziellen Projektrisiken durch Verzögerungen in der Testdurchführung rechtzeitig entgegenzuwirken!

Für das Projekt ALPHA könnte der Projektphasenplan mit den Testmeilensteinen wie in Abb. 6.1 dargestellt aussehen.

Abschließend wird das Test-Organigramm für das Gesamtprojekt sowie die Einbindung des Testteams noch dokumentiert oder auch referenziert. Das Test-Organigramm beschreibt die Organisatorische Darstellung des Testteams, die auch in die Gesamtdarstellung der Projektorganisation eingehen sollte (siehe Abschn. 2.7).

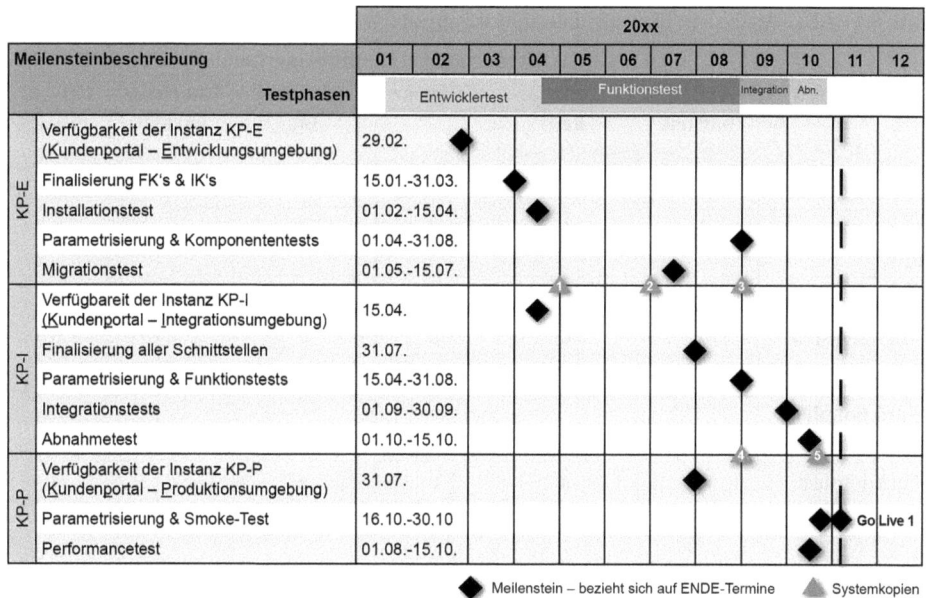

Abb. 6.1 Testmeilensteine

6.3 Die Ziele und deren Abgrenzung

Hier wird dokumentiert, was wir für das Projekt als Qualitätsziel und als Testziel verstehen. Neben dem Finden von Fehlern fließt in diesen Abschnitt idealerweise auch die Erwartungshaltung der Stakeholder an das Testen mit ein, die der Testmanager durch Gespräche mit den Stakeholdern erhoben hat.

Die für das Projekt maßgeblichen Qualitätsmerkmale in Anlehnung an ISO/IEC 25000/29119 (siehe Abschn. 3.4) sollten vorher mit dem Projektmanagement und der IT Projektleitung herausgearbeitet worden sein, damit ein einheitliches Verständnis zum Testansatz besteht. Für unser Projekt ALPHA wurden folgende Qualitätsziele herausgearbeitet:

- Funktionalität (Richtigkeit, Ordnungsmäßigkeit, Sicherheit)
- Zuverlässigkeit (Fehlertoleranz, Wiederherstellbarkeit)
- Benutzbarkeit (Verständlichkeit, Bedienbarkeit, Erlernbarkeit)
- Effizienz (Zeitverhalten, Verbrauchsverhalten)
- Änderbarkeit (Prüfbarkeit, Stabilität, Analysierbarkeit)

Im Rahmen einer ABC-Analyse kann eine Priorisierung des Testbedarfs für die jeweiligen Teststufen, wie in Tab. 6.1 exemplarisch aufgeführt, je Anforderungen (Qualitätsmerkmale) ermittelt werden.

Tab. 6.1 ABC-Analyse je Teststufe und Anforderungen (Qualitätsmerkmale)

Teststufen	Anforderungen (Qualitätsmerkmale)					
	Änderbarkeit	Benutzbarkeit	Effizienz	Funktionalität	Übertragbarkeit	Zuverlässigkeit
Entwicklertest						
Komponententest	b	a	c	a	c	b
Integrationstest	b	b	c	a	c	a
Migrationstest	c	c	b	c	a	b
Funktionaler Systemtest						
Funktionstest	c	a	c	a	c	a
Integrationstest	c	a	c	a	c	a
Nicht-funktionale Systemtests						
Performance	c	c	a	b	c	a
Installationstest	c	b	a	c	a	a
Smoke-Test	c	a	c	a	c	a
Abnahmetest						
Integrationstest	c	a	c	a	c	a

> **Erfahrungsbox: Ziele und deren Abgrenzung**
> In vielen Projekten wurden keine Qualitätsziele definiert. Die „Qualität" oder die „Qualitätsverbesserung" wird aber oft als Schlagwort in den Mittelpunkt der Kommunikation gerückt und als Ziel formuliert. Doch wie wird die Qualität erhoben und gemessen? Dieser Aufgabe haben wir uns in einem Projekt angenommen. Zunächst müssen Qualitätsziele definiert werden. Anschließend empfiehlt es sich, die erstellten Testfälle mit den Qualitätszielen zu verbinden. Damit kann nachgewiesen werden, wie erfolgreich die Qualitätsziele umgesetzt worden sind und wo es noch einen Qualitätsmangel gibt.

Zu den Zielen zählen auch die Testgrundlagen, also die Anforderungen, die gut dokumentiert sein müssen. Ein Qualitätsmangel in den Anforderungsdokumenten frisst sich unweigerlich durch den gesamten Testprozess bis ins Lieferobjekt. Dies gilt es zu verhindern. Wir nehmen diesen Sachverhalt gezielt im Abschn. 3.6 unter die Lupe und später in der Umsetzung in Kap. 9.

Zu den **Testobjekten** zählen alle Komponenten des Lieferobjektes sowie die dazugehörigen Softwarekomponenten und Schnittstellen im Systemkontext (Umsysteme lt. Systemlandkarte). Darüber hinaus sind die Kern- und Unterstützungsprozesse aus der Business-Sicht ebenfalls zu testen. Mit der Definition der Ziel-Geschäftsprozesse sollte so früh wie möglich begonnen werden, sobald das Target Operating Model (TOM) abgenommen wurde. In der Praxis wird der Test der Zielprozesse sehr oft vernachlässigt, meist liegt der Fokus überwiegend auf den Funktionalitäten. Doch nur eine Kombination aus Funktionalität und Prozess ergibt eine Gesamtsicht (End-to-End), die am Ende im Produktionsbetrieb auch lauffähig sein muss.

Die **Testgrundlagen** lassen sich am besten in einer Tabelle mit Verlinkungen zu den Quellen auflisten, die den Testaktivitäten zugrunde liegen. Auf eine umfassende Beschreibung jeder Grundlage kann verzichtet werden, wenn klar ist, wo die Quelle zu finden ist. Das setzt wiederum eine gute zentrale Projektorganisation voraus.

Die **Abgrenzungen und Abhängigkeiten** sollten in diesem Abschnitt abschließend geklärt sein und aufgeführt werden. Es können die Qualitätsmerkmale aufgeführt werden, die vom Fachbereich und der IT explizit ausgeschlossen worden sind. Ebenfalls können Systemkomponenten und Module aufgeführt werden, die nicht Testgegenstand sind.

6.4 Die Teststrategie

Im Rahmen der Teststrategie werden die geplanten Testverfahren sowie das Defect-Management dokumentiert.

Zum **Testverfahren** zählen:

- Die Grundlagen der Testfallermittlung, also die technischen, funktionalen, prozessualen und qualitativen Anforderungen
- Testverfahren: Anforderungsbasiertes Testvorgehen, Intuitives und expertenbasiertes Testen, Ad-Hoc Testfallermittlung inklusive Priorisierung ABC (Muss, Soll und Kann) und der Komplexität (Hoch, Mittel, Gering) zum Beispiel Anzahl der Felder, Anzahl der Eingabemasken oder Umfang der Verarbeitung
- Test von qualitativen Anforderungen
- Testphasen und Testarten mit dazugehörigen Quality Gates sowie den jeweiligen Testeingangs- und Ausgangskriterien

Zum **Defect-Management** zählen:

- Fehlerbehebungsstrategien mit Informationen zu Identifikation, Klassifikation sowie Problembeschreibung. Hiermit setzen wir uns ausführlich in Kap. 11 auseinander.

6.5 Die Testplanung

Die Testplanung umfasst die Terminplanung, Aufwandsplanung sowie die Ressourcenplanung.

Bei der **Terminplanung** werden die Testaktivitäten für jedes definierte Arbeitspaket in eine Einsatzplanung überführt, die mit den Teilprojektleitern und Arbeitspaketverantwortlichen abgestimmt wird. Der Testplan sollte in den Projektplan einfließen, um die geplanten Testaktivitäten allen Projektbeteiligten transparent zu machen. Unstimmigkeiten oder besondere Abhängigkeiten zu anderen Teilprojekten oder Arbeitspaketen lassen sich so sehr gut herausarbeiten. Besonders die geplanten Fertigstellungstermine der Entwicklungsabteilung sind hier von zentraler Bedeutung. Denn ohne fertig gestellte Funktionalität lässt sich wenig testen. Dies setzt eine hohe Bereitschaft aller Projektbeteiligten voraus, den Projektplan als zentrales Projektsteuerungsinstrument zu akzeptieren und entsprechend zu pflegen.

> **Erfahrungsbox: Testplanung**
>
> Welche gravierenden Mängel in der Testplanung entstehen können, wenn keine verlässlichen Plandaten vorhanden sind, zeigt folgendes Beispiel: Schon seit Wochen wurde der Fertigstellungsgrad der Entwicklung im Projektplan mit 40 % angezeigt und der Liefertermin, der dem geplanten Testbeginn entsprach, rückte immer näher. Die Projektleitung wurde gebeten, zu prüfen, warum es keinen Fortschritt gab. Nach mehreren zeitraubenden Recherchearbeiten stellte sich heraus, dass die Entwicklungsabteilung einen eigenen Projektplan gepflegt hatte, der nicht mit dem Master-Plan synchronisiert worden war. Dies hatte zur Folge, dass der Testplan überarbeitet werden musste, da beispielsweise Teile von Lieferobjekten bereits von der Entwicklung fertiggestellt worden waren, was dem Testmanager aber nicht bekannt war, da er den Projektplan der Entwicklung nicht kannte. Ein klassischer Fall von fehlerhafter Kommunikation, die elementare Auswirkungen auf die Projekt- und Testplanung haben kann. Wenn jeder Bereich seine eigenen Listen pflegt, ist der Aufwand einer Synchronisation extrem hoch und die Fehleranfälligkeit ebenso. Mit hohem Aufwand wurden alle umherschwirrenden Listen zentral in den Projektplan eingepflegt und nunmehr zweimal pro Woche aktualisiert. Daraufhin verbesserten sich die Abstimmungen mit den übrigen Projektbereichen signifikant und auch die Planungssicherheit wurde erhöht.

Bei der **Aufwandsplanung** werden grundsätzlich drei Arten von Schätzmethoden unterschieden, denen jeweils verschiedene Verfahren zugeordnet sind (siehe hierzu auch Tab. 6.2):

- Intuitive Schätzung
- Top-Down Schätzung
- Bottom-Up Schätzung

6.5 Die Testplanung

Tab. 6.2 Methoden zur Aufwandsplanung

Methode	Voraussetzung	Schätzgenauigkeit	Anmerkungen
Intuitiv	• Hohes Expertenwissen und vergleichbare Erfahrungen erforderlich	• Personenabhängig • Variiert in Abhängigkeit vom Schätzer und des Projekttyps stark	Es kann bei Erfüllung der genannten Voraussetzungen eine hohe Genauigkeit mit relativ geringem Schätzaufwand erreicht werden
Top-Down	• Fachkonzept und Spezifikation • Dokumentierte Erfahrungswerte	• Mittel • 10 bis 60 %, je nach Risikogröße des Projektes	Es kann hier nach verschiedenen Methoden (zum Beispiel „Lines-of-Code-Methode") vorgegangen werden, die im Einzelfall zu definieren sind. Entscheidend ist dabei, welche Informationen als Schätzbasis bereits vorliegen
Bottom-Up	• Abgegrenzte Testobjekte für mindestens eine Teststufe im funktionalen Systemtest	• Hoch • 5 bis 30 %, je nach Projekttyp	Um die Schätzgenauigkeit zu optimieren, ist ein entsprechend hoher Aufwand für die Schätzung selbst erforderlich. Etabliert ist zum Beispiel die Function-point-Analyse

Für unser Projekt ALPHA wird für den Funktionstest zunächst eine **Bottom-Up** Grobschätzung für die Anzahl der Testfälle und deren Prüfpunkte durchgeführt. Der Gesamtaufwand, der sich daraus pro Arbeitspaket ergibt, wird der Aufwandsschätzung aus der Planung der Projektleitung aus dem Projekt Masterplan gegenübergestellt. Das Ergebnis wird mit dem Projektmanagement, dem Testmanager und den Teilprojektleitern validiert, um Risiken identifizieren (zum Beispiel potenzielle Budgetüberschreitung) und entsprechende Gegenmaßnahmen ergreifen zu können. Bei allen Planungen muss unbedingt berücksichtigt werden, wie aufwendig die Testdokumentation und mögliche Testergebnisberichte sind. Aus unseren Erfahrungswerten kann die Testdokumentation schnell 30 % des gesamten Testaufwands ausmachen. Je nach Projektgröße ist es sinnvoll, geeignete Test-Tools einzusetzen, die den Dokumentationsaufwand durch ein standardisiertes Testergebnis-Reporting praktisch per „Knopfdruck" erheblich reduzieren.

Die Aufwandsplanung ist Bestandteil des Testplans aus der sich die **Ressourcenplanung** ableiten lässt:

Für die Testfallerstellung und -durchführung werden pro Fachbereich Arbeitspakete definiert und den Testressourcen zugewiesen. Für jedes Teilprojekt gibt es

Teilprojektleiter, für jedes Arbeitspaket entsprechende Arbeitspaketverantwortliche, die gemeinsam mit dem Testmanagement die Konzeption der Testfallerstellung und deren Durchführung abstimmen. Auch hier ist eine offene Kommunikation unabdingbar, die auf einer soliden Planungsbasis aufgebaut sein sollte. Die Teilprojekte und Arbeitspakete für unser Projekt ALPHA sind in Kap. 2 ff. beschrieben.

Es ist wichtig, die Ressourcen nicht nur auf Grundlage der jeweiligen Fähigkeiten zuzuteilen, sondern auch herauszuarbeiten, ob die geplanten Ressourcen in Punkto Testerfahrung möglicherweise noch geschult werden müssen. Denn oft haben unerfahrene Tester noch immer Angst, gefundene Fehler offen zu kommunizieren und transparent zu machen. Über viel Kommunikation sollte ein gemeinsames Verständnis darüber hergestellt werden, was das oberste Ziel des Testens ist. Hier sei es noch einmal erwähnt: „Das Finden von Fehlern"! Ebenso sollte es eine gewisse Fehlerkultur geben, in der entdeckte Fehler nicht zu Sanktionen oder Strafen führen, sondern gemeinsam konstruktive Wege gefunden werden, die durch Fehler entstandenen Probleme zu lösen. Durch den Einsatz der Kommunikationsmatrix, die Vertreter aus Entwicklung, Test und Fachbereich verbindet, können schon in der Planungsphase Teams entstehen, die sich nicht erst finden müssen, wenn getestet wird. Eine konstruktive und zielorientierte bereichsübergreifende Kommunikation ist ein wesentlicher Erfolgsfaktor für alle Testaktivitäten. Nur so kann ein gemeinsames Verständnis zum Testauftrag an alle Beteiligten vermittelt werden und von allen involvierten Parteien gemeinsam zum Ziel geführt werden, ohne dass es zu gegenseitigen Schuldzuweisungen kommt.

Der Testmanager stellt unter Berücksichtigung der Aufgabenstellung das Testteam zusammen. Ein Testteam besteht aus Personen mit den unterschiedlichsten Fähigkeiten; technisch wie fachlich, teils als Beistellung aus anderen Bereichen oder als direkt zugewiesener interner oder externer Projektmitarbeiter. Darüber hinaus sind auch multikulturelle Teams anzutreffen, die Onshore/Nearshore oder Offshore arbeiten. Aus der Vielzahl der verschiedenen Verfügbarkeiten und Sources ist es für den Testmanager eine große Herausforderung, die richtigen Testressourcen mit dem richtigen Skill-Set zum richtigen Zeitpunkt verfügbar zu haben. Das setzt eine sehr genaue Planung voraus, die auf einer möglichst stabilen Basis (siehe Projekt-Master-Plan) zu erfolgen hat. Auch die „Shore-Teams" können im Rahmen der interdisziplinären Kommunikation in den Testprozess mit eingebunden werden.

> **Erfahrungsbox: Testdatenbereitstellung**
> Die Verantwortlichen eines Systems, das Testdaten zur Verfügung stellen sollte, um einen Datenfluss zu simulieren, waren für verschiedene Systemkomponenten (Datenvorverarbeitung, Datenkonsolidierung, Datenvalidierung etc.) über vier Kontinente in Offshore-Teams verteilt. Der erste Test hat erhebliche Datenverarbeitungsprobleme gezeigt und musste abgebrochen werden. Jetzt musste der Testmanager jemanden finden, der in der Lage war, die verschiedenen Teams zu koordinieren. Über den Leiter des Produktions-Supports konnten Vertreter identifiziert werden, die für Fall-Back Lösungen im Produktionsbetrieb zuständig waren. Der Produktionssupport-Leiter wurde von der Programmleitung nominiert (und verpflichtet) die

> Koordination mit dem Testmanagement zu übernehmen. Nach zwei internationalen Abstimmungsgesprächen wurde ein virtuelles Support-Team zusammengestellt und mit klaren Aufgaben zur Datenbereitstellung für die einzelnen Systemkomponenten versehen. Daraufhin wurden tägliche 15-minütige Abstimmungsgespräche durchgeführt, um den Fortschritt zu beobachten. Dieses Beispiel zeigt, dass auch ein entsprechender Pragmatismus notwendig ist, um ein Testvorhaben voranzutreiben. Hier ist das Koordinationsgeschick des Testmanagers gefragt, einen Missstand zu eskalieren und gemeinsam mit der Projektleitung einen Lösungsweg zu finden.

Um die Tests erfolgreich durchführen zu können, ist es wichtig, dass die die unmittelbaren Mitglieder des Testteams, ein einheitliches Werteverständnis haben. In diesem Zusammenhang sei noch einmal an die Werte im Testmanagement erinnert: Fokus, Mut, Offenheit/Transparenz, Respekt sowie Vertrauen und Wertschätzung. Jedes Testteam-Mitglied sollte sich seiner eigenen Werte bewusst sein. Ist die Bereitschaft einiger Teilnehmer des Testteams nicht gegeben, die Werte entsprechend zu leben, sollte der Testmanager das Team anders zusammenstellen.

6.6 Die Testinfrastruktur

Im Rahmen der Testinfrastruktur sind die Räumlichkeiten, die benötigten Testumgebungen, die Testdaten und der Einsatz von Test-Tools zu planen.

Die **Räumlichkeiten** und deren Ausstattung sind erfahrungsgemäß sehr frühzeitig zu planen und müssen vor dem Beginn der Testaktivitäten auf ihre Funktionsfähigkeit getestet werden. Nichts ist schlimmer, als wenn die Testressourcen geplant, die Testdaten besorgt sind, aber trotzdem nicht getestet werden kann, weil ein Netzanschluss nicht funktioniert. Damit verliert man Zeit und Nerven. Die Motivation der Tester, überhaupt testen zu wollen, schwindet schlagartig, wenn die Infrastruktur instabil ist. Ein Raumplan mit entsprechender Ausstattung für die geplanten Testaktivitäten ist zwingend notwendig und vom Testmanagement gemeinsam mit der Projektleitung durchzuplanen.

Die **Testumgebungen** sollten je nach Projektgröße von einem dedizierten Testumgebungsmanager koordiniert und geplant werden. Andernfalls kann diese Aufgabe auch der Testmanager durchführen. Hierzu zählt die Sicherstellung der Verfügbarkeit, die jeweilige Bestückung mit Testdaten, die Bereitstellung von Schnittstellen von zuliefernden Systemen – und das jeweils zum geplanten Zeitpunkt. Abstimmungen mit dem Release-Management für die jeweiligen Testumgebungen sind hier ebenfalls zwingend erforderlich um die Verfügbarkeit der Systeme zu gewährleisten. Die Planungselemente mit den dazugehörigen Terminen sind im Testplan zu dokumentieren und von den beteiligten Parteien zu bestätigen. Nur so kann eine Verbindlichkeit gewährleistet werden. Die Test- und Produktionssysteme sowie die Zuordnung zu den Teststufen im Projekt ALPHA kann wie in Tab. 6.3 dargestellt aussehen.

Tab. 6.3 Übersicht Test- und Produktionssysteme Projekt ALPHA

Systembezeichnung	Systemname	Teststufen						
		Entwicklertest	Funktionaler Systemtest	Abnahmetest-1 (fachl.)	Abnahmetest-2 (techn.)	Nicht-Funktionaler Systemtest	Produktionscheck	Produktion (Betrieb)
Kundenportal								
KP 3.0 Entwicklungssystem	KP-E	▨						
KP 3.0 Integrationssystem	KP-I		▨	▨	▨	▨		
KP 3.0 Produktionssystem	KP-P						■	■
Authentifizierungsdienst								
AUTH -Entwicklung	AUT-E	▨						
AUTH -Integration	AUT-I		▨	▨	▨	▨		
AUTH -Produktion	AUT-P						■	■
Enterprise Service Bus								
ESB -Entwicklung	ESB-E	▨						
ESB -Integration	ESB-I		▨	▨	▨	▨		
ESB -Produktion	ESB-P						■	■
Data Warehouse								
DWH -Entwicklung	DWH-E	▨						
DWH -Integration	DWH-I		▨	▨	▨	▨		
DWH -Produktion	DWH-P						■	■
InfoSystem								
Info-Entwicklung	INFO -Filetransfer-E	▨						
Info-Integration	INFO -Filetransfer-I		▨	▨	▨	▨		
Info-Produktion	INFO -Filetransfer-P						■	■
Printservice								
Printservice -Entwicklung	PS-Filetransfer-E	▨						
Printservice -Integration	PS-Filetransfer-I		▨	▨	▨	▨		
Printservice -Produktion	PS-Filetransfer-P						■	■
Rechnungssystem								
Rechnungssystem-Entwicklung	RES -Filetransfer-E	▨						
Rechnungssystem-Integration	RES -Filetransfer-I		▨	▨	▨	▨		
Rechnungssystem-Produktion	RES -Filetransfer-P						■	■
Bestellsystem								
Bestellsystem-Entwicklung	BS -Filetransfer-E	▨						
Bestellsystem-Integration	BS -Filetransfer-I		▨	▨	▨	▨		
Bestellsystem-Produktion	BS -Filetransfer-P						■	■

Idealerweise visualisiert man die geplanten Systemumgebungen nach dem aktuellen Stand im Testkonzept, um für alle Parteien transparent zu machen, welche Systeme, Komponenten und Schnittstellen für die Testaktivitäten bis zum Go-Live benötigt werden.

Abb. 6.2 zeigt eine Übersicht der Systemumgebungen für unser Projekt ALPHA für Entwicklung, Integration und Produktion.

6.6 Die Testinfrastruktur

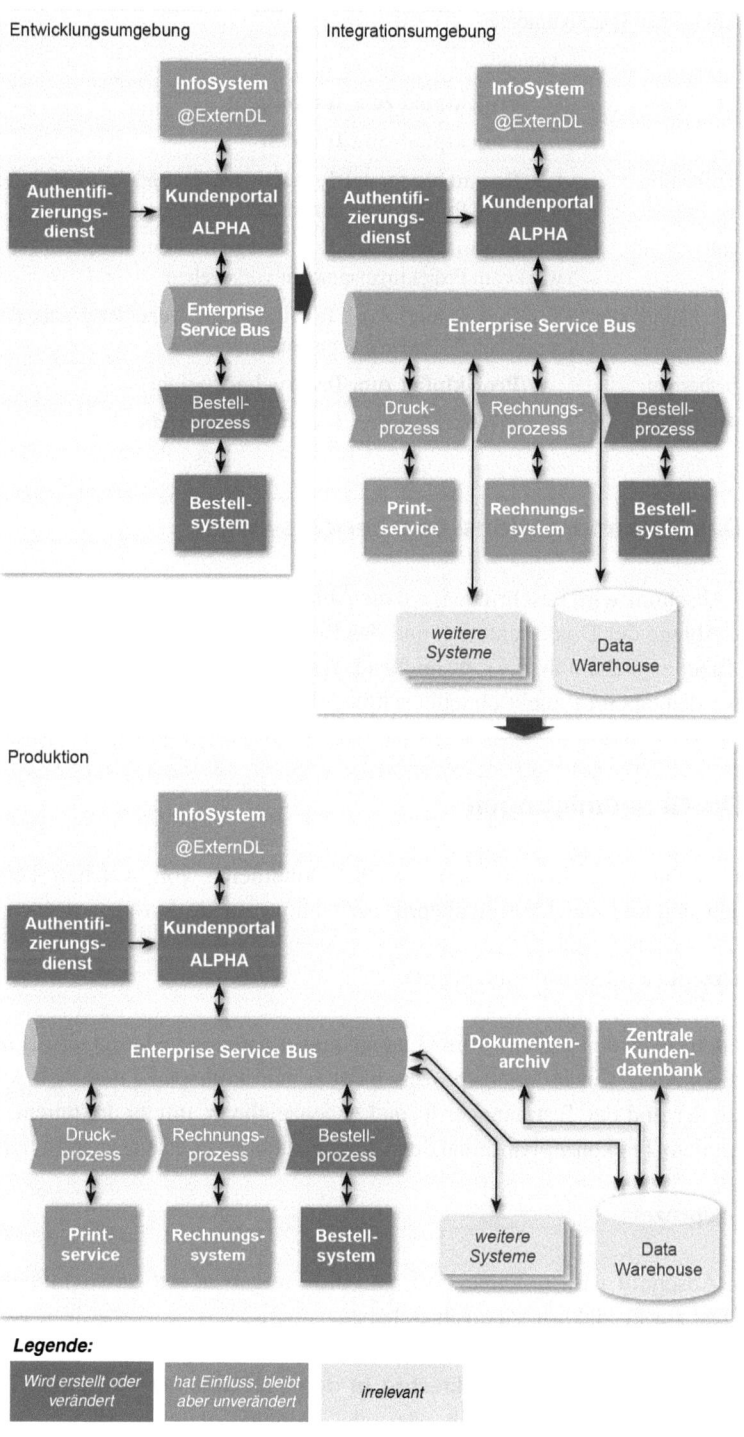

Abb. 6.2 Projekt ALPHA Systemumgebungen

Tab. 6.4 Ablage der Testdokumente

Dokument	Ablage
Testkonzept	… //**Projektpfad zum Testkonzept**
Testplan	… //**Projektpfad zum Testplan**
Testfallspezifikation	I. d. R. wird hierfür das Test Tool genutzt und der genaue Ablageort wird vom Projektmanagement vorgegeben
Testprotokoll	I. d. R. wird hierfür das Test Tool genutzt und der genaue Ablageort wird vom Projektmanagement vorgegeben
Abweichungsmeldungen	I. d. R. wird hierfür das Test Tool genutzt und der genaue Ablageort wird vom Projektmanagement vorgegeben
Testergebnisbericht	… //**Projektpfad zum Testergebnisbericht**
Testabschlussbericht	… //**Projektpfad zum Testabschlussbericht**

6.7 Das Dokumentations- und Berichtswesen

In diesem Abschnitt wird beschrieben, wo die Ablage der Testdokumente erfolgt.

Für die Ablage der Dokumentation und das Berichtswesen der Testaktivitäten ist eine einfache Tabelle (siehe Tab. 6.4) ausreichend. An dieser Stelle muss nicht mehr dokumentiert werden, als im Projekt ohnehin schon dokumentiert werden wird.

6.8 Die Genehmigungen

An dieser Stelle wird dokumentiert, welche Dokumente von welchen Personen zu genehmigen sind und wie der Freigabeprozess bis hin zum Go-Live zu erfolgen hat:

- **Testkonzept** (wird selbst referenziert):

Wird von der Projektleitung und vom Qualitätsmanagement genehmigt – falls im Projekt aufgesetzt. Um den Genehmigungsprozess nicht zu bürokratisch zu gestalten, können der IT-Projektleiter und der Testmanager formal gegenzeichnen, um zu dokumentieren, dass sie sich mit dem Testkonzept auseinandergesetzt beziehungsweise es erstellt haben.

- **Freigabeprozess**

In diesem Abschnitt wird dokumentiert, wie die Freigaben von Entwicklung zum Test und vom Test zur Produktion zu erfolgen haben.

- Für den Übergang vom **Entwicklertest in den Funktionstest** wird vom Entwickler ein **Testergebnisbericht** erstellt, der als Freigabedokument dient. Dieser wird gewöhnlich von den betroffenen Teilprojektleitern, dem IT-Projektleiter und vom Testmanager unterschrieben.

- Für den Übergang vom Funktionstest in den Integrations- und Abnahmetest wird vom Teilprojektleiter ebenfalls ein Testergebnisbericht als Freigabedokument erstellt. Dieser wird gewöhnlich von der Projektleitung, den jeweiligen Teilprojektleitern, dem IT-Projektleiter und dem Testmanager unterschrieben. Falls es einen Qualitätsmanager gibt, kann der ebenfalls gegenzeichnen.
- Für den Übergang vom Abnahmetest in die Produktion wird vom Testmanager ein Testabschlussbericht erstellt. Dieser wird gewöhnlich von der Projektleitung, allen Teilprojektleitern, dem IT-Projektleiter und dem Testmanager unterschrieben. Falls es einen Qualitätsmanager gibt, kann der ebenfalls gegenzeichnen.

Die Inhalte eines Testergebnisberichtes und eines Testabschlussberichtes werden exemplarisch im Teil II der Umsetzung im Kap. 12 im Rahmen des Informations- und Berichtswesens ausführlicher beschrieben.

6.9 Reflexion und Praxis-Check

Das Testkonzept dient im Wesentlichen dazu dem Testmanager und den Projektbeteiligten zu dokumentieren, wie und in welchem Umfang der Test durchgeführt werden soll. Für unerfahrene Testmanager kann der hier vorgestellte Aufbau des Testkonzeptes als Orientierungshilfe gesehen werden. Erfahrende Testmanager können noch ergänzen oder streichen, wie es zum Projektauftrag passend ist. Im Vordergrund sollte immer das Ziel des Testauftrages stehen, Fehler zu finden und das Testobjekt in hoher Qualität abzuliefern. Eine zu umfängliche Dokumentation oder möglicherweise existierende Rahmenwerke und Vorgaben aus der Organisation sind kritisch zu betrachten und vom Testmanager zu hinterfragen. Der Nutzen von einem Mehr an Dokumentation ist für das Projekt möglichst mit dem Projektleiter oder dem Auftraggeber zu evaluieren.

Für das Testkonzept ergeben sich aus unserer Sicht folgende Check-Punkte:

Praxis-Check
- ✓ Vorhandenes Rahmenwerk kritisch betrachten und versuchen, dieses als flexible Orientierungshilfe zu sehen und nicht als starre Vorgabe.
- ✓ Nur die für das Projekt relevanten Elemente sollten in das Testkonzept mit einfließen. Der Rest wäre Füllmaterial ohne wirtschaftlichen Mehrwert anzusehen.
- ✓ Ein „roter Faden" muss auch für Außenstehende erkennbar sein.
- ✓ Im Konzept festgelegte Inhalte im Testverlauf auch gegenüber dem Auftraggeber und der Projektleitung verteidigen können.
- ✓ Inhalte nicht zu granular beschreiben.
- ✓ Ein Qualitätsmanager ist in das Projekt integriert und seine Rolle ist klar beschrieben. Falls bei kleineren Projekten kein Qualitätsmanager vorhanden ist, so sind die Verantwortlichkeiten für die Qualitätssicherung klar vergeben oder der Testmanager übernimmt diese Rolle für den Testprozess.

Literatur

https://de.wikipedia.org/wiki/ISO/IEC/IEEE_29119_Software_Testing (Zugriffsdatum 06.02.19)
https://de.wikipedia.org/wiki/ISO/IEC_25000 (Zugriffsdatum 06.02.19)

Die Metriken 7

> **Zusammenfassung**
>
> Es gibt in der Theorie zahlreiche Metriken auf Basis einer quantitativen Auswertung. Doch welche davon sind für die Praxis relevant und wertvoll? Viele Metriken dienen ausschließlich dazu, potenzielle Risiken im Rahmen des Projektmanagements zu quantifizieren, die jedoch keine verlässliche Aussage zu möglichen Risiken eines Testprojektes liefern. Erfahrungsgemäß reicht eine Hand voll Metriken, um ein Testprojekt zum Erfolg zu führen. Die Größe eines Projektes, das heißt die Anzahl der involvierten Personen oder der Umfang von Teilprojekten, ist hiervon fast unabhängig, da die Basis der Erhebung gleich ist. Bei Großprojekten müssen die gegenseitigen Abhängigkeiten der jeweiligen Teilprojekte herausgearbeitet werden.
>
> Metriken dienen nicht ausschließlich der Feststellung eines Status. Auch Prognosen und Trends lassen sich mit Metriken erheben. Der Testmanager muss in der Lage sein, für sein Testprojekt die geeigneten Metriken auszuwählen – und zu verteidigen! Das setzt voraus, dass der Testmanager die Metriken kennt und eine Einschätzung vornehmen kann, welche davon am geeignetsten sind. Generell müssen Metriken in der Anzahl überschaubar und vor allem begreifbar sein.

7.1 Die Aufgabe von Metriken

Die wesentliche Aufgabe der Metriken ist, den Testmanager in der Ermittlung und Erhebung potenzieller Risiken zu unterstützen. Darüber hinaus dienen sie als quantitative Grundlage für das Reporting. Im Testmanagement sind Metriken ein unerlässliches Instrument zur Unterstützung des Testprozesses. Bereits in der Vorbereitungsphase lassen sich Metriken nutzen, um beispielsweise sicherzustellen, dass alle geplanten Testfälle in Umfang und Güte auch zum Teststart verfügbar sind. Metriken können auch für die Erhebung von Qualitätszielen genutzt werden. Der Testmanager muss in der Lage sein, geeignete Metriken entlang des Testprozesses für die jeweiligen Testphasen bis hin zum Go-Live effektiv und effizient einzusetzen.

Es kann passieren, dass sich das Projektmanagement oder andere Stakeholder noch weitere Metriken wünschen, die der Testmanager bisher nicht ausgewählt hat. Diesen Wünschen sollte der Testmanager professionell begegnen. Denn oftmals verlangen die Stakeholder nach diesen Metriken, weil sie diese kennen und nicht, weil sie zum Projekt passen. Der Testmanager muss darauf achten, dass nicht zu viele Metriken bedient werden müssen, denn der Aufwand der Erhebung ist mitunter sehr hoch und am nächsten Tag sieht die Welt wieder ganz anders aus.

7.2 Die Metriken und ihre Aussagekraft

Nun stellen wir die Metriken vor, die aufgrund unserer Erfahrung ausreichend sind, um ein Testprojekt erfolgreich zu führen. In Tab. 7.1 orientieren wir uns am Verlauf der Testphase, erklären die Metrik und treffen eine Einschätzung zur jeweiligen Aussagekraft. In

7.2 Die Metriken und ihre Aussagekraft

Tab. 7.1 Metriken und ihre Aussagekraft pro Testphase

Testphase	Metrik	Beschreibung	Aussagekraft
Vorbereitung	Testfallerstellung	Anzahl der erstellten Testfälle pro Testobjekt	Gibt Informationen darüber, ob die Testfälle von den eingeplanten Ressourcen in der vorgesehenen Zeit erstellt werden können
Vorbereitung	Aufwandschätzung	Bottom-Up oder Top-Down Aufwandschätzung für die Testdurchführung mittels einer A-B-C-Klassifizierung	Durch die Klassifizierung kann eine Priorisierung vorgenommen werden, in welcher Reihenfolge die Testfälle erstellt werden sollen. In der Testdurchführung kann so in schwierigen Projektsituationen entschieden werden, was noch zu testen ist
Vorbereitung	Qualitätsmerkmale	Um die Qualität messen zu können, müssen entsprechende Qualitätsanforderungen definiert werden	Durch die Zuweisung von Qualitätsanforderungen zu Testfällen kann nachgewiesen werden, welche Anforderungen durch welche Testfälle abgedeckt worden sind. Im späteren Verlauf kann ermittelt werden, welche Qualitätsziele bei der Testdurchführung in welchem Umfang erreicht worden sind
Vorbereitung/ Test	Anforderungsabdeckung	Abdeckung der Anforderungen durch ein oder mehrere Testfälle	Sicherstellung, dass alle Anforderungen durch Testfälle abgedeckt worden sind. Bei der Nutzung eines Testmanagement-Tools gibt es die Möglichkeit zu sehen, in welchem Status sich eine Anforderung befindet
Test	Testfalldurchführung	Erhebung in welchem Status sich ein Testfall befindet	Aussage über den Testfortschritt und die Fehlersituation
Test	Testfallauslastung pro Tester	Darstellung, wie viele Testfälle jeder Tester bearbeitet und in welchem Status diese sich befinden	Das Ressourcenmanagement kann damit sehr gut gesteuert werden
Test	Testgeschwindigkeit	Ermittlung der Anzahl der Testfälle, die pro Tag durchgeführt werden	Metrik zur Unterstützung des Ressourcenmanagements und des Risikomanagements des gesamten Testprozesses. Sollte sich herausstellen, dass zu wenige Testfälle durchgeführt werden, sind entsprechende Maßnahmen zu ergreifen
Test	Re-Test Quote	Darstellung, wie oft ein Testfall einem Re-Test unterzogen werden musste	Die Re-Test Quote gibt Aussage über die Qualität der Entwicklungsabteilung

Abschn. 11.4 betrachten wir darüber hinaus explizit auch die Metriken im Rahmen des Defect-Managements.

Doch Achtung! An Metriken kann man sich anpassen. Damit sinkt deren Aussagekraft, weil teilweise zu viel interpretiert wird. Damit kann es zu Verzerrungen in der Statusbetrachtung kommen. Um das zu vermeiden, müssen im Testteam Werte gelebt werden und Ziele verstanden sein. Dies bedeutet, dass für die Erhebung der Metriken eine solide Datenbasis herangezogen wird, die auf Zahlen, Daten und Fakten basiert. Die Ergebnisse müssen interpretationsfrei sein und die Projektbeteiligten müssen darauf eine einheitliche Sicht haben.

7.3 Die Auswahl von Metriken – weniger ist mehr

Der Testmanager muss aufgrund seiner Erfahrung in der Lage sein, die richtigen Metriken auszuwählen. Fehlt ihm diese Erfahrung, so sollte er sich mit seinem Testteam, der Gesamtprojektleitung und dem IT-Projektleiter beraten. Generell ist hier zu berücksichtigen: Weniger Metriken sind mehr. Der administrative Aufwand zur Erhebung der Metriken ist nicht zu unterschätzen. Es gibt gute Testmanagement-Tools, die teilweise standardisiert gewisse Metriken anbieten oder mit denen sich welche konfigurieren lassen. Eigene Metriken beispielsweise mit Hilfe von Excel zu erstellen, ist oftmals mit einem sehr hohen Aufwand verbunden.

Der Testmanager sollte die Metriken in der Testplanung festlegen, im Testkonzept dokumentieren und damit vom Projektmanagement und der IT-Projektleitung absegnen lassen. Wesentliche Änderungen oder Anpassungen im Zeitablauf sind sehr zeitaufwendig. Es sollte wohl überlegt sein, ob sie einen Mehrwert stiften.

7.4 Die Kenngrößen ermitteln und veröffentlichen

Um Metriken auch sinnvoll nutzen zu können, sollten Kenngrößen, zum Beispiel Schwellenwerte, Prozentsätze in Kombination mit Status und Farben oder Symbolen festgelegt werden, mit denen man sehr schnell eine gute Aussagekraft zum Testprojekt erzielen kann. Die Kenngrößen müssen einfach und schnell ermittelbar sein. Sie müssen für alle Projektbeteiligten generell verfügbar und verständlich sein. Es bietet sich an, die Metriken mit den dazugehörigen Kenngrößen im Testkonzept zu fixieren, sodass sie allen Projektbeteiligten bekannt sind. Oftmals werden dem Testmanager durch ein komplexes Testrahmenwerk zahllose Metriken vorgegeben, die er alle umzusetzen hat.

Der Testmanager muss diesen Auswüchsen durch eine aktive Kommunikation entgegenwirken und anhand von Fakten erklären, welche Metriken aus seiner Sicht sinnvoll sind und welche nicht.

7.5 Die Metriken verändern?

Damit eine Kenngröße eine hohe Aussagekraft besitzt, ist es notwendig, dass die Metriken zu Beginn der Testaktivitäten festgelegt wurden und dass sie im Testverlauf mit genügend Daten versorgt werden. Nur so können verwertbare Ergebnisse mit einer hohen Qualität erzielt werden. Je länger sich Metriken im Testprozess befinden, desto bessere Aussagen lassen sich treffen. Metriken bringen ungewünschte Tatsachen ans Licht und machen den Teststatus für alle Projektbeteiligten transparent.

Die Erfahrung zeigt, dass Projektmanager gerne einen „besseren" Status an das Senior Management liefern möchten. Deshalb beginnen sie damit, entweder neue Metriken zu definieren oder bestehende zu verändern. Doch wo führt das hin? Es verändert nicht den Teststatus und den Fortschritt. Eine Veränderung verwässert nur die Aussagekraft: Abweichungen eines Schwellenwertes im Zeitablauf lassen sich nicht mehr valide auswerten oder mit bereits erhobenen Werten vergleichen. Fazit: Es werden am Ende Äpfel mit Birnen verglichen oder in anderen Worten: „Glaube nur der Statistik, die Du selber gefälscht hast". Ist so eine Vorgehensweise professionell? Wir sind der Meinung: Nein!

Der Testmanager ist deshalb gefordert bei Änderungswünschen, die von ihm ausgewählten Metriken zu verteidigen. Er sollte sich von den Personen, die solche Änderungswünsche äußern, ganz genau erklären lassen, welchen Zweck die Änderung erfüllen und welchen Mehrwert sie liefern soll. So wird schnell klar, um was es eigentlich geht.

> **Erfahrungsbox: Änderung von Metriken**
> Nachdem vom Testmanagement die Metriken ausgewählt worden sind und auch im Testkonzept als verbindlich abgenommen wurden, kamen während der Testdurchführung Anforderungen von Stakeholdern, doch bitte noch die eine oder andere Metrik zu liefern, damit sie sich ein besseres Bild machen können. Das hat dazu geführt, dass diese zusätzlich gewünschten Metriken mit erheblichem Aufwand erhoben werden mussten. Das Test-Reporting musste angepasst werden und das Testmanagement hat etwa eine Woche gebraucht, um verlässliche Daten liefern zu können. Nach zwei weiteren Wochen wollte ein Manager noch die eine oder andere Metrik zusätzlich haben und dafür bereits ausgewählte teilweise wieder abschaffen.

> Wie man sich vorstellen kann, erhöhen diese „Wünsche" den administrativen Aufwand erheblich und haben direkten Einfluss auf das Testreporting. Der Testmanager muss in solch einer Situation in der Lage sein, dagegenzuhalten oder es müssen ihm weitere Ressourcen zur Verfügung gestellt werden, die diese Aufgabe erledigen können. In unserem Fall wurden zwei Vollzeitressourcen abgestellt, die Metriken zu liefern, deren Aussagekraft aber keinen Einfluss auf den Testprozess hatte.

7.6 Die Einbindung in das Informations- und Berichtswesen

Sobald die Metriken aufgesetzt sind und durch vorbereitende Aufgaben oder Testaktivitäten mit Daten versorgt werden, ist es erforderlich, sich über die Einbindung in das Reporting Gedanken zu machen. In welchem Umfang und in welcher Güte die Projektbeteiligten über die Testaktivitäten informiert werden, legt der Testmanager gemeinsam mit dem Projektleiter fest. Auch hier gilt: „Weniger ist mehr".

Gute Testmanagement-Tools bieten bereits standardisierte Testreports an, die sich praktisch per Knopfdruck erzeugen lassen. Der Anspruch des Testmanagers oder Projektleiters sollte sein, dass der Aufwand zur Reporterzeugung möglichst gering ist, die Aussagekraft dagegen möglichst hoch. Eine nachträgliche Einbindung neuer Test-Metriken in das Projekt-Reporting ist mit erheblichem Aufwand verbunden und ist deshalb zu vermeiden.

7.7 Reflexion und Praxis-Check

Ja, Metriken gibt es und sie sind auch notwendig oder sogar unabdingbar. Sie sind ein Element für einen stabilen Testprozess. Wir müssen sie mit Bedacht auswählen, kontinuierlich verfolgen und verteidigen. Dazu benötigen wir eine hohe Datenqualität im Testprozess, für die wir uns als Testmanager von Beginn an einsetzen müssen. Denn nur dann können wir aus den ermittelten Kennzahlen die richtigen Schlüsse ziehen und sind in der Lage, den Testprozess auch zu „managen". Eine hohe Datenqualität führt auch zu guten hochwertigen Reports, die für die Projektbeteiligten auch Mehrwert stiften. Eine Auswahl von handverlesenen Metriken genügt, um ein Testprojekt erfolgreiche zu leiten.

7.7 Reflexion und Praxis-Check

Für die Metriken im Testprozess sehen wir folgende Check-Punkte:

Praxis-Check
- ✓ Auswahl, Fixierung und Verteidigung geeigneter Metriken gemeinsam mit der Projektleitung sowie deren Dokumentation im Testkonzept.
- ✓ „Weniger ist mehr": Handverlesener Einsatz von Metriken. Mit fünf Metriken lässt sich ein Testprozess erfolgreich umsetzen.
- ✓ Sicherstellung einer guten Datenqualität zur Erhebung der Metriken um eine gute Aussagekraft im Informations- und Berichtswesen zu besitzen.
- ✓ Beim Einsatz von Testmanagement-Tools: Nutzung von standardisierten Metriken die sich auch sehr einfach in das Projekt-Reporting integrieren lassen.

Teil II
Die Umsetzung

Die Transformation des Testkonzeptes

8

> **Zusammenfassung**
>
> Der Testmanager muss in seiner Rolle von den übrigen Projektmitgliedern als ein Schlüssel zum Erfolg gesehen werden. Dies setzt voraus, dass er bereits zu Beginn in die Projektkommunikation eingebunden wird und dass er auch nach seiner Meinung oder seiner Einschätzung gefragt wird. Dies wiederum setzt voraus, dass in dem gesamten Projekt offen kommuniziert wird.
>
> Eine transparente Kommunikation des geplanten Testvorgehens sowie die rechtzeitige Einbindung des Testmanagers sind wichtige Bausteine, damit alle Projektbeteiligte auf dem gleichen Stand bezüglich der Testaktivitäten sind. Der Testmanager sollte in der Lage sein, das Testvorhaben im Rahmen einer kurzen Präsentation mit einem groben Zeitplan vorzustellen. Offene Fragen sollten lieber im Vorfeld geklärt werden und nicht während der Testaktivitäten.
>
> Es ist wichtig, viel Zeit und Energie in eine gute Vorbereitung zu investieren. Doch erst in der entscheidenden Phase, der Umsetzung, zeigt sich, ob alle Vorbereitungen, Planungen und Abstimmungen des Testmanagers mit den Projektbeteiligten auch dazu führen, dass tatsächlich mit dem Testen begonnen werden kann. Durch das Testkonzept verfügt der Testmanager über ein „Kochbuch", mit dessen Hilfe er seine geplanten Aktivitäten in Verbindung mit dem Test- und Projektplan umsetzen kann. Auch in der Umsetzungsphase ist die Kommunikation zu allen Projektbeteiligten ein wichtiger Erfolgsfaktor. Darüber hinaus muss der Testmanager die Erwartungen aller Stakeholder ständig im Blick haben, um den Testprozess gut starten und im Verlauf möglichst reibungslos managen zu können.

8.1 Der Projekt-Kick-Off

Bereits beim Kick-Off für das Gesamtprojekt sollte der Testmanager eingebunden werden, da er ein wesentlicher Bestandteil der Projektorganisation ist. Zum einen gibt es ihm die Möglichkeit, sich einen Gesamtüberblick zum Projekt und dessen Akteuren (Projektmanagement, IT-Verantwortliche, Fachverantwortliche, Stakeholder) bereits zu Beginn zu verschaffen. Und zum anderen kann er so in einer kurzen Darstellung seine Ziele für das Testen formulieren. Für unser Projekt ALPHA würde der Testmanager in einer Präsentation folgende Punkte adressieren:

- Zusammenfassung des Projektziels aus Sicht des Testmanagements
- Kurzzusammenfassung des Testkonzeptes
- Testplan mit Phasen und Meilensteinen

Es ist sehr wichtig, diese Punkte dem gesamten Gremium zu präsentieren, um alle Projektbeteiligten darüber zu informieren, wie der Test aufgebaut ist, wer den Test verantwortet und was das wesentliche Ziel ist. Sollten zu diesem Zeitpunkt Bedenken oder Fragen von Teilnehmern aufkommen, ist das die letzte Möglichkeit diese zu diskutieren und damit Unklarheiten aus dem Weg zu räumen. Der Testmanager sollte den Kick-Off auch dafür nutzen, die Erwartungen der Beteiligten zu managen, um nicht gleich zu Beginn der Testaktivitäten mit Fragen zum Testfortschritt oder auch ersten Testergebnissen penetriert zu werden.

> **Erfahrungsbox: Managen der Erwartungshaltung im Kick-Off**
> Im Projekt-Kick-Off hat der Testmanager seinen Testplan präsentiert und kommuniziert, dass mit ersten Testergebnissen erst dann gerechnet werden kann, wenn bestimmte Voraussetzungen erfüllt sind, zum Beispiel die Fertigstellung von Entwicklungsarbeiten, Bereitstellung der Testumgebungen, Funktionalität von Schnittstellen etc. Damit wurde klar kommuniziert, dass erst mit Testergebnissen zu rechnen ist, wenn gewisse Vorarbeiten erledigt worden sind, auf die der Testmanager keinen Einfluss hat. Auch das Test-Reporting muss sich zu Beginn eines Projektes erst etwas „einlaufen". Nach einer Woche Test bereits nach einem Testfortschrittsreport zu fragen, führt eher zu Irritation als zu guten verwertbaren Informationen. Die Metriken können erst stabile Ergebnisse liefern, wenn genügend Datenbasis verfügbar ist. Die erste Woche zum Start eines Projektes ist zu wenig, da zu Beginn aus Erfahrung höchstens überhaupt ein bis zwei Tage getestet werden kann. Ab der zweiten Woche ist mit einer stabilen Datenbasis zu rechnen und erste Anlaufprobleme sollten behoben worden sein.

Idealerweise stimmt sich der Testmanager vor dem Kick-Off mit der Gesamtprojektleitung über die Inhalte seiner Präsentation ab, um sicherzustellen, dass eine einheitliche Sicht auf die Testaktivitäten und deren Planungen besteht. Unnötigen Diskussionen und Missverständnissen im Kick-Off kann damit vorgebeugt werden.

8.2 Die finale Abstimmung mit den Projektbeteiligten

Nach dem Kick-Off erfolgt die Umsetzung der in der Planungsphase festgelegten Tätigkeiten. Es ist empfehlenswert, dass der Testmanager gemeinsam mit den Projektbeteiligten eine finale Durchsicht der geplanten Testaktivitäten vornimmt. So bekommt er einen letzten Schliff in seine Testplanung und kann auch auf konstruktives Feedback reagieren.

Die Testaktivitäten, die granular im Testplan und grob im Projektplan stehen sollten, sind nach finaler Qualitätssicherung mit den Projektbeteiligten zu verabschieden. Zweck dieser Übung ist es, ein gemeinsames Verständnis der geplanten Testaktivitäten unter allen Projektbeteiligten zu erlangen und damit Störungen oder Irritationen vorzubeugen, die später entstehen können, wenn nicht alle die gleiche Informationsgrundlage haben. Kommunikation ist hier wiederum der Schlüssel zum Erfolg!

8.3 Die Kommunikation und Präsentation der geplanten Testaktivitäten

Nach dem Projekt-Kick-Off und der finalen Abstimmung mit den Projektbeteiligten gehen die geplanten Testaktivitäten in den regulären Projektbetrieb über. Mit einem Projekt-Jour-Fixe, der gewöhnlich einmal pro Woche stattfindet, hat der Testmanager eine Plattform, um seine Testaktivitäten zu präsentieren.

Der Testmanager sollte die im Testkonzept dokumentierten Metriken und Berichtselemente so präsentieren können, dass die Jour-Fixe Teilnehmer danach einen Mehrwert an Information haben. Zu Beginn des Projektes wird der Testmanager zunächst den Status der Testfallerstellung pro Teilprojekt präsentieren. Der IT-Projektleiter wird den Entwicklungsfortschritt präsentieren. Alle im Jour-Fixe präsentierten Fortschritte sollten mit dem Gesamtprojektplan synchronisiert sein. Denn Abweichungen vom Projektplan sollten nicht akzeptiert werden, weil sie zu einer schlechten Prozessqualität im Gesamtprojekt führen. Hier ist die Disziplin aller Projektbeteiligten gefordert, um den Gesamtprojektplan stets aktuell zu halten. Der Zeitpunkt für die Aktualisierungen sollte nach unserer Erfahrung einmal wöchentlich direkt vor dem Jour-Fixe erfolgen.

Durch den Fortschritt bei der Entwicklung können immer mehr Komponenten in den Test gegeben werden. Kommt es zu Verzögerungen bei der Auslieferung von der Entwicklungsabteilung an das Testteam, muss der Testmanager das kommunizieren. Damit wird die Erwartungshaltung der übrigen Projektteilnehmer an den Testfortschritt entsprechend gesteuert. Ein auf Zahlen und Fakten basiertes Status Reporting trägt dazu bei. Aus dem Projektplan kann abgeleitet werden, welche Komponenten zu welchem Zeitpunkt fertiggestellt sein sollten. Wenn die Prüfung der Fakten zeigt, dass es Verzögerungen gibt, muss herausgearbeitet werden, welchen Einfluss diese auf den Projektverlauf hat. Oft wird mit dem Finger auf das Testteam gezeigt, wenn es zu Verzögerungen in der Auslieferung an den Fachbereich kommt. Dass es erhebliche Verzögerungen in der Entwicklung gab, wird sehr oft vergessen oder verdrängt. Es wird eher erwartet, dass das Testteam die verlorene Zeit wieder aufholt. Das Testmanagement sollte im Vorfeld einen Risikopuffer einplanen, um solche Unwägbarkeiten abzufangen. Erfahrungsgemäß sollte dieser je nach Komplexität des Projekts bei 15–20 % der veranschlagten Testzeit liegen.

Der Präsentationsstil und die Inhalte können am Anfang noch etwas angepasst werden, sollten im Projektverlauf jedoch stabil sein, sodass die Projektteilnehmer und die Stakeholder in der Lage sind, sich ein eigenes Bild im Zeitablauf zu machen. Wir haben als Testmanager neben dem allgemein festgelegten Status, der als Rot, Gelb oder Grün angegeben werden kann, auch sehr oft einen Trendpfeil angegeben. Eine zusätzliche Skala, wie ein Fieberthermometer, kann ebenfalls sehr hilfreich sein, um mit einfachen Mitteln den aktuellen Stand zu visualisieren. Generell sollten die im Testkonzept festgelegten Inhalte für das Informations- und Berichtswesen beibehalten werden. Willkürliche Wünsche der Projektleitung, der Stakeholder oder von Projektteilnehmern sollten mit Hinweis auf das abgenommene Testkonzept vom Testmanager zurückgewiesen werden. Jede Änderung der Präsentationsinhalte im Projektverlauf führt unweigerlich zu einem sehr hohen Aufwand für das Testmanagement. Die Datenbasis muss dadurch immer wieder neu gebildet werden, bevor verlässliche Daten ausgewertet werden können. Das kostet wiederum Zeit und damit Geld. Der Mehrwert einer solchen Aktion sollte vom Testmanagement kritisch hinterfragt werden.

8.4 Das Timing der jeweiligen Testaktivitäten

Nach den umfangreichen Vorarbeiten sollten das Projektmanagement und der Testmanager gemeinsam abstimmen, wann der Testmanager und sein Testteam ihre Arbeit aufnehmen. Das richtige Timing ist wichtig. In der Praxis kommen beide Extreme häufig vor: eine zu frühe oder eine zu späte Einbindung des Testmanagers und seines Testteams.

> **Erfahrungsbox: Richtiges Timing**
> In einem Projekt wurde der Testmanager zu spät einbezogen. Erst zum Fertigstellungstermin der ersten Module aus der Entwicklung wurde der Testmanager in das Projekt geholt. Daraufhin musste er in rasender Geschwindigkeit die Infrastruktur sicherstellen und das Testteam zusammenstellen. Die Auswirkungen auf die Projektplanung waren eklatant; der Test konnte erst mit einer Verzögerung von vier

8.4 Das Timing der jeweiligen Testaktivitäten

Wochen gestartet werden. Das heißt, es waren Komponenten fertig entwickelt worden, das Testteam war jedoch noch nicht vor Ort.

Daraufhin wollte man es im nächsten Projekt besser machen und hat das komplette Testteam von sechs Personen zu Beginn des Projektes mit an Bord geholt. Dies führte dazu, dass ein Testplan entworfen wurde, der nur auf Annahmen beruhte, nicht jedoch auf Basis konkreter Anforderungen, weil diese noch gar nicht erhoben worden waren. Dies zeigt, dass das Timing der Einbindung des Testmanagers und seines Teams sehr wichtig ist, um den Projektverlauf nicht zu unterbrechen oder zu viele Testressourcen zur Verfügung zu haben, die nicht testen können.

Doch nicht nur die rechtzeitige Einbindung des Testmanagers und seines Teams müssen gut geplant sein. Auch die jeweiligen Testaktivitäten müssen gut vorbereitet und mit einem zeitlichen Puffer für unvorhergesehene Ereignisse ausgestattet sein.

Bevor zum Beispiel mit funktionalen Systemtests begonnen werden kann, müssen zunächst entlang der festgelegten Teststufen und Quality Gates, wesentliche Unit-Tests (Entwicklertests) abgeschlossen werden. Ebenso sind bei neuen oder angepassten Schnittstellen Smoke-Tests durchzuführen, um die Verfügbarkeit dieser sicherzustellen, bevor mit umfangreichen Testaktivitäten begonnen werden kann. Diese Arten von vorbereitenden Tests sind sehr wichtig, um Zeit zu sparen und Testressourcen zu schonen. Denn nichts ist schlimmer, als wenn das gesamte Testteam zur Verfügung steht, jedoch Nichts getestet werden kann, weil der Entwicklertest oder der Smoke-Test noch nicht abgeschlossen worden ist. Auch hier ist von der Entwicklungsabteilung genügend Puffer einzuplanen, um genügend Iterationen durchführen zu können, bevor ein Modul oder eine Komponente in den Funktionstest gegeben wird.

Es sollte auch nicht mit einer sehr großen Testaktivität begonnen werden, wenn nicht sichergestellt ist, dass beispielsweise die Testinfrastruktur stabil ist. All diese Vorbedingungen müssen erfüllt und vor allem transparent sein, um klar zu dokumentieren, ab wann tatsächlich mit dem Testen begonnen werden kann. Oft wird das Testteam beschuldigt, zu langsam zu testen, wenn es zu Verzögerungen in der Auslieferung seitens der Entwicklung gekommen ist. Potenzielle Kettenreaktionen auf weitere funktionale Tests sind zu identifizieren und wenn möglich durch Gegenmaßnahmen, wie Unterstützung im Entwicklertest oder intensiver Fehleranalyse des Testteams, in den Griff zu bekommen. Nicht dass zum Beispiel ganze geplante Testblöcke nicht gestartet werden können und dies Auswirkungen und Nebenwirkungen auf Folgetestaktivitäten hat. Durch eine gemeinsame Analyse von Abweichungen kann das Testteam das Entwicklungsteam unterstützen, um bessere Qualität in den Testprozess bringen. Die Qualität des Lieferobjektes wird dadurch ebenfalls erhöht.

8.5 Die Nutzung von Test-Tools

Für die Umsetzung des Testkonzeptes ist der Einsatz eines Test-Tools bei den meisten Projekten nahezu unverzichtbar. Der Prozess zur Erhebung und Validierung von Anforderungen, die aus Fach- und IT-Konzepten abgeleitet werden, wird dadurch erheblich unterstützt. Die Klassifizierung von Anforderungen sowie die technische Verknüpfung mit Testfällen lassen sich ebenso mithilfe eines Test-Tools umsetzen.

Die Testaktivitäten und das Management von Abweichungen werden transparent gemacht und die Qualität des Testprozesses dadurch erhöht. Das Test-Tool ist zudem eine valide Quelle zur Erstellung der Metriken. Das gesamte Test-Reporting sollte toolbasiert umgesetzt werden, und wenn möglich sollte es „auf Knopfdruck" erzeugt werden können. Für die optimale Nutzung eines Tools ist es wichtig, dass es zeitnah aufgesetzt wird und regelmäßig mit Daten versorgt wird.

Bevor mit den wesentlichen Testaktivitäten begonnen wird, sollten folgende Punkte bei der Nutzung von Test-Tools berücksichtigt werden:

- Je nach Projektgröße ist der Einsatz eines **Administrators** sehr hilfreich, der mit dem Master-Administrator des Auftraggebers eng zusammenarbeitet. Hierbei ist zu berücksichtigen, dass der Administrator über entsprechendes Tool-Know-how verfügt.
- Aufsatz eines **Rechte- und Rollenkonzeptes,** welches sich am Workflow orientiert und den Testprozess inklusive des Abweichungsmanagements unterstützt. Da Rechte- und Rollenkonzepte oft schon in den Test-Tools aufgesetzt sind, müssen die jeweiligen Benutzer diesen Rollen zugewiesen werden. All das muss vorab geplant und entsprechend aufgesetzt werden.
- Für alle Benutzer ist ein **Training** durchzuführen, um sicherzustellen, dass jeder in seiner jeweiligen Rolle das Test-Tool optimal nutzt.
- Das geplante **Berichtswesen** sollte aufgesetzt und getestet werden, bevor mit den wesentlichen Testaktivitäten begonnen wird. Fehlt die Datenbasis, kann das mit Probeläufen simuliert werden.
- Die Aufnahme und die Klassifikation der durch Fach- und IT-Konzepte beschriebenen **Anforderungen** sowie deren Verknüpfung mit Testfällen, um den Abdeckungsgrad der Anforderungen mit Testfällen darstellen zu können.

> **Erfahrungsbox: Nutzung mehrerer Test-Tools**
> Die Anforderungen und die Testfälle wurden in zwei verschiedenen Test-Tools verwaltet. Der Testmanager kam zu spät in das Projekt, um dafür zu sorgen, dass nur ein Tool genutzt wurde. Der administrative Aufwand zum Aufsatz und zur Pflege war enorm, da die Testmanager Erfahrungen in beiden Tools besitzen mussten. Zudem war der Anforderungsmanagement-Prozess sehr komplex und umfasste über ein Dutzend verschiedener Status.

> Um die Aufgabe bewältigen zu können, wurde der Anforderungsmanagementprozess erheblich auf 4 Status reduziert. Zugleich wurde entlang der Quality Gates herausgearbeitet, ab wann eine Anforderung in das andere Test-Tool überführt werden konnte. Damit wurde eine klare Vereinbarung über den Reifegrad einer Anforderung getroffen und auch sichergestellt, dass keine Änderungen mehr zulässig sind. Im Folgenden wurden die erstellten Testfälle mit den Anforderungen verknüpft. Der Folgestatus der Anforderungen wurde dann durch den Testfortschritt repräsentiert. Befand sich ein mit einer Anforderung verbundener Testfall im Status „Erfolgreich getestet" so hat auch die Anforderung diesen Status übernommen.

Es ist völlig normal, dass sich die Nutzung des Test-Tools und das daraus erzeugte Berichtswesen zu Beginn der Testaktivitäten noch etwas „einschwingen" müssen. Diese Phase sollte jedoch nicht länger als eine Woche dauern. Zu Beginn der ersten Testaktivitäten wollen alle Projektbeteiligten wissen, wie die Testaktivitäten starten. Der Testmanager muss die Erwartungshaltung der Empfänger von Testergebnissen managen: Zu Beginn der Testaktivitäten dürfen sie nicht mit validen Ergebnissen rechnen. Spätestens in der zweiten Woche sind jedoch adäquate Testergebnisse auf Basis der im Testkonzept festgelegten Berichtsinhalte zu liefern.

8.6 Reflexion und Praxis-Check

Wird ein Testmanager nicht oder nicht rechtzeitig eingebunden, muss er dafür sorgen, dass er genau dies mit der Projektleitung besprechen kann. Das Projektziel, zum Beispiel einen reibungslosen Go-Live zu erreichen, hängt sehr stark davon ab, inwieweit der Testmanager die Möglichkeit hatte, sich rechtzeitig einen Überblick über das Projekt zu verschaffen. Konnte er seine geplanten Testaktivitäten kommunizieren und haben alle Projektbeteiligten ein einheitliches Verständnis vom Thema „Test" erlangt?

Ist der Testmanager rechtzeitig an Bord, können alle Beteiligten zu einem recht frühen Zeitpunkt Kritik äußern und nicht erst, wenn der Test in vollem Gange ist. Die Kommunikation mit den wesentlichen Projektbeteiligten und Stakeholdern ist sehr wichtig für das Erwartungsmanagement. So können potenzielle Konflikte und Eskalationen vermieden werden, ohne dass dadurch der Testprozess beeinträchtigt wird.

Für die Transformation des Testkonzeptes sehen wir folgende Check-Punkte:

Praxis-Check:
- ✓ Durchführung einer Projekt-Kick-Off-Präsentation, indem der Testmanager das Projektziel aus seiner Sicht zusammenfasst, mit Kurzvorstellung des Testkonzeptes, des Testplans mit Phasen, Meilensteinen und dazugehörigen Quality Gates.
- ✓ Letzte Abstimmungen mit den Projektbeteiligten, bestenfalls bilateral pro Teilprojekt über Inhalt und Umfang der geplanten Testaktivitäten.
- ✓ Finale Sicherstellung der Qualität der Anforderungen.
- ✓ Timing von Testaktivitäten und der Planung der Ressourcen.
- ✓ Nutzung eines Test-Tools zur Unterstützung der Testinitialisierung.
- ✓ Schulung der involvierten Benutzer entlang des Rechte- und Rollenkonzeptes.
- ✓ Erwartungsmanagement: Klarmachen, dass zu Beginn eines Tests nicht innerhalb der ersten Woche mit validen Testergebnissen gerechnet werden kann.
- ✓ Finaler Review der Aufwandsplanung gemeinsam mit der Projektleitung.

Aus Anforderungen Testfälle erstellen 9

Zusammenfassung

Die Anforderungen bilden die Basis für den Großteil aller Testaktivitäten. Sie sind somit das Öl im Getriebe des Testens. Um jedoch am Ende das Lieferobjekt in guter Qualität abliefern zu können, müssen die Anforderungen in guter Qualität vorliegen. Das setzt qualitätssichernde Maßnahmen voraus, die idealerweise von einem Anforderungsmanager durchgeführt worden sind. Je nach Projektgröße kann auch der Testmanager das Anforderungsmanagement übernehmen. In diesem Fall könnte er selbst Einfluss auf die Qualität der Anforderungen nehmen. Der Testmanager hat dafür zu sorgen, dass dem Tester alle für die Testfallerstellung notwendigen Informationen vorliegen. Ist dies nicht der Fall, muss der Testmanager gemeinsam mit dem Tester klären, was fehlt und wo und wie die Informationen beschafft werden können. Eine Qualitätssicherung der Testfälle sollte vom Tester gemeinsam mit Vertretern des Fachbereichs auf Basis der Kommunikationsmatrix (siehe auch die Erfahrungsbox in Abschn. 1.2) durchgeführt werden.

9.1 Die Anforderungsdokumente gemäß IREB

Das Anforderungsmanagement muss sicherstellen, dass die Anforderungen dem Tester interpretationsfrei in geeigneter Güte vorliegen. Ist die Qualität der Anforderungen schlecht, wird es im Laufe des Projektes aufwendiger, Qualitätslücken zu schließen. Sehr teuer wird es dann am Ende in der Produktion. Die Aufgabe des Testmanagers ist es, dafür zu sorgen, dass von Beginn eines Projektes an, darauf Wert gelegt wird, hohe Qualität in den Testprozess zu bekommen. Dass die Anforderungen in guter Qualität vorliegen, ist ein erster Baustein dafür. Die hierfür notwendigen Aktivitäten lassen sich auf Grundlage des IREB (International Requirements Engineering Board) standardisiert erheben und anschließend durchführen.

Die Qualitätsaspekte des IREB umfassen:

Inhalt: Wurden alle relevanten Anforderungen ermittelt und erfasst?

- Vollständig (Menge und Umfang des Informationsgehaltes)
- Verfolgbar (Quellinformationen/Referenzen)
- Korrekt/Konsistent (Erhebung von Bedürfnissen und Vorstellungen der Stakeholder/ keine Widersprüche)
- Keine vorzeitigen Entwurfsentscheidungen (Keine Vorwegnahme von Randbedingungen)
- Überprüfbarkeit (Kann Abnahme- bzw. Prüfkriterien standhalten)
- Notwendig (Trägt jede Anforderung zur Erfüllung eines definierten Ziels bei?)

Dokumentation: Wurden die Anforderungen gemäß festgelegter Vorschriften dokumentiert?

- Konformität zu Dokumentationsformat und -struktur (Verwendung und Einhaltung von Templates)
- Verständlichkeit (Klar und im Kontext Dritten gegenüber verständlich – unter anderem durch Verwendung eines projektspezifischen Glossars)
- Eindeutigkeit (Eindeutige Interpretation/keine Zulassung unterschiedlicher Interpretationen)

Abgestimmtheit: Existiert eine Übereinstimmung aller Stakeholder und wurden alle bekannten Konflikte gelöst?

- Anforderungen sind durch Experten (aus Fachbereich, IT, Test) auf Basis der Kommunikationsmatrix gemeinsam mit den relevanten Stakeholdern final abzustimmen
- Sicherstellung zur Einholung der Zustimmung der relevanten Stakeholder nach Änderungen von Anforderungen
- Auflösung aller bekannten Konflikte bezüglich der Anforderungen
- Finale Klärung von Optionen und Annahmen mit den relevanten Stakeholdern

In Tab. 9.1 sind die Attribute der Qualitätsaspekte aufgeführt.

Werden diese Qualitätsaspekte strikt eingehalten, entsteht automatisch ein hohes Qualitätsniveau. Der Testmanager bringt damit die erforderliche Qualität bereits ganz zu Beginn in den Testprozess. Der Aufwand für die Dokumentation der Anforderungen auf Grundlage der Qualitätsaspekte sollte von der Projektleitung und dem Testmanagement ausreichend bemessen werden. Nach unserer Erfahrung sollten fünf Prozent des

Tab. 9.1 Attribute der Qualitätsaspekte

Attribut	Bedeutung
ID	Kurzes, eindeutiges Identifikationsmerkmal eines Anforderungsartefakts in der Menge der betrachteten Anforderungen. Verwendung einer einheitlichen Nomenklatur zur Quellidentifikation pro Teilprojekt und Arbeitspaket
Name	Eindeutiger, charakterisierender Name
Beschreibung	Beschreibt in komprimierter Form den Inhalt der Anforderung
Version/Autor	Aktueller Versionsstand der Anforderung und Autor
Quelle	Benennt die Quelle bzw. Quellen der Anforderung
Begründung	Beschreibt, weshalb diese Anforderung für das geplante System von Bedeutung ist
Kritikalität	Im Sinne einer Abschätzung der Schadenshöhe und Eintrittswahrscheinlichkeit (A-Hoch, B-Mittel, C-Gering) – eine Nicht-Umsetzung der Anforderung führt in Bezug zur Abschätzung einer potenziellen Schadenhöhe – und Häufigkeit zu einem entsprechenden Schaden
Priorität	Benennt die Priorität der Anforderungen hinsichtlich der gewählten Merkmale zur Priorisierung (1-Hoch/MUSS, 2-Mittel/SOLL, 3-Gering/KANN)

geplanten Testaufwandes in die Erstellung der Anforderungsdokumentation und deren Qualitätssicherung investiert werden. Dabei ist zu beachten, dass die Anforderungsdokumentation nicht unbedingt aus dem Testbudget bestritten werden sollte, jedoch hier als Kenngröße herangezogen wird.

9.2 Die Transformation der Anforderungen

Anforderungen lassen sich klassisch in fachlich, technisch und prozessual unterteilen. Darüber hinaus in der Ausprägung funktional und nicht funktional. Eine Qualitätssicherung der Anforderungen durch Vertreter von Entwicklung und Test ist unabdingbar, um interpretationsfrei in die Umsetzung zu gelangen. Die nach IREB dargestellten Qualitätsaspekte (Inhalt, Dokumentation und Abgestimmtheit) bilden die Basis hierzu. Vor allem die Abstimmung erfordert die Bereitschaft zur Kommunikation. Der Testmanager muss gemeinsam mit dem Anforderungsmanagement die Grundlagen und Rahmenbedingungen für einen möglichen Austausch schaffen. An dieser Stelle erinnern wir an die Kommunikationsmatrix, die unsere „drei Amigos" aus IT, Fachbereich und Test zusammenbringen soll.

Nach der Qualitätssicherung und einer Risikoklassifizierung (Priorität A bis C und Kritikalität von 1 bis 3) der Anforderungen können diese zum einen als Grundlage für die Umsetzung für die IT (technische Anforderungen) verwendet werden und zum anderen kann auch fachlich/funktional mit der Testfallerstellung begonnen werden.

Ein Test-Tool sollte in der Lage sein, Anforderungen aufzunehmen. Hierdurch wird für jedes Teilprojekt transparent, wie viele Anforderungen mit welcher Risikoklassifizierung als Testbasis dienen. Darüber hinaus kann durch die Verknüpfung der Testfälle, die auf Basis der Anforderungen erstellt wurden, nachgewiesen werden, dass es für jede Anforderung mindestens einen Testfall gibt. In einer Auswertung lässt sich der Abdeckungsgrad der Anforderungen durch Testfälle entsprechend darstellen.

Entwicklertests werden häufig in Eigenregie von der Entwicklungsabteilung durchgeführt. Der Testmanager überwacht hier nicht die Testfallerstellung und -durchführung. Deshalb sollte mit dem Entwicklungschef abgestimmt werden, wann gewisse Komponenten für den Systemtest zur Verfügung stehen. Um Transparenz herzustellen, welche Komponenten anzupassen oder neu zu entwickeln sind, empfiehlt sich die Nutzung einer Applikations- und Schnittstellenliste. Schon bei der Transformation von fachlichen Architekturbildern in eine technische Zielarchitektur bietet sich an, eine Applikations- und Schnittstellenliste zu führen und sukzessive pro Teilprojekt und Arbeitspaket zu entwickeln. Diese Liste kann einfach als Excel Liste geführt werden und sollte die in Tab. 9.2 aufgeführten Attribute beinhalten.

Die aufgeführten Attribute sind Beispiele, die noch beliebig mit projektspezifischen Informationen erweitert werden können.

Ist die Applikations- und Schnittstellenliste befüllt, lässt sich sehr einfach ablesen, welche Systeme im Gesamtkontext des Projektes zentrale Elemente darstellen, also beispielsweise auf mehrere Teilprojekte und deren Arbeitspakete Einfluss nehmen. Dies wiederum ist eine wichtige Information für das Testmanagement zur Risikosteuerung. So können Prioritäten, Abhängigkeiten und potenzielle Risiken sehr schnell identifiziert und Gegenmaßnahmen ergriffen werden. Ebenso lässt sich durch die Ausprägung der Schnittstellenverfügbarkeit sehr transparent machen, ob gewisse Teststrecken in den jeweiligen Systemumgebungen verfügbar sind oder nicht. Für die Teststeuerung eines komplexen Projekts sind dies sehr wertvolle Informationen, die durch die Nutzung einer solchen Liste sehr schnell verfügbar sind.

Tab. 9.2 Attribute einer Applikations- und Schnittstellenliste

Attribut	Inhalt
„Von System"	Name des Systems von dem eine Aktion ausgeht oder ein Datenstrom beginnt (Datenquelle)
Schnittstelle	Name/ID der Schnittstelle
Schnittstellen-Status	Neu, Angepasst, Unverändert, Inaktiv
Schnittstellen-Verfügbarkeit	Verfügbar, eingeschränkt verfügbar, nicht verfügbar
„Zu System"	Name des Systems zu dem ein Datenstrom hinfließt (Datensenke)
Teilprojekt	Name des betroffenen Teilprojektes
Arbeitspaket	Name des betroffenen Arbeitspaketes/Fachkonzeptes
Systemumgebung	Testumgebung, Integrationsumgebung, Produktionsumgebung

9.3 Die Testfallbeschreibung (Inhalte/Formate/Umfang)

Zur Vorbereitung des Systemtests sind vom Testteam auf Basis der Anforderungen Testfälle zu erstellen. Bevor jedoch mit der Testfallerstellung begonnen wird, muss der Testmanager prüfen, ob das Team über genügend Erfahrung verfügt. Ist dies nicht der Fall, müssen Schulungen durchgeführt werden, sonst kann kein einheitlicher Standard zur Testfallerstellung etabliert werden. Die Qualität der Testfallerstellung ist mindestens genauso wichtig wie die Qualitätssicherung der Anforderungen. Die Qualität kann im kompletten Testprozess nur hoch bleiben, wenn jeder einzelne Prozessschritt qualitätsgesichert wird. Für das Testobjekt ist ein Testszenario zu beschreiben, das die Anforderung abdeckt und das Ergebnis beschreibt, das zu erwarten ist. Um das erwartete Ergebnis zu erreichen, ist teilweise mehr als nur ein Testschritt erforderlich.

Klassischerweise bestehen Testfälle aus den folgenden Inhalten:

- Szenariobeschreibung (Testgegenstand)
- Berücksichtigung der zugrunde liegenden Anforderung (Abdeckung einer oder mehrerer Anforderungen mit entsprechenden Testschritten)
- Erwartetes Ergebnis

Es sollten nicht zu viele Testschritte gewählt werden, um das Testziel zu erreichen. Es muss nicht jede einzelne Handlung bis ins kleinste Detail beschrieben werden, die nötig ist, um den Testfall durchzuführen. Vielmehr ist es wichtig, zu beschreiben, was ein Benutzer an einem System tun muss, um ein gewünschtes Ergebnis zu erzielen. Ein Beispiel für unser Projekt ALPHA könnte sein:

„Testfall 1 A-Kundenübersicht aus System Zentrale Kundendatenbank aufrufen"
- Kurzbeschreibung: „A-Kundenliste anzeigen lassen" (Szenariobeschreibung/Testgegenstand)
- Schritt 1: „Aufruf der Applikation XY" (Anforderung)/Erwartetes Ergebnis: „Applikation XY lässt sich aufrufen"
- Schritt 2: „Auswahl der A-Kundenliste" (Anforderung)/Erwartetes Ergebnis: „A-Kundenliste lässt sich aufrufen"

„Testfall 2 A-Kundenübersicht Filterfunktionen"
- Kurzbeschreibung: „A-Kundenliste filtern" (Szenariobeschreibung/Testgegenstand)
- Schritt 1: „Anzeige der A-Kundenliste" (Anforderung)/Erwartetes Ergebnis: „A-Kundenliste lässt sich anzeigen"
- Schritt 2: „Filterfunktion Region" (Anforderung)/Erwartetes Ergebnis: „A-Kundenliste lässt sich nach Region filtern"
- Schritt 3: „Filterfunktion Beruf" (Anforderung)/Erwartetes Ergebnis: „A-Kundenliste lässt sich nach Beruf filtern"

Dies ließe sich beliebig erweitern.

So lassen sich für jede Anforderung, hier Kundenlistenaufruf und Filterfunktionen, geeignete Testfälle erstellen.

9.4 Die Qualitätssicherung der Testfälle

Idealerweise erfolgt nach Erstellung der Testfälle eine Durchsicht mit den jeweiligen Vertretern der Bereiche, die Bestandteil des Tests sind. Werden die Testfälle vom Testteam erstellt, kann eine Abstimmung mit einem Entwickler oder Fachbereich erfolgen, um die Qualität des Testansatzes und der Testfallbeschreibung sicherzustellen. Auch diese Abstimmungsaktivitäten sind Bestandteile der Qualitätssicherung und des Erwartungsmanagements/Stakeholdermanagements. Es wird dadurch sichergestellt, dass die Testaktivitäten in die richtige Richtung gehen und die Erwartungen des Auftraggebers bestmöglich erfüllt werden. Auch hier steht die Kommunikation wieder im Mittelpunkt! Die Kommunikationsmatrix ist wiederum das Medium mit dem man feststellen kann, wer sich idealerweise mit wem austauschen sollte – falls der Testfallautor dies nicht schon weiß und tut.

In einigen Projekten werden die Testfälle von den Autoren der Fachkonzepte geschrieben. In diesem Fall muss der Testmanager dafür sorgen, dass der Testfall nicht vom Autor selbst durchgeführt wird, sondern von einer anderen Person. Dadurch wird ebenfalls sichergestellt, dass die Beschreibung der Testfälle so erfolgt, dass auch zweite, mit der Materie vertraute Personen, in der Lage sind, den Testfall verstehen und am Ende auch durchführen zu können.

9.5 Die Verbindung von Anforderungen und Qualitätsmerkmalen zu Testfällen

Durch den Einsatz eines Test-Tools lassen sich Anforderungen mit Testfällen verbinden. Idealerweise werden die Testfälle bereits mit den Anforderungen verbunden, wenn sie mittels eines Testfall-Templates in das Test-Tool hochgeladen werden. Dies gewährleistet dann im Test die Nachvollziehbarkeit und den Abdeckungsgrad der Anforderungen durch Testfälle. Genau wie eine Anforderung können auch die ermittelten Qualitätsmerkmale nach DIN 25000 ff. den Testfällen zugeordnet werden. Ein Qualitätsmerkmal stellt, wie eine durch die Fachbereiche definierte funktionale Anforderung, ebenfalls eine Anforderung dar. Hier eben eine Qualitätsanforderung.

Oftmals wird das Qualitätsniveau in einem Projekt durch das Erreichen von festgelegten Quality Gates definiert. Durch die festgelegten Eingangs- und Endekriterien lässt sich das einerseits darstellen. Doch die Frage ist: Lassen sich dadurch tatsächlich Qualitätsmerkmale eins zu eins nachweisen? Das ist sehr schwierig. Durch die Zuweisung der als Anforderungen definierten Qualitätsmerkmale zu einem oder mehreren Testfällen, lässt sich hier mehr Transparenz herstellen. Qualitätsmerkmale wie „Benutzbarkeit", „Vollständigkeit", „Ordnungsmäßigkeit" oder „Richtigkeit" sind Beispiele, die funktionalen Testfällen zugewiesen werden können. Mit jedem erfolgreich durchgeführten Test steigt das Qualitätsniveau. Gleichzeitig kann nachgewiesen werden, welches Qualitätsmerkmal erfolgreich oder weniger erfolgreich getestet worden ist.

Eine Auswertung der Qualitätsmerkmale im Testbetrieb kann Aufschlüsse darüber geben, ob es bei fehlerhaften Testfällen Auffälligkeiten bei bestimmten Merkmalen gab und wie diese zu interpretieren sind. Sind beispielsweise zu viele Testfälle fehlerhaft, die die „Richtigkeit" betreffen, kann das an Konfigurationsproblemen liegen, aber auch an fehlerhaften Testdaten. Zusammenfassend lässt sich festhalten: Durch die Berücksichtigung von Qualitätsmerkmalen und deren Zuweisung zu Testfällen können differenziertere Aussagen zu Erreichungsgraden von bestimmten Qualitätsniveaus getroffen werden, als durch das reine Erreichen von Quality Gates per Definition.

9.6 Die Überwachung des Fortschritts der Testfallerstellung

Der Testmanager hat dafür zu sorgen, dass zum geplanten Teststart alle Testfälle in adäquater Anzahl und Qualität vorliegen. Die notwendige Zeit für die Testfallerstellung hängt von verschiedenen Kriterien ab:

- Anzahl und Güte der Anforderungen
- Kritikalität und Komplexität der Anforderungen
- Erfahrung der Testfallersteller

Ein richtiges Timing und ein Monitoring des Erstellungsprozesses der Testfälle sind notwendig, um sicherzustellen, dass zum geplanten Teststart auch tatsächlich getestet werden kann. Nichts wäre schlimmer, als dass Testressourcen und Systeme verfügbar sind, jedoch keine Testfälle zur Durchführung vorliegen.

Wie kann der Testfallerstellungsgrad gemessen werden? Es gibt zwei Möglichkeiten:

Es kann aufgrund von Schätzungen eine Prognose getroffen werden, wie viele Testfälle etwa benötigt werden. Diese Prognose kann bereits im Rahmen einer „Bottom-up" Expertenschätzung erfolgen, sobald die Anforderungen vorliegen. Die dadurch erhobene Anzahl von potenziell durchzuführenden Testfällen ist bereits in der Testplanungsphase eine sehr wertvolle Kenngröße für die Testressourcenplanung. Damit ist die grobe Anzahl der Testfälle als Zielgröße definiert und der Fortschrittsgrad der Testfallerstellung kann einfach ermittelt werden.

Zum anderen kann durch den Einsatz eines Test-Tools der Abdeckungsgrad der Anforderungen durch erstellte Testfälle dargestellt werden. Geht man davon aus, dass je nach Kritikalität und Komplexität der Anforderungen ein oder mehrere Testfälle pro Anforderung erstellt werden, kann auch so eine grobe Zielgröße ermittelt werden. So ist auch eine Mindestabdeckung von Anforderungen durch Testfälle steuerbar. Gibt es eine

Deadline für den Teststart, können die Ressourcen für die Testfallerstellung so gesteuert werden, dass zunächst die Testfälle erstellt werden, die auch als nächstes zum Testen anstehen.

Die Dauer der Testfallerstellung lässt sich im Zeitverlauf grafisch darstellen. Die daraus gewonnenen Erkenntnisse geben Aufschluss darüber, ob bestimmte Bereiche oder Personen eine Unterstützung bei der Erstellung benötigen oder nicht.

Wer erstellt die Testfälle?

Idealerweise erstellen die Fachkonzeptautoren auch die Testfälle, sobald die Anforderungen beschrieben worden sind. Es ist zu empfehlen, dass nicht die Tester die Testfälle erstellen. Dadurch wird gewährleistet, dass die Testfallbeschreibung so erfolgt, dass eine mit der Materie vertraute Person in der Lage ist, den Testfall aufgrund seiner Beschreibung durchzuführen. Das wiederum erhöht die Qualität des Testprozesses.

9.7 Reflexion und Praxis-Check

Auch bei der Transformation der Anforderungen in eine Testfallerstellung ist der wesentliche Baustein zum Erfolg die Qualität der Anforderungen. Eine Zulieferung in geringer Qualität frisst sich in den Testprozess und wird im Verlauf kaum verbessert werden können. Bereits bei der Anlieferung der Anforderungen ist eine Qualitätssicherung durchzuführen. Die Anforderungen sollten interpretationsfrei und klar sein und möglichst in Anlehnung an die Qualitätsaspekte des IREB (Inhalt, Dokumentation und Abgestimmtheit) erstellt worden sein. Das Qualitätsniveau wird gehalten, wenn auch die Testfallersteller genügend Erfahrung mitbringen. Es können die Personen sein, die Fachkonzepte und die dazugehörigen Anforderungen formuliert haben. Es sollten jedoch nicht die Personen sein, die später den Test durchführen sollen. Für das Risikomanagement des Testprozesses ist es unverzichtbar, dass der Testmanager den Fortschritt der Testfallerstellung überwacht.

Für die Erstellung von Testfällen auf der Basis von Anforderungen sehen wir folgende Check-Punkte:

Praxis-Check

- ✓ Je nach Projektgröße ist es sinnvoll, ein gesondertes Anforderungsmanagement aufzusetzen, welches eng verzahnt mit dem Testmanagement zusammenarbeitet.
- ✓ Sicherstellung einer hohen Qualität der Anforderungen in Anlehnung an das IREB.
- ✓ Testfallerstellung durch erfahrene Ressourcen.
- ✓ Überwachung der Geschwindigkeit des Testfallerstellungsprozesses durch das Testmanagement.

Der Teststart 10

> **Zusammenfassung**
>
> Der Teststart ist kein Termin, sondern ein schleichender Prozess, der sich aus der Kommunikation mit der Entwicklungsabteilung ergibt. Maßgeblich hierbei ist der Fertigstellungsgrad der Entwicklung jedes Testobjekts. Wie wird der Fertigstellungsgrad bewertet? Wir können uns natürlich auf die Aussagen der Entwicklung verlassen. Andererseits haben wir genau dazu Testeingangskriterien festgelegt.
>
> Beim Teststart kann man vieles falsch machen. Zum ersten Mal ist der Testmanager kein „Papiertiger" mehr, der Konzepte erstellt und das Testvorhaben dokumentiert, sondern tritt wirklich in Aktion. Eine gute Performance beim Teststart ist nur möglich, wenn im Vorfeld sorgfältig geplant und viel Wert auf das Stakeholdermanagement gelegt wurde. Davon müssen wir nun beim Teststart zehren.

10.1 Die Entwicklung einer Fehlerkultur

Es ist erstaunlich, welche Antworten man als Testmanager bekommt, wenn man in die Runde fragt, was wohl das oberste Ziel des Testens ist. Viele antworten: „Die Anforderungen der Revision zu erfüllen" oder „Ohne große Probleme in Produktion gehen zu können". Das ist nicht falsch, beschreibt aber nur sekundäre Ziele. Das primäre Ziel ist das Finden von Fehlern! Und: Alles dafür zu tun, diese Fehler möglichst effizient zu beheben. Dieses Ziel lässt sich nur erreichen, wenn der Testmanager eine entsprechende Fehlerkultur entwickelt und etabliert hat. Viele Menschen haben Angst davor, Fehler zuzugeben, weil dies mit einer Schwäche gleichgesetzt wird. Ein guter Tester jedoch ist geradezu heiß darauf, Fehler zu finden.

Aufgabe des Testmanagers ist es, dem Testteam eine Zielorientierung zu geben. Je nachdem, wie hoch der zeitliche Druck oder die Qualifikation der Entwicklungsabteilung ist, muss mit mehr oder weniger Fehlern gerechnet werden. Der Testmanager muss sein Testteam gut auf die Testaufgaben vorbereiten und ihm möglichst alle Ängste und Sorgen nehmen, bevor mit den Testaktivitäten begonnen wird.

Ebenso ist für gute Rahmenbedingungen für das Testteam zu sorgen. Hierzu zählen:

- Systemzugänge zu Testsystemen und Testmanagementsystemen
- Räumliche Ausstattung mit Flipchart, Whiteboard und/oder Kanban-Board
- Herstellen von Transparenz durch ein professionelles Testreporting
- Kommunikation auf Basis der Kommunikationsmatrix (siehe Abschn. 1.2)

Nur mit einer guten Infrastruktur lässt sich gut testen und das Ziel erreichen.

10.2 Die Testeingangskriterien je Testphase prüfen und verteidigen

Für jede Testphase wurden Testeingangskriterien festgelegt. Der Testmanager muss sicherstellen, dass diese erfüllt sind, bevor mit dem Testen begonnen wird. Eine nur teilweise fertiggestellte Software, die jedoch End-to-End getestet werden soll, kann beispielsweise nicht getestet werden. Einen Systemtest für nur eine gewisse Komponente durchzuführen, wäre hier vielleicht möglich, aber nicht sinnvoll, wenn eine andere Testart geplant worden war.

Auf diese Konflikte muss sich ein Testmanager einstellen. Oftmals wird der Testmanager dazu gezwungen, bereits mit dem Testen zu starten, obwohl die Eingangskriterien noch nicht erfüllt sind. Doch mit dem Testen anzufangen, nur um gegenüber den Stakeholdern in irgendeinem Management-Report Aktivität zu demonstrieren, ist zu wenig und würde hier eher „Fake News" produzieren. In diesen Situationen ist auf der Basis von „Zahlen, Daten, Fakten" sachlich zu erklären, warum es nicht sinnvoll ist, mit den Testaktivitäten zu beginnen und dass so kein Mehrwert gestiftet werden kann.

10.3 Die Testdurchführung

Entlang des erstellten und mit der Projektleitung abgestimmten Testplans kann klassischerweise zunächst mit einem Smoke-Test oder Annahmetest begonnen werden. So wird sichergestellt, dass die angestrebte Verfügbarkeit und Funktionalität gewährleistet ist. Hierfür ist ein ausreichender Puffer einzuplanen, damit die benötigten Testressourcen möglichst geringe Fehlzeiten haben. Unsere Erfahrung zeigt, dass hier 7–10 Tage ausreichend sind. In diesem Zeitfenster hat die Entwicklungsabteilung noch einmal die Möglichkeit, gegenzusteuern und nachzubessern, falls beim Smoke- oder Annahmetest Fehler festgestellt werden und die Software gar nicht zum Laufen gebracht werden konnte. Auch neue oder geänderte Schnittstellen lassen sich mit einem Smoke- oder Annahmetest testen, bevor man in die Haupt-Testaktivitäten einsteigt. Diese Tests sind auf jeden Fall gut investierte Zeit. Nichts ist schlimmer, als ein gesamtes Testteam wieder wegschicken zu müssen, weil nicht getestet werden kann.

Das Management der Testressourcen ist eine sehr wichtige Aufgabe des Testmanagers, um die geplanten Testaktivitäten in der dafür eingeplanten Zeit auch durchführen zu können. Hierzu bietet sich an, toolgestützt Auswertungen über den Testfortschritt im Ganzen sowie pro Tester vorzunehmen, um Kapazitätsengpässen entgegensteuern zu können. Genauso können auch frei werdende Kapazitäten von Testern ermittelt oder mögliche Probleme festgestellt werden, falls es keinen Fortschritt bei der Testdurchführung geben sollte.

> **Erfahrungsbox: Testdurchführung**
> Die Testaktivitäten wurden in einem Projekt vom Testmanager täglich am Abend visualisiert und jeden Morgen in einem 15-minütigem „Daily Stand-Up" dem gesamten Testteam und der Projektleitung präsentiert. Die Größe des Testteams ließ es zu, dass jeder Tester über seine Testaktivitäten berichtet hat und aufgetretene Probleme offen kommuniziert hat.
>
> Durch diese Methode konnten mehrere positive Effekte erzielt werden:
>
> - Transparenz der Testaktivitäten für alle Beteiligten
> - Identifikation von Problemen/potentiellen Show-Stoppern
> - Unterstützung einer optimalen Ressourcenauslastung

10.4 Das Risikomanagement im Testprozess

Das Risikomanagement ist bei der Testdurchführung ein elementarer Faktor für den Erfolg der Testaktivitäten und damit für das Gesamtprojekt. Doch was verstehen wir hier unter Risikomanagement? Was sind die Parameter, Indikatoren, Methoden und Maßnahmen? Können wir Risiken im Test überhaupt steuern?

Um diese Fragen beantworten zu können, muss der Testmanager über die geeigneten Mittel verfügen, um Risiken überhaupt messen und steuern zu können. Hierzu zählt die Transparenz aller Testaktivitäten. Um Transparenz zu schaffen, ist ein Test-Tool unerlässlich, welches den Testmanager erheblich unterstützt. Ohne den Einsatz eines Test-Tools ist die Erhebung der Testaktivitäten sehr aufwendig und kann oftmals nicht zeitnah genug durchgeführt werden. Es ist auch sehr sinnvoll, vor Beginn der Testaktivitäten einen Risikoworkshop mit den im Test beteiligten Personen durchzuführen, um potenzielle Risiken zu identifizieren und im Notfall beheben zu können, wenn sie auftreten. Ein einheitliches Verständnis über die potenziellen Risiken erhöht bei allen Beteiligten die Sensibilität für Risikosituationen und führt zu einem kontrollierten Umgang mit Risiken, was „Panik" und unkontrolliertes Handeln erheblich reduziert.

Für das Testmanagement gibt es zahlreiche Metriken, mit denen der Testmanager arbeiten kann. Metriken sind quantitative Kenngrößen, die im Testprozess ermittelt werden können (siehe hierzu auch Kap. 7). Die Qualität und damit die Aussagekraft von Metriken ist sehr stark von der Verfügbarkeit der Input-Parameter abhängig, die für die Metriken herangezogen werden. Aus unserer Erfahrung sind für eine professionelle Durchführung von Testaktivitäten folgende Metriken vollkommen ausreichend, die idealerweise toolgestützt erhoben werden können:

Testfalldurchführungsgeschwindigkeit: Anzahl der erfolgreich durchgeführten Testfälle pro Tag im Verhältnis zum Durchschnitt der täglich durchzuführenden Testfälle; ermittelt aus der Anzahl der zur Verfügung stehenden Zeit (Arbeitstage) und der Anzahl der Testfälle.

10.4 Das Risikomanagement im Testprozess

Beispiel: Um in 30 Arbeitstagen 300 Testfälle durchzuführen, müssen pro Tag durchschnittlich 10 Testfälle durchgeführt werden. Wurden nach 10 Arbeitstagen nur 50 Testfälle erfolgreich durchgeführt, was einer durchschnittlichen Testfalldurchführung von 5 pro Tag entspricht, ist die Durchführungsgeschwindigkeit entsprechend zu erhöhen, um das Ziel von 300 in der restlichen Zeit noch zu schaffen. Ein Test-Tool kann auf täglicher Basis die Quote errechnen, die durchschnittlich benötigt wird, um das Ziel zu erreichen. In diesem Beispiel würde sich die Quote folgendermaßen errechnen: 250 noch durchzuführende Testfälle bei 20 Arbeitstagen entspricht einer notwendigen Testfalldurchführungsgeschwindigkeit von 12,5 Testfällen pro Arbeitstag. Liegt die tägliche Quote darüber, befinden sich die Testaktivitäten im „grünen Bereich", liegt sie darunter, ist gegenzusteuern! Möglicherweise sind Testressourcen ausgefallen oder zu viele Fehler aufgetreten. Die Gründe dafür können sehr vielfältig sein und lassen sich im „Daily Stand-Up" ermitteln. Der Testmanager agiert hier wie in einem agilen Projekt fast schon als Scrum-Master, um auftretende Probleme zu identifizieren und sich um Lösungen zu kümmern, damit der Testprozess nicht ins Stocken gerät.

Fehlerquote: Anteil der Fehler an der Anzahl der bereits durchgeführten Testfälle. Das Finden von Fehlern ist das oberste Ziel des Testens. Zu viele Fehler führen jedoch möglicherweise zu einer Überschreitung der eingeplanten Testzeit und können im schlimmsten Fall zum Scheitern des Projektes beitragen. Die Fehlerquote kann nur reduziert werden, wenn die Ursachen dafür ermittelt und geeignete Maßnahmen ergriffen werden können. Oftmals sind ungenaue Anforderungen oder nur rudimentär durchgeführte Entwicklertests/Komponententests Gründe für eine fehlerhafte Auslieferung an das Testteam. Der Testmanager muss aber auch hellhörig werden, wenn zu wenige Fehler vom Testteam entdeckt werden. Dies kann zum einen daran liegen, dass die Testfälle eine zu geringe Qualität aufweisen oder zu wenige Testfälle für die jeweiligen Testobjekte durchgeführt worden sind. Zum anderen ist auch denkbar, dass Tester zu wenig Erfahrung haben und deshalb nur oberflächlich getestet wurde. Bei solchen Vorkommnissen muss der Testmanager sensibel sein und mit den Beteiligten analysieren, woran diese Auffälligkeiten liegen können.

Re-Test-Quote: Diese Metrik ist deshalb interessant, weil man mit ihr die Anzahl der Iterationen misst. Also die Anzahl, wie oft ein Testfall erneut an die Entwicklungsabteilung zur Korrektur gegeben werden musste, bevor er erfolgreich getestet werden konnte. Die Erwartungshaltung ist, dass diese Quote bei 0 liegt – also keine Iteration notwendig war. Liegt die Quote bei 1 oder sogar 2, müssen entsprechende Maßnahmen eingeleitet werden, um die Quote zu reduzieren: eine bessere Abstimmung mit der Entwicklungsabteilung oder die Unterstützung der Entwickler durch die Tester oder den Fachbereich. Jeder Re-Test ist mit erheblichem Aufwand verbunden und verzögert die Zielerreichung. Diese Verzögerung kann sich kein Projekt leisten. Deshalb ist es wichtig, bereits zu Beginn offen mit dieser Quote umzugehen und aufzuzeigen, welche Qualität sich gerade im Testprozess befindet.

Die beschriebenen Metriken sind unterstützende Elemente für das Risikomanagement. Potenzielle Risiken können evaluiert worden sein, doch wenn sie in der Praxis auftreten, ist das für den Testmanager noch einmal eine völlig andere Sache.
Betrachten wir in Tab. 10.1 Risiken und Maßnahmen, die aus unserer Praxiserfahrung schlagend geworden sind.

Tab. 10.1 Risiken und Maßnahmen

Risiken	Maßnahmen	Einschätzung des Eintritts
Ausfall von Testressourcen	Verteilung von Testfällen auf andere Tester, Umpriorisierung/Verschiebung von Testaktivitäten, Einstellen von neuen Testern, Unterstützung durch Entwicklungsteam	Häufig
Nicht Verfügbarkeit von Testobjekten	Monitoring der Fertigstellungsgrade der Entwicklungsarbeiten, Unterstützung der Entwicklungsabteilung durch Testteam/Fachbereich	Häufig
Reißen einer Dead-Line	Permanente Überwachung der Testfalldurchführungsgeschwindigkeit, Reduzierung des Testumfangs (Scope-Reduzierung), Erhöhung der Testkapazitäten, Anordnung von Mehrarbeit	Mittel
Nicht Verfügbarkeit der Testinfrastruktur (Systeme, Schnittstellen, Testumgebungen)	Einsatz eines Testumgebungskoordinators, Durchführung eines Smoke-Tests/Annahmetests ca. 7–10 Tage vor Beginn der geplanten Haupttestaktivitäten	Mittel
Nicht Verfügbarkeit von Testfällen	Monitoring der Fertigstellungsgrade der Anzahl der geplanten Testfälle (auf Basis vorheriger Schätzungen), Unterstützung der Ressourcen zur Erstellung von Testfällen	Gering
Nicht Verfügbarkeit von Testdaten	Abstimmung mit der Entwicklungsabteilung, um Testdaten möglicherweise aus der Entwicklungsumgebung oder anonymisiert aus der Produktionsumgebung verfügbar zu machen	Gering

10.5 Das Managen der Qualität im Testprozess

Eine zentrale Aufgabe des Testmanagers ist es, einen hohen Qualitätsstand zu gewährleisten. Wir haben bereits beschrieben, wie im Vorfeld der Testaktivitäten für die nötige Qualität gesorgt werden kann. Aber wie erzeugt man Qualität für den Test?

Der Einsatz von Quality Gates mit festgelegten Eingangs- und Endekriterien kann dabei unterstützen und bietet Orientierung, wo man sich gerade befindet. Eine hohe Qualität der Anforderungen ist entscheidend für die Umsetzung in der Entwicklungsabteilung. Die Qualität kann auch dadurch gesichert werden, dass Dritte die Testfälle durchsehen, die auf Basis der Anforderungen erstellt worden sind, um festzustellen, ob das zu erwartende Testergebnis überhaupt valide ist. Die Durchführung von Annahmetests oder Smoketests stellt ein Maß an Qualität her, bevor mit umfangreicheren Testaktivitäten begonnen wird. Bei der Testdurchführung sind die Testergebnisse so zu dokumentieren, dass diese nachvollziehbar sind und auch eine Rückverfolgung auf die zugrunde liegende Anforderung zulässt. Tauchen im Test Fehler auf, sind diese so zu beschreiben, dass der Empfänger in der Lage ist, diese zu verstehen. Auch hier sollte mit Sorgfalt und Qualität vorgegangen werden, damit mögliche Rückfragen zur Verständlichkeit der beschriebenen Fehler reduziert werden. Eine aktive Unterstützung der Entwicklungsabteilung durch die Tester führt zu einer schnelleren Fehlerbehebung und einer besseren Ergebnisqualität. Der Testmanager muss die im vorigen Abschnitt beschriebenen Metriken nutzen und die potenziellen Risiken kennen, um den Testprozess überhaupt steuern zu können. Darüber hinaus muss er ständig im Blick haben, ob die Testaktivitäten gegen irgendwelche Deadlines laufen. Bauen Testaktivitäten aufeinander auf, kann dies dazu führen, dass sich geplante Folgetestaktivitäten verzögern oder gar nicht erst gestartet werden können. In solch kritischen Situationen ist gemeinsam mit der Projektleitung zu klären, ob die bisher erreichte Qualität ausreichend ist und die nächste Testphase begonnen werden kann oder nicht. Außerdem sollte gemeinsam mit der Projektleitung darüber gesprochen werden, ob das Gesamtprojekt gefährdet ist. Hier ist es wichtig, zwischen einem möglicherweise übersteigerten Qualitätsbewusstsein einerseits und einer dadurch verursachten Unterbrechung oder sogar Beendigung der Testaktivitäten abzuwägen. Dabei ist wiederum Mut vom Testmanagement gefordert, Maßnahmen zu ergreifen, um den Testprozess nicht zum Erliegen zu bringen.

10.6 Die aussagekräftige Testergebnisdokumentation

Die Dokumentation der Testergebnisse ist eine wichtige und nicht zu unterschätzende Aufgabe der Tester und des Testmanagers. Insbesondere, damit interne und externe Prüfer in der Lage sind, die Testaktivitäten und deren Ergebnisse bis hinunter zu den zugrunde liegenden Anforderungen nachzuvollziehen. Der zeitliche Aufwand der Testergebnisdokumentation sollte deshalb nicht unterschätzt werden. Man kann bei der Planung davon ausgehen, dass die Dokumentation der Testergebnisse bis zu dreimal so lange dauert, wie die Testdurchführung. Sinnvoll ist eine Vorgabe, wie Testfälle zu dokumentieren sind. Dies dient den Testern als Orientierung und ermöglicht ein standardisiertes, strukturiertes und nicht zu zeitraubendes Vorgehen. Einem pragmatischen Vorgehen sollte der Testmanager nicht entgegenstehen, solange die festgelegten Qualitätsmerkmale an den Inhalt der Testergebnisdokumentation erfüllt sind. Eine Vorlage, wie Testergebnisse zu dokumentieren sind sowie Schulungen von Testern mit wenig Testerfahrung, sind ratsam.

Zur Testergebnisdokumentation gehören folgende Informationen und Unterlagen (Lieferobjekte):

- Projektname, Name des Testers, Zielsystem, Datum und Zeitraum der Testdurchführung (von/bis), Testphase, Testart, Zusammenfassung des Testergebnisses (grob und detailliert)
- Testfälle mit Beschreibung des erwarteten Ergebnisses
- Referenzierung und dadurch Nachvollziehbarkeit der auf die Testfälle basierenden Anforderungen
- Möglichst nachvollziehbare Beschreibung der Testergebnisse mit Hinzufügung von Screenshots und bei einzelnen Testschritten eine Dokumentation pro Testschritt
- Konsolidierter Testergebnisbericht pro Testphase
- Konsolidierter Testabschlussbericht für das Gesamtprojekt

Die Sicherstellung, dass alle Testergebnisse revisionssicher dokumentiert werden, liegt im Verantwortungsbereich des Testmanagements.

10.7 Die kontinuierliche Kommunikation während des Tests

Die Kommunikation gehört als wichtiges, zentrales Element in jedes Projekt. Darüber herrscht Einigkeit. Doch die Umsetzung scheint immer wieder sehr schwierig zu sein. Woran liegt es, dass die Kommunikation in sehr vielen Projekten im Rückblick als stark verbesserungswürdig gesehen wird? Unserer Erfahrung nach gibt es dafür mehrere Gründe: Oft werden Methoden und Techniken nicht genutzt, die Kommunikation fördert. Außerdem wird „Kommunikation" selten in der Projektkultur etabliert, also „gelebt", sondern oft implementiert, also „verordnet".

Das Projektmanagement muss Kommunikation vorleben, um entsprechende Impulse für das Projekt zu geben. Der Testmanager hat diese in sein Testprojekt zu adaptieren, sonst funktioniert Kommunikation nicht. Die in Tab. 10.2 dargestellten Kommunikationsformen- und Methoden lassen sich idealerweise „lebendig" in die Testdurchführung einbinden.

Bei all diesen Kommunikationsmöglichkeiten ist grundsätzlich Disziplin von allen Beteiligten gefordert. Hierzu zählen Pünktlichkeit (Termintreue), Offenheit, Zuhören können (andere ausreden lassen), vollständige Transparenz und Vertrauen. Viele der hier

10.7 Die kontinuierliche Kommunikation während des Tests

Tab. 10.2 Kommunikationsformen

Art/Methode	Inhalt
Daily Stand-Up	Während des Testens kommt das Testteam jeden Morgen für maximal 15 Min. zusammen. Vertreter aus Entwicklung und Projektmanagement könnten ebenfalls teilnehmen. Jeder Tester erklärt, was er von gestern auf heute geschafft hat, was er vorhat, bis morgen zu erreichen und mit welchen Problemen er momentan konfrontiert ist. Der Testmanager fungiert hier ähnlich wie ein Scrum-Master, der so Probleme und damit Risiken identifizieren kann und im Nachgang mit den jeweiligen Team- und Projektmitgliedern versucht, Lösungen zu finden. Darüber hinaus kann so die Testgeschwindigkeit optimal überwacht und gegebenenfalls adjustiert werden
Ad-hoc Meetings	Ad-hoc Meetings sind einzuberufen, wenn Informationen vorliegen, die für das Testteam signifikant und relevant sind. Nichtverfügbarkeit von Testumgebungen, Systemausfälle, Änderungen in der Projektstruktur sind Beispiele für Themen, die unverzüglich kommuniziert werden sollten
Jour-Fixe	Ein wöchentlicher Jour-Fixe von maximal einer Stunde unterstützt den Informationsfluss zwischen Projektmanagement, Entwicklungsabteilung und Testmanagement (unseren „drei Amigos"). Die Teilnahme von Testern ist hier nicht zwingend erforderlich

aufgeführten Punkte sind auch Bestandteil der Werte im Testmanagement (Mut, Offenheit/Transparenz, Respekt, Vertrauen, Wertschätzung). Jedes Meeting sollte protokolliert und mit einer Ergebnisliste mit offenen Punkten, Zuständigkeiten und Zielterminen versehen werden. Auch diese Meeting-Regeln sollten kommuniziert werden!

Eine „gesunde" Kommunikation innerhalb des Testteams ist ein sehr wichtiger Faktor für den Erfolg im Test! Denn „ungesunde" Kommunikation frisst sehr viel Zeit und führt zu erheblicher Unruhe im Projekt. Unstimmigkeiten und Konflikte sind zeitnah vom Testmanager zu klären. Ist dies nicht möglich, sind geeignete Lösungen mit der Projektleitung zu finden.

Während der Testaktivitäten sollte aber auch mit weiteren Projektmitgliedern gut kommuniziert werden, um über den Fortschritt oder potenzielle Probleme im Test zu informieren. Hierzu zählen entlang der Kommunikationsmatrix (siehe Erfahrungsbox in Abschn. 1.2) Vertreter aus der Entwicklung, den Fachbereichen sowie dem Projektmanagement. Ein wöchentlicher (oder je nach Testaktivitäten 14-tägiger) Jour-Fixe von maximal 30 Min. zwischen Projektleitung und Testmanagement ist für einen kontinuierlichen Austausch sehr empfehlenswert. Probleme, die der Testmanager sieht, lassen sich so schneller lösen, Eskalationen an das Projektmanagement besser abstimmen und Informationen aus dem Projekt schneller in das Testteam transportieren. Abstimmungen zwischen Fachbereich und Entwicklung sollten auf einer Ad-hoc-Basis erfolgen.

Die Frequenz sollte so gewählt werden, dass es für jedes Meeting auch ein absehbares Ziel/Ergebnis gibt und es damit auch einen Mehrwert/Nutzen stiftet. Einfach nur Meetings durchzuführen, weil sie so geplant waren, die aber bei genauerer Betrachtung keinen Mehrwert liefern, sind überflüssig!

10.8 Die richtige Dosis für das Informations- und Berichtswesen

Der Teststart ist ein sehr wichtiger Meilenstein in jedem Projekt. Er drückt aus, dass die mitunter langen konzeptionellen und technischen Vorbereitungen nun zu Ende sind und endlich getestet werden kann. Die Erwartungshaltungen an die ersten Testergebnisse sind dementsprechend sehr hoch. Schließlich möchte das Projektmanagement den Stakeholdern und den Auftraggebern präsentieren können, dass sich der Aufwand gelohnt hat und relativ schnell erste, möglichst positive, Testergebnisse liefern. Das hat allerdings erst Sinn, wenn die Datenbasis, repräsentiert durch eine ausreichende Anzahl von Testfällen, dafür aussagekräftig und stabil ist. Auch benötigen die Tester noch Zeit, um sich einzufinden. Das Berichtswesen wird erstmals mit Daten versorgt und die Qualität der Berichte muss erst überprüft werden, bevor diese in großer Runde präsentiert werden können. Der Testmanager ist hier gefordert, die Erwartungshaltung der potenziellen Berichtsempfänger so zu managen, dass es nicht bereits zu Beginn der Testaktivitäten zu Eskalationen kommt, weil avisierte Berichte noch nicht verfügbar sind.

Also: Zu Beginn nur verbal berichten, erst später Metriken und Schaubilder einfügen, wenn ausreichend Stabilität erreicht ist. Die ersten zwei Wochen sollten eine Art Puffer-Zone sein, bis sich die zugrunde liegende Datenbasis stabilisiert hat und ein Reporting überhaupt sinnvoll ist.

Dieses Vorgehen muss mit der Projektleitung abgestimmt sein und an die Stakeholder nicht nur kommuniziert, sondern von diesen auch verstanden worden sein.

10.9 Das Konfliktmanagement im Testmanagement

„Konflikt" stammt von dem lateinischen Substantiv „conflictus" und bedeutet Aneinanderschlagen, Zusammenstoßen, im weiteren Sinne daher auch Kampf, Streit. Oder mit den Worten von Albert Einstein: *„Ein Abend, an dem sich alle Anwesenden völlig einig sind, ist ein verlorener Abend."*

Konflikte entstehen dort, wo es unterschiedliche Meinungen gibt. Ein Konflikt kann nur gelöst werden, wenn die Argumente durch Zahlen, Daten und Fakten unterstützt werden. Persönliche Befindlichkeiten dürfen keine Rolle spielen und es sollte nicht mit „Du"- oder „Sie"- Botschaften gearbeitet werden.

Der Testmanager ist sehr häufig Konflikten ausgeliefert. Folgende Konfliktsituationen sind beim Teststart häufig anzutreffen und können durch die in Tab. 10.3 aufgeführten Maßnahmen entkräftet werden.

Konstruktive Kritik sei grundsätzlich erlaubt. Es muss jedoch klar sein, dass gemäß der Projektkultur sachlich und zielorientiert argumentiert wird. Nur Probleme aufzuzeigen und einzelne Projektteilnehmer (häufig ist es die IT…) an den Pranger zu stellen, hilft nicht dabei, Probleme und die dadurch entstehenden Konflikte lösen zu können. Die Projektleitung muss dafür sorgen, dass nicht nur Kritik geäußert wird, sondern auch

Tab. 10.3 Konfliktsituationen und Maßnahmen

Konfliktsituationen	Maßnahmen
Teststart verzögert sich	Darauf hinweisen, dass dafür ein Smoke-Test durchgeführt worden ist, um sicherzustellen, dass auch tatsächlich mit den Haupt-Testaktivitäten begonnen werden kann. Somit können die Testressourcen rechtzeitig umgeplant werden und es kommt zu nur zu wenigen Fehlzeiten
Testfälle sind nicht rechtzeitig fertig geworden	Durch ein adäquates Monitoring des Fertigstellungsgrades der geplanten zu erstellenden Testfälle lassen sich rechtzeitig Gegenmaßnahmen treffen; Erstellung von Testfällen nach deren Priorität, mehr Ressourceneinsatz, längere Arbeitszeiten. Ein Teststart sollte demnach trotzdem möglich sein. Es sollte mit den Testfällen begonnen werden, die am wichtigsten sind
Testreporting ist nicht aussagekräftig	Darauf hinweisen, dass zu Testbeginn erst genügend Daten verfügbar sein müssen, um ein stabiles Reporting anbieten zu können
Zu viele Fehler tauchen auf	Grundsätzlich gut, dass vom Testteam Fehler gefunden worden sind. Legen zu viele gefundene Fehler die Testaktivitäten nahezu lahm, ist eine umgehende tiefere Analyse notwendig. Das wäre auch das Argument, um die Wogen zunächst zu glätten
Testressourcen fallen aus	Fokus auf Testfälle mit hoher Priorität, Anordnung von Mehrarbeit, kurzfristige Allokation von Testressourcen (soweit möglich), Durchführung von Testfällen von anderen Testteams, die später geplant waren (so weit Team verfügbar), streichen von Testfällen (nach Abwägung durch ein Experten-Team)

potenzielle Lösungen angeboten werden müssen. So wird das Konfliktpotenzial erheblich reduziert und ein Lösungsorientiertes Denken gefördert.

10.10 Reflexion und Praxis-Check

Da der Teststart ein sehr wichtiger Meilenstein im Projekt ist, wird ihm entsprechend viel Aufmerksamkeit beigemessen. Die Erwartungshaltung der Auftraggeber sowie der Stakeholder ist entsprechend hoch, nun endlich Ergebnisse zu sehen und geliefert zu bekommen. Jetzt zeigt sich, ob das Erwartungsmanagement in der Testvorbereitung gut betrieben worden ist, damit der Testmanager bei möglichen Verzögerungen nicht gleich in eine Konfliktsituation läuft.

Für den Teststart sehen wir folgende Check-Punkte:

Praxis-Check
- ✓ Sind alle geplanten Testfälle vorhanden?
- ✓ Sind die technischen Voraussetzungen zum Teststart erfüllt (u. a. Verfügbarkeit von Systemen, Testumgebungen, Schnittstellen)?
- ✓ Stehen alle geplanten Testressourcen bereit?
- ✓ Wurde ein adäquates Erwartungsmanagement für die Stakeholder betrieben?
- ✓ Sind alle Kommunikationskanäle – innerhalb und außerhalb des Testteams – aufgesetzt worden?
- ✓ Werden Konflikte lösungsorientiert beigelegt?
- ✓ Ist die Qualität der ersten Testergebnisse zufriedenstellend; wurden nicht zu viele und nicht zu wenig Fehler gefunden bzw. lassen sich die Ergebnisse plausibel erklären?

Das Defect-Management 11

> **Zusammenfassung**
>
> Welche Rolle spielt eigentlich der Testmanager im Defect-Management? In erster Linie fungiert er als Dienstleister für die Teams unserer „drei Amigos" aus Entwicklung, Fachbereich und Test. Er analysiert die Gesamtfehlersituation und leitet daraus den Status der Testaktivitäten ab.
>
> Ein gut aufgesetztes Defect-Management, auch Abweichungsmanagement genannt, ist ein zentraler Baustein der Testaktivitäten. Es ist auch wichtig für das Qualitätsmanagement, das für eine kontinuierliche Verbesserung des Lieferobjektes sorgt. Zugleich liefert das Defect-Management Ergebnisse und damit Aussagen über die Qualität der Entwicklung. Sind zu viele kritische Defects vorhanden, die einen Go-Live verhindern, muss das Management die Entscheidung treffen, ob das Risiko trotzdem eingegangen wird oder ob Bestandteile des Lieferobjektes reduziert werden müssen (Descoping), um das Gesamtprojekt nicht zu gefährden. Die Grundlage für diese kritischen Entscheidungen liefert der Testmanager unter Berücksichtigung der Defect-Situation. Das setzt voraus, dass das Defect-Management dem Testmanager verlässliche Informationen liefert.

11.1 Der richtige Aufsatz des Defect-Managements

Je nach Größe des Projektes ist abzuwägen, ob ein dedizierter Defect-Manager eingesetzt werden sollte. Bei kleineren Projekten kann diese Rolle vom Testmanager übernommen werden. Häufig findet man auch einen Qualitäts- und Defect-Manager in Personalunion vor. Fest steht, dass eine geordnete Defect-Koordination ein sehr wichtiger Bestandteil der Testaktivitäten ist. Die Hauptaufgabe des Testens ist es, Fehler zu finden. Genauso wichtig ist es aber, die Fehler zu beheben. Diesen Prozess muss der Testmanager gut aufsetzen. Transparenz und Kommunikation stehen hier im Mittelpunkt. Möglicherweise müssen noch Mitarbeiter geschult, das Berichtswesen etabliert und Metriken festgelegt werden, die für das Aufsetzen des Defect-Managements gebraucht werden. Das Ziel eines gut aufgesetzten Defect-Managements ist es, Muster zu erkennen und daraus Rückschlüsse ziehen zu können.

Folgende Rückschlüsse sind damit gemeint:

- Qualität der Anforderungen → die Anforderungen wurden nicht genügend qualitätsgesichert
- Qualität der Entwicklung → es gibt zu viele Re-Tests, die technischen Spezifikationen haben eine schlechte Qualität
- Qualität der Testfälle → es gab keine Vorgabe zur Testfallerstellung, keine Qualitätssicherung der erstellten Testfälle
- Qualität der Tester → die Erfahrung der Tester ist zu gering, Schulungen wurden nicht durchgeführt
- Organisation der Defect-Bearbeitung → es gibt keinen Workflow mit Zuständigkeiten und Aufgaben in der Defect-Bearbeitung

- Kommunikation der Defect-Bearbeitung → Inhalt und Umfang der Defect-Bearbeitung wurde nicht kommuniziert
- Komplexität des Projektauftrages → beim Testen stellt sich heraus, dass es Nebeneffekte auf Organisationseinheiten gibt, die in einer Auswirkungsanalyse nicht aufgeführt waren

Wie wir erkennen können, überwiegen einmal wieder qualitative Aspekte! Der Testmanager sollte die Beteiligten bereits beim Aufsatz des Defect-Managements dafür sensibilisieren und entsprechend kommunizieren. Die aufgeführten Rückschlüsse können vom Testmanager als Orientierungspunkte herangezogen werden, um das Defect-Management für seinen Projektauftrag zu etablieren. Mit einem gut ausgestatteten Defect-Management fungiert der Testmanager schon fast als „Scrum-Master". Dieser legt Problemfelder offen, beseitigt Behinderungen, organisiert Verbesserung und fordert die gegenseitige Unterstützung oder eine bessere Kommunikation der Projektbeteiligten ein.

11.2 Die Kommunikationswege im Defect-Management

Geschwindigkeit ist alles! Das funktioniert aber nur, wenn feste Kommunikationswege zwischen dem Testteam und dem Entwicklungsteam etabliert sind. Je nach Teststufe (technischer Test und fachlicher Test) sind verschiedene Tester im Einsatz. Ein Defect-Manager kann je nach Projektgröße als Koordinator zwischen dem Test- und dem Entwicklungsteam fungieren, den Testmanager über die Fehlerquote informieren und möglicherweise eskalieren, falls zu viele Fehler auftreten. Die zum Projektstart aufgesetzte Kommunikationsmatrix dient der Orientierung, wer sich an wen wenden muss, um Fehler zu beheben. Durch die rechtzeitige Einbindung des Testteams in der Entwicklungsphase und in der Testfallerstellung gemeinsam mit dem Fachbereich, sollten sich die Akteure („drei Amigos" aus Entwicklung, Fachbereich und Test) bereits kennen. Dass sollte bei einem Fehler dazu führen, dass es zu einer schnellen gemeinsamen Abweichungsanalyse kommt und der Testfortschritt je nach Schwere der Abweichung nicht wesentlich beeinträchtigt wird.

Die Projektleitung oder das Senior Management sowie weiterer Stakeholder sollten möglichst nicht involviert werden, da das erfahrungsgemäß zu viel Unruhe stiftet: Die Tester und die Entwicklungsabteilung geraten erheblich unter mentalen Druck. Das kann weitere Fehler zur Folge haben oder dazu führen, dass die Fehlerbehebung länger dauert.

> **Erfahrungsbox: Kommunikationswege im Defect-Management**
> In einem Projekt, das durch zu viele Fehler erheblich in Schieflage geraten ist, hat sich das Senior Management eingeschaltet, um für einzelne Fehler das Defect-Management zu übernehmen. Hierzu wurde vom Testmanager eine spezielles Reporting verlangt, damit sich das Senior Management einen Überblick verschaffen konnte, so wie es sich dies vorgestellt hatte. Man kann nur erahnen, wo die Reise hinführte …

> Zum einen konnte nur unter erheblichem Aufwand dieser spezielle Management-Report erstellt werden. Außerdem mussten bei der Durchsicht der einzelnen Fehler durch das Management noch jede Menge Details geklärt werden, die dem Management nicht bekannt waren. Das führte dazu, dass der gesamte Prozess der Fehlerbehebung nicht beschleunigt wurde, sondern noch länger dauerte. Es sollte deshalb mit dem Projektleiter im Vorfeld vereinbart werden, dass der Testmanager in exklusiven Runden mit dem Management über Fehler spricht, die Fehlerbehebung aber nicht an das Management abgegeben wird.

Bei der Abarbeitung der Fehler sollte der Testmanager oder ein eventueller Defect-Manager darauf achten, dass es keine Engpässe oder Staus in der Fehlerbehebung gibt. Damit die Fehlerabarbeitung reibungslos verläuft, ist ein enger Austausch zwischen Testmanagement, Defect-Management, Entwicklungsabteilung und Projektleitung notwendig.

Es bieten sich je nach Umfang der Fehler tägliche Stand-Up-Meetings von maximal 15 Min. Länge mit dem Entwicklungs- und Testteam an, in denen der zuständige Tester den Fehler kurz beschreibt und der betroffene Entwickler den Bearbeitungsstand kommuniziert. Je nach Gesamt-Fehlerumfang empfiehlt es sich, die Projektleitung und den Entwicklungschef zu den Treffen einzuladen. Diese Transparenz in der Fehlerabarbeitung treibt die Entwickler an, sorgfältig an der Fehlerbehebung zu arbeiten. Falls es Probleme dabei gibt, kann sofort Unterstützung organisiert werden. Auch potenzielle Ressourcenengpässe können so schnell behoben werden.

Kritische Defects, die sich seit geraumer Zeit in einer Testphase halten und nicht so einfach gelöst werden können, müssen besonders behandelt werden. Doch zunächst müssen diese identifiziert und als kritisch klassifiziert werden. Der Testmanager muss ein System etabliert haben, das ihn darauf hinweist, wenn ein Fehler auch nach der ersten Korrektur noch weiter besteht. Das Test-Tool sowie die täglichen Reviews während der Testphase machen dies möglich. Auch das Zählen der bereits durchgeführten Testläufe sowie die Länge der Defect-Behebung geben Aufschlüsse über die Widerstandsfähigkeit eines Defects. Werden die Schwellenwerte festgelegter Kennzahlen (Metriken) gerissen, muss der Testmanager mit seinem Team und dem zuständigen Entwicklungsbereich eine Analyse durchführen, um diese auffälligen Defects zu beheben.

11.3 Die Defect-Dokumentation

Um die notwendige Geschwindigkeit in der Fehlerbehebung zu gewährleisten, ist neben einer abgestimmten Kommunikation auch eine qualitativ gute Dokumentation erforderlich. Ein Test-Tool unterstützt den Prozess der Fehlerbehebung und sorgt für die nötige Transparenz bei der Verantwortlichkeit der Abarbeitung. Für die Dokumentation der

Abweichungen sollte der Testmanager genaue Vorgaben machen, um ein standardisiertes Vorgehen zu gewährleisten. Die Entwicklungsabteilung wird sehr dankbar dafür sein.

Eine Defect-Dokumentation sollte folgende Attribute beinhalten:

- Verständliche Erklärung der Abweichung gegenüber dem erwarteten Ergebnis – auch ein Unbeteiligter sollte in der Lage sein, die Fehlerbeschreibung zu verstehen
- Die Fehlerschwere nach einer vorab festgelegten Kategorisierung ist zu dokumentieren
- Falls möglich, schrittweise Herleitung der Fehlersituation mittels Beschreibung und Screenshots
- Reproduzierbarkeit

Diese empfängerorientierte Dokumentation wird dazu beigetragen, dass es weniger Rückfragen und Fehlinterpretationen gibt. Die Dokumentation ersetzt jedoch nicht die Kommunikation zwischen den „drei Amigos"! Es bietet sich immer an, die dokumentierten Abweichungen direkt mit dem Entwicklungsteam durchzusprechen, um sicherzustellen, dass die Fehler auch richtig verstanden worden sind. Jede Iteration, die zu einem erneuten Testdurchlauf führt (siehe Re-Test-Quote), stellt einen erheblichen Aufwand dar. Dieser kann möglicherweise durch eine gute Dokumentation in Kombination mit einer direkten Kommunikation erheblich reduziert werden.

Als Kategorien der Fehlerschwere bieten sich an:

Kritisch: Eine Nichtbehebung des Fehlers würde im Live-Betrieb zu einem Produktionsstopp führen.

Schwer: Eine Nichtbehebung des Fehlers würde im Live-Betrieb zu einer erheblichen Beeinträchtigung führen, jedoch kann die Produktion unter anderem mittels manueller Interaktion aufrecht erhalten bleiben.

Unwesentlich: Eine Nichtbehebung des Fehlers würde im Live-Betrieb zu keiner erheblichen Beeinträchtigung führen (zum Beispiel Layout/Design). Die Produktion kann aufrecht erhalten bleiben.

11.4 Die Metriken im Defect-Management und deren Beurteilung

Um mit aussagekräftigen Metriken arbeiten zu können, ist es zunächst notwendig, eine entsprechende Fehlerkultur zu etablieren. Dies setzt voraus, dass alle sich daran halten, Fehler überhaupt zu melden und adäquat zu beschreiben. Wird das nicht konsequent gemacht, sind Fehlinterpretationen möglich.

Tab. 11.1 Metriken im Defect-Management

Metrik	Art	Beschreibung	Beurteilung
Anzahl der Iterationen von Re-Tests	Quantitativ	Die Häufigkeit der Wiederholung von Re-Tests, bis ein Defect geschlossen ist, sagt sehr viel über die Qualität der Entwicklung aus	Hohe Aussagekraft über die Lieferqualität der Entwicklung. Schwachstellen oder potenzielle Blocker können so schnell identifiziert und Maßnahmen ergriffen werden
Anzahl der Defects mit Schwereklassen	Grafik	Balkendiagramm mit Darstellung der Defects nach Schwereklassen, heruntergebrochen nach Teilprojekten	Die Darstellung zeigt sehr transparent, in welchen Bereichen sich Fehler häufen
Verweildauer von Defects	Quantitativ	Auswertung, die zeigt, wie lange es dauert, bis Defects geschlossen werden konnten	Aussage über potenzielle Kapazitätsprobleme/Qualitätsprobleme bei der Defect-Behebung in der Entwicklungsabteilung oder bei den Testern

Der Testmanager wiederum ist gefordert, eine offene Kultur zu etablieren, die Mitarbeiter, die Fehler melden, nicht persönlich sanktioniert, sondern eher motiviert. Schließlich verbessert jeder behobene Fehler kontinuierlich die Qualität des Lieferobjektes. Für die Tester sollte es selbstverständlich sein, Fehler zu finden und zu beheben.

Ein weiterer Lösungsansatz ist das kontinuierliche Monitoring der Defects „Know your Defects". Erst dann sind Metriken sinnvoll und aussagekräftig.

Die in Tab. 11.1 aufgeführten Metriken sind aus unserer Erfahrung im Defect-Management sinnvoll einsetzbar.

Wie hier zu sehen ist, lässt sich mit wenigen Metriken eine gute Übersicht mit Aussagekraft zur Defect-Situation herstellen. Die Qualität der Defects hängt von der Dokumentation ab (wie im oberen Kapitel beschrieben)! Was nützen Metriken, wenn die Dokumentation schlecht ist und die Aussagekraft der Metriken damit verwässert wird? Es empfiehlt sich, je nach Projektgröße einen Qualitätsmanager oder Defect-Manager auch für die Sicherstellung der Qualität von Defects einzusetzen. Dadurch können kritische Defects schnell identifiziert und behoben werden.

11.5 Die richtige Dosis für das Informations- und Berichtswesen

Der Testmanager muss die im Testkonzept definierte Vorgehensweise für das Defect-Management verteidigen. Oft fordern das Management oder andere Stakeholder im Testverlauf Defect-Reports aus verschiedenen Sichtweisen, die inhaltlich und strategisch jedoch keinen Mehrwert stiften. Jede Änderung des Reportings im Testverlauf bedeutet einen erhöhten

Aufwand, um das Reporting aufzusetzen und lauffähig zu machen. Es dauert ohnehin eine geraume Zeit, bis Reportings aussagekräftig sind, da anfangs noch nicht genügend Daten verfügbar sind, um beispielsweise die Anzahl von Defects pro Testbereich auszuwerten.

Um einem potenziellen Konflikt mit dem Management vorzubeugen und bestenfalls ganz aus dem Wege zu gehen, ist es hilfreich, dass auch das Projektmanagement dafür eintritt, an den im Testkonzept festgelegten und von allen verabschiedeten Reports festzuhalten. Das Stakeholdermanagement des Testmanagers gegenüber dem Projektmanager ist hier der Schlüssel zum Erfolg.

11.6 Die verschiedenen Defect-Behebungsstrategien

Nachdem das Defect-Management im Projekt aufgesetzt worden und im Test „angelaufen" ist, muss relativ schnell festgestellt werden, ob es auch effizient funktioniert. Der Testmanager muss dafür sorgen, dass die Qualität gut ist, der Workflow der Defect-Erfassung funktioniert und entlang der festgelegten Metriken und Reports verwertbare Ergebnisse liefert.

Die Geschwindigkeit der Defect-Behebung ist ein kritischer Erfolgsfaktor für das Defect-Management und für das Gesamtprojekt. In Verbindung mit einer geringen Anzahl an Iterationen lassen sich idealerweise viele Defects in möglichst kurzer Zeit beheben. Voraussetzung dafür sind aber wiederum gute Tester, gute Testfälle und eine gute Dokumentation der Defects.

Ist die Geschwindigkeit der Defect-Behebung zu gering, sollte eine „Task-Force" eingesetzt werden, um die Geschwindigkeit zu erhöhen. Die Testaktivitäten sollten niemals durch Defects signifikant gestört oder unterbrochen werden. Der Testmanager muss deshalb rechtzeitig für die jeweilige Testsituation geeignete Maßnahmen ergreifen, um den „Test-Flow" sicherzustellen.

Zu diesen Maßnahmen können zählen:

- Bildung von „Task-Forces" für bestimmte Themen/Problemgebiete
- Tägliche „Stand-Up-Meetings" mit Projektleitung, Testmanagement, Defect-Management, Entwicklungsleiter und Testteam, um die Defect-Situation gezielt zu betrachten und Lösungen im Projektteam gemeinsam zu besprechen und zu vereinbaren
- Tägliche „Stand-Up-Meetings" pro Task-Force mit ausgewählten Teilnehmern
- Verschiebung von Testaktivitäten in anderer Testphasen, wenn das möglich ist und dadurch die Testendekriterien der aktuellen Testphase nicht verletzt werden
- Sollten Testendekriterien verletzt werden, kann noch immer von der Projektleitung abgewogen werden, ob ein Quality Gate zum Beispiel unter der Auflage erreicht worden ist, dass die offenen Defects bis zu einem bestimmten Termin geschlossen sein müssen

Für diese aufgeführten Maßnahmen ist vom Testmanagement bereits in der Planungsphase der Testaktivitäten immer genügend Zeitpuffer mit einzuplanen, um unvorhergesehene Ereignisse managen zu können. Dafür muss der Testmanager diese Ereignisse mit einer potenziellen Eintrittswahrscheinlichkeit versehen und dementsprechend Zeit einplanen. Er muss also das Unvorhersehbare zeitlich antizipieren. Ein Ansatzpunkt kann die Anzahl hoch kritischer und komplexer Anforderungen sein, für die es mehrere Testfälle geben wird, sodass die Wahrscheinlichkeit hoch ist, dass auch mehrere Defects vom Testteam gefunden werden könnten. Ein komplexer Systemkontext spricht ebenfalls dafür, dass mehr Fehler gefunden werden. Aus diesen Parametern und Erfahrungswerten kann eine potenzielle Fehlerquote geschätzt werden, für dessen Aufarbeitung entsprechend Zeit einzuplanen ist, um den Test-Flow nicht zu unterbrechen.

> **Erfahrungsbox: Defect-Behebungsstrategien**
> Generell existiert ein Zusammenhang zwischen der Komplexität des Systemkontextes (viele Schnittstellen, viele betroffene Systeme sowie viele Anpassungen und Änderungen) und der Fehlerquote im Systemtest als erste Teststufe nach dem Entwicklertest. Die Fehlerquote kann in solch einer Konstellation bei etwa 30 % liegen. Die Schwere der Fehler hat naturgemäß auch einen Einfluss auf die Abarbeitungsgeschwindigkeit durch die Entwicklungsabteilung. Selbst in einem klassischen Softwareimplementierungsprojekt, in dem eine Standardsoftware eingeführt wird, kann die Fehlerquote auf 25 % anspringen. Es sollte demnach aus unserer Erfahrung mit mindestens 25 % Fehlerquote im Systemtest und mit mindestens 15 % im Integrationstest gerechnet werden.

Auf die Zahl der prognostizierten Testfälle muss in der Planungsphase also ein Aufschlag in Höhe der geschätzten Prozentsätze erhoben werden, der in den Aufwand eingerechnet werden muss. Der so ermittelte Aufwand ist mit den verfügbaren Testressourcen abzugleichen, um sicherzustellen, dass die Testfälle auch in der geplanten Zeit durchgeführt werden können. Der geschätzte Zeitaufwand für die Durchführung von Testfällen hängt sehr stark von der Anzahl der Testschritte, der Erfahrung der Tester sowie den Dokumentationsanforderungen ab. Letzteres ist nicht zu unterschätzen! Die Testfalldokumentation eines jeden Testfalls kann bei der Testdurchführung leicht 75 % des gesamten Aufwands ausmachen. Hier sind pragmatische Lösungen gefragt, indem der Tester beispielsweise während der Testdurchführung Screenshots anfertigt und die Teststrecke so Stück für Stück mitdokumentiert, anstatt alles im Nachgang aufwendig zu dokumentieren.

11.7 Die Beurteilung von Workarounds

Workarounds, das heißt manuelle oder semi-manuelle Lösungen von nicht funktionsfähiger Software, sind in einigen Fällen der letzte Ausweg, um einen Test noch erfolgreich abzuschließen oder eine Produktionsfreigabe zu erhalten. Die Vereinbarung von Workarounds entspricht der Kapitulation vor dem Test. Anscheinend ist es nicht möglich

11.7 Die Beurteilung von Workarounds

gewesen, innerhalb einer angemessenen Zeit die zugrunde liegenden Anforderungen erfolgreich zu testen und somit die gewünschte Funktionalität des Systems nachzuweisen.

Das kann verschiedene Gründe haben:

- Anforderungen können durch die vorhandene Funktionalität gar nicht umgesetzt werden
- Anforderungen wurden von der Entwicklungsabteilung fehlinterpretiert
- Testfälle sind fehlerhaft
- Es existieren zu viele offene und kritische Defects
- Testdaten sind nicht verfügbar

Bevor man sich für Workarounds entscheidet, müssen die Konsequenzen mit dem Aufwand für die Behebung von Defects verglichen und im Rahmen einer Risikobetrachtung beurteilt werden. Denn wenn die erhoffte Funktionalität nicht verfügbar ist, müssen die operativen Konsequenzen kurz-, mittel- und langfristig betrachtet werden. Daraus ergibt sich eine Sicht auf den weiteren Umgang mit Workarounds.

> **Erfahrungsbox: Workarounds**
> Um in einem kritischen Projekt live gehen zu können, hat das Senior Management angeordnet, alle offenen Defects einer Durchsicht zu unterziehen und zu beurteilen, ob ein Workaround möglich wäre. Das Ergebnis war, dass alle produktionsverhindernden Defects geschlossen wurden, da hierzu manuelle Workarounds eingerichtet werden konnten. Der Nachteil war, dass viele dieser Workarounds sich sehr stark in den operativen Ablauf eingenistet haben und so fast zu mehr manuellem Aufwand geführt haben als vor der Einführung des neuen Systems. Die offenen Fehler mussten durch ein Folgeprojekt mit erhöhtem Aufwand behoben werden, um den wirtschaftlichen Erfolg der Einführung der neuen Software zu rechtfertigen. Trotzdem haben sich sehr viele Workarounds bis zu zwei Jahre hartnäckig in der Organisation gehalten.

Dieses Beispiel zeigt, dass billigend in Kauf genommen wurde, auf viel Funktionalität zu verzichten, um das Ziel zu erreichen, an einem bestimmten Zeitpunkt live zu gehen (auch „Timeboxing" genannt). Zwar wurde faktisch das Ziel erreicht – doch zu welchem Preis? Unsere Erfahrung zeigt, dass sich in der Praxis sehr viele Workarounds sehr hartnäckig halten. Diese Mehrbelastung der Organisationen kann nicht das Ziel der Einführung einer neuen Software sein. Bevor man sich für den Einsatz eines Workarounds entscheidet, muss klug abgewogen werden, ob dieser Weg dauerhaft zielführend ist.

11.8 Die Integration des Defect-Managements in das Release-Management

Grundsätzlich sollte das Release-Management in Projekten, bei denen mehrere Systeme involviert sind, in permanentem Austausch mit dem Testmanagement und dem Defect-Management stehen. Nur so kann gewährleistet werden, dass mögliche Szenarien, wie zum Beispiel Verzögerungen der Inbetriebnahme, Reduzierung des geplanten Funktionsumfangs (Descoping) aufgrund der Fehlersituation, angemessen berücksichtigt werden und keine Auswirkungen auf die aktuelle Produktionsumgebung haben.

Genauso muss der Release-Manager den Testmanager und den Defect-Manager darüber informieren, inwieweit der Zeitplan für die geplanten Releases eingehalten werden kann. Er muss im Vorfeld über den Release-Prozess informieren, damit es zu keinen zeitlichen Einschränkungen in der Projektplanung kommt. Die Release-Zyklen der jeweiligen Anwendungen sind teilweise sehr unterschiedlich und müssen in Bezug auf den Projektablauf entsprechend synchronisiert werden. Diese Synchronisation muss bereits in der Testplanung vorgenommen werden. Doch was ist in extremen Situationen zu tun, wenn beispielsweise so viele Fehler auftreten, dass eine Produktivsetzung gefährdet werden könnte? Besonders wichtig ist, dass das Defect-Management bereits in den Release-Prozess mit integriert worden ist. Nur so kann der Defect-Manager einschätzen, wie kritisch gewisse Fehlersituationen tatsächlich sein können. Gemeinsam mit der Projektleitung und dem Testmanagement sollte er abwägen, ob die Möglichkeit besteht, gewisse Teile noch produktiv setzen zu können, oder ob etwas verschoben werden kann.

Je nach Schwere des Fehlers kann man auch mit einem Defect live gehen, um das Gesamtprojekt nicht zu gefährden. Dann muss so lange mit einem Workaround gearbeitet werden, bis zum Beispiel ein Hot-Fix oder normaler Bug-Fix eingespielt worden ist. Dieser liegt dann zwar außerhalb der Release-Zyklen, hilft den betroffenen Bereichen jedoch operativ.

In diesem Zusammenhang sei die Notwendigkeit von Regressionstests im Rahmen des Tests eines Releases erwähnt. Regressionstests dienen der Sicherstellung der Funktions- und Lauffähigkeit der Software, nachdem daran Änderungen, wie durch Releases verursacht, vorgenommen worden sind. Die Testfälle lassen sich aus einer Auswahl aus dem Systemtest zusammenstellen, die dabei die Kernfunktionalitäten repräsentieren. Der Einsatz von Testautomatisierungen ist bei Regressionstests zu empfehlen, um schneller Ergebnisse zu erhalten, als dies konventionell der Fall ist.

Das Ziel der Integration des Defect-Managements in das Release-Management ist es, auf jeder Test-Ebene Transparenz über den aktuellen Zustand zu schaffen. Außerdem lassen sich so bessere Aussagen über die erreichte Qualität nach der Einspielung eines Releases machen und Bewertungen vornehmen, ob es beispielsweise durch die zahlreichen „Operationen am offenen Herzen" mittels Hot-Fixes zu einer „Verschlimmbesserung" gekommen ist – was wir oft beobachten. In diesem Zusammenhang wird manchmal auch von „kaputtgefixed" gesprochen.

11.9 Das Descoping als letzte Chance für eine Zielerreichung?

Die Reduktion des geplanten Funktionsumfangs (Descoping) sollte das letzte Mittel sein, um ein Projekt, das sich auf einem kritischen Pfad befindet, noch einigermaßen ins Ziel zu führen. Sind alle Mittel wie zum Beispiel:

- Erhöhung der Test- und Entwicklungskapazitäten
- Verlängerung der Testphasen
- Verschiebung von geplanten Releases

ausgeschöpft worden, sollte eine ultimative Entscheidung nur dann getroffen werden, wenn deren Auswirkungen gründlich abgewogen worden sind. Der Live-Gang sollte selbst mit reduziertem Funktionsumfang immer noch einen Mehrwert zum Status quo darstellen. Ist dies nicht der Fall, sollte der Live-Gang gründlich überdacht werden.

Ein Descoping hat noch weitere Konsequenzen: Testfälle müssen aufgrund der neuen Rahmenbedingungen wiederholt oder neu erstellt und durchgeführt werden. Auch das sollte von den Vertretern des Fachbereichs, dem Testmanagement, dem Defect-Management, der Projektleitung und dem Release-Management bei der Entscheidung berücksichtigt werden. Das Projekt muss möglicherweise noch einmal völlig neu bewertet werden: Stimmt die Risikobewertung noch? Sind neue Aufwände entstanden? Wie groß sind diese?

Zusammengefasst kann man festhalten, dass ein Descoping vielleicht dazu dient, einen wichtigen Meilenstein zu erreichen. Es muss jedoch abgewogen und beurteilt werden, welche Risiken und Nebenwirkungen sich mit dieser Entscheidung für die Organisation ergeben.

11.10 Reflexion und Praxis-Check

Der Testmanager ist sehr oft das „Zünglein an der Waage", wenn es darum geht zu beurteilen, ob ein Quality Gate erreicht wird. Sehr oft ist die Fehlersituation in der jeweiligen Testphase der Indikator für ein Weiterkommen in die nächste Testphase oder der Auslöser für eine mögliche Verlängerung. Wichtig ist es, die potenziellen Risiken in der jeweiligen Testphase und der allgemeinen Projektsituation richtig abzuschätzen. Sind noch Puffer für Re-Test-Zyklen oder umfangreichere Regressionstests vorhanden? Generell sollte ein Testmanager seiner Linie treu bleiben, was seinen Qualitätsanspruch an das Lieferobjekt angeht. Er muss jedoch abwägen können, wann und ob ein weiterer Re-Test aufgrund schlechter Testergebnisse möglich und sinnvoll ist. Und wann ein Descoping vorgenommen werden muss, um das Ziel noch zu erreichen.

In Bezug auf die Metriken, die einem Testmanager für das Defect-Management zur Verfügung stehen, ist es ratsam nach dem Motto „Weniger ist mehr" zu verfahren und die ausgewählten Metriken im Zeitablauf nicht zu wechseln oder zu verändern. Auch Wünsche oder Anweisungen vom Senior Management, das Berichtswesen anders als vereinbart auszuweisen, sollte ein Testmanager gemeinsam mit dem Projektmanager abwehren können. Der Aufwand einer Änderung im laufenden Betrieb ist sehr hoch und die Aussagekraft anfänglich sehr gering, weil nicht genügend Daten verfügbar sind. Dies wiederum kann zu weiteren Irritationen führen, die für einen kritischen Testverlauf nicht dienlich sind.

Für das Defect-Management sehen wir folgende Check-Punkte:

Praxis-Check
- ✓ Erfordert die Größe des Projektes ein separat aufgesetztes Defect-Management oder kann der Testmanager diese Aufgabe mit übernehmen?
- ✓ Ist ein Qualitätsmanagement aufgesetzt, welches auch Qualitätsziele für das Testen festgelegt hat?
- ✓ Sind Kommunikationswege zwischen Test, Entwicklung und Projektleitung bis ins Release-Management etabliert?
- ✓ Wurden Standards für die Defect-Dokumentation gesetzt und werden diese auch adäquat umgesetzt?
- ✓ Wird mit einer überschaubaren Anzahl von Metriken gearbeitet, an denen auch festgehalten wird?
- ✓ Ist ein ausgewogenes Berichtswesen aufgesetzt, das die wesentlichen Informationen zur Defect-Situation wiederspiegelt und im Projektverlauf nicht verändert wird?
- ✓ Wurden genügend Maßnahmen ergriffen, um die Defect-Behebung effizient zu gestalten?
- ✓ Sind Workarounds einer kritischen Würdigung unterzogen worden, bevor diese final verabschiedet wurden?
- ✓ Ist das Descoping tatsächlich das letzte Mittel, um das Projekt noch erfolgreich abzuschließen?

Das Informations- und Berichtswesen

12

Zusammenfassung

Es gibt bei Kunden häufig sehr strikte Vorgaben zum Informations- und Berichtswesen, die möglichst eingehalten werden sollten. Der Testmanager sollte in der Lage sein, die Berichtsvorschläge, die er im Testkonzept formuliert hat, auch in der Praxis umzusetzen. Er sollte seiner Linie treu bleiben und keine wesentlichen Anpassungen des bereits abgenommenen Berichtswesens zulassen. Nur so ist er in der Lage, im Projektverlauf im Spannungsfeld zwischen Testverlauf, Fehlersituation und näher rückendem Zieltermin gegenüber dem Management souverän zu agieren. Er sollte genügend Freiräume haben, seine praxiserprobten Berichte mit dem Projektmanagement abzustimmen und diese auch einsetzen zu dürfen.

Der Testmanager muss dafür sorgen, dass alle Testaktivitäten offen kommuniziert werden, dass keine Testergebnisse kaschiert werden oder es andere „alternative" Darstellungsformen gibt. Es ist davon abzuraten, auf Wunsch des Managements spezielle Reports zu erstellen. Dies ist meist sehr zeitaufwendig und liefert oft keinen Mehrwert an Informationen. Außerdem reichen die Datenmengen für ein neu aufgesetztes Reporting oft nicht aus, um dem Management umgehend verlässliche Informationen liefern zu können. Der Testmanager muss ein gutes Erwartungsmanagement betreiben, damit die Projektmitglieder wissen, wann sie die Reports zur Verfügung gestellt bekommen. Anhand der aufgelaufenen Datenmengen sollte abgewogen werden, ob es sinnvoll ist zu berichten oder nicht, denn manche ausgewählte Metriken funktionieren nur mit einem ausreichenden Datenbestand. Grundsätzlich sind festgelegte Berichtszyklen einzuhalten, damit eine kontinuierliche Berichterstattung etabliert wird, die im Projektverlauf ein wichtiger Vertrauensfaktor ist. Auch interne und externe Prüfungen verlaufen reibungsloser, wenn ein stabiles und aussagekräftiges Berichtswesen vom Testmanager vorgewiesen werden kann.

12.1 Was ist notwendig und was nicht?

Die Frequenz und der Umfang des Berichtswesens sind sehr stark vom Projektverlauf und im speziellen vom Fortschritt des Tests abhängig. Entscheidend ist es, ein praktikables und aussagekräftiges Berichtswesen aufzusetzen, das mit einem möglichst vertretbaren Zeitaufwand und im Einklang mit dem Testfortschritt zu bewältigen ist. Der Testmanager muss versuchen, die Projektorganisation davon zu überzeugen, mehr Zeit in die Testaktivitäten zu investieren, um das Testobjekt in hoher Qualität abzuliefern, anstatt viel Zeit in die Dokumentation und das damit verbundene Berichtswesen zu investieren. Bessere Qualität durch weniger Bürokratie!

Für ein gutes Berichtswesen ist Folgendes nötig:

- Möglichst wenige Standardberichte entlang der Testphasen definieren
- Mit dem Projektmanagement bereits in der Initialisierungsphase abstimmen und verabschieden, wie und in welchem Umfang berichtet werden soll
- Fokus auf vorbereitende Tätigkeiten, Testfortschritt, Fehler und Auslastung legen

Analog zum Projektverlauf sind aus unserer Erfahrung die in Tab. 12.1 aufgeführten Testberichte ausreichend, um den Projektbeteiligten, dem Management sowie internen und externen Prüfern die zum Test gehörenden Aktivitäten transparent zu machen.

Mit dieser überschaubaren Anzahl an Berichten lassen sich die Testaktivitäten transparent darstellen. Viele Test-Tools unterstützen die technische Auswertung und grafische Aufbereitung. Aber auch Excel-basierte Reports lassen sich auf Basis der festgelegten Metriken einfach erstellen.

12.2 Wie kommuniziere ich als Testmanager richtig?

Eine auf Zahlen, Daten und Fakten basierte Kommunikation, die offen und ehrlich erfolgt, verringert das Konfliktpotenzial beziehungsweise sorgt dafür, dass mögliche Konflikte schneller gelöst werden. Der Testmanager genießt beim Teststart sehr hohe Aufmerksamkeit, da alle Projektbeteiligten bis hin zum Management gespannt sind, welche Ergebnisse erzielt wurden und hoffen, dass der Projektverlauf nicht gefährdet ist. Bevor also der erste Bericht veröffentlicht wird, muss sichergestellt werden, dass genügend Daten verfügbar sind, damit der Bericht aussagekräftig ist. Dies setzt wiederum voraus, dass der Testmanager durch ein adäquates Erwartungsmanagement dafür gesorgt hat, dass alle wissen, ab wann mit den ersten Berichten zu rechnen ist. Aus unserer Erfahrung sollte frühestens ab der zweiten Woche der Testaktivitäten berichtet werden, da zu diesem Zeitpunkt genügend Daten vorhanden sein sollten, um

12.2 Wie kommuniziere ich als Testmanager richtig?

Tab. 12.1 Testberichte pro Projektphase

Projektphase	Aktivität/Bericht	Inhalt/Darstellung
Initialisierung		
Konzept/Spezifikation	Testkonzept/Übersicht aller geplanten Berichte	• Aufführung und Abnahme der geplanten Berichte
Realisierung	Testfallvorbereitung	• Anzahl der erstellten vs. geplanten Testfälle (absolut, prozentual, mit oder ohne Verlauf)
Test	Testdurchführung	• Testfortschritt vs. geplanter Testfortschritt aggregiert pro Bereich/Teilprojekt/Arbeitspaket sowie für das Gesamtprojekt • Auslastung pro Tester
	Defect-Situation	• Anzahl der Defects mit dazugehörigen Schwereklassen aggregiert pro Bereich/Teilprojekt/Arbeitspaket sowie für das Gesamtprojekt
Einführung	Testergebnisbericht	• Pro Bereich: Aufführung pro Teilprojekt mit Darstellung der lt. Testkonzept festgelegten Testausführungsgrade und Fehlersituation mit Darstellung der festgelegten Testendekriterien und möglicher offener Punkte sowie Aggregationsmöglichkeiten für das Gesamtprojekt
Stabilisierung		
Abschluss	Testabschlussbericht	• Zusammenfassung der Testergebnisse auf Gesamtprojekt-Ebene

ein aussagekräftiges Reporting zu ermöglichen. Konnten die Testaktivitäten beispielsweise aufgrund fehlender oder fehlerhafter Entwicklungsarbeiten überhaupt noch nicht gestartet werden, so ist dieser Sachverhalt entsprechend offen zu kommunizieren und die Lieferung des ersten Berichts zu verschieben. Es ist keine gute Idee, Testaktivitäten vorzugaukeln, obwohl noch gar nicht getestet werden kann, nur um der Erwartungshaltung des Managements zu entsprechen. Der Testmanager erhöht damit die Erwartungshaltung an den Testfortschritt signifikant und damit den Druck auf sich selbst. Mit dieser Taktik ist nicht viel zu gewinnen. Offenheit und Ehrlichkeit sind wichtige Elemente im Test, an denen der Testmanager festhalten und die er permanent verteidigen sollte.

> **Erfahrungsbox: Richtige Kommunikation**
> In einem Projekt, konnte nicht planmäßig mit den Testaktivitäten begonnen werden, da die Entwicklungsabteilung wesentliche Funktionalitäten noch nicht bereitgestellt hatte. Der Programmmanager hat vom Projektmanager gefordert, trotzdem einen Testbericht abzuliefern, um das Senior Management zufrieden zu stellen. Der Testmanager hat dies trotz massivem Druck abgelehnt. Daraufhin wurde der Druck auf die Entwicklungsabteilung erhöht, endlich die ersehnte Funktionalität zu liefern.
> Mit der Beharrlichkeit des Testmanagers, seiner Linie treu zu bleiben und nur das zu berichten, was auch tatsächlich getestet wurde, ist der Erwartungsdruck an die Entwicklungsabteilung weitergegeben worden, was dazu geführt hat, dass die Funktionalität innerhalb kürzester Zeit geliefert werden konnte. Mit dem Reporting der Testergebnisse wurde später begonnen und im wöchentlichen Statusbericht der Projektleitung wurde der Sachverhalt erläutert. Damit wurden alle Projektbeteiligten offen und ehrlich informiert und die Verzögerung des Teststarts konnte erklärt werden.

Ein ehrlicher Testmanager darf keine Manipulation zulassen. Er sollte auf keinen Fall einen sogenannten „Management-Bericht" entwerfen, nur weil der Projektleiter dadurch Unruhe verhindern will. Es wird auf jeden Fall mehr Unruhe geben, wenn das Management erfahren sollte, dass die ihm unterbreiteten Informationen nicht der Wahrheit entsprechen.

Wie oft kommuniziere ich was?
In der Praxis hat sich gezeigt, dass die Kommunikation mit den Ereignissen korreliert. Das bedeutet, je ruhiger beziehungsweise planmäßiger ein Projekt verläuft, umso weniger muss berichtet werden. Befindet sich ein Projekt jedoch in erheblicher Schieflage erhöht sich auch die Frequenz des Berichtswesens. Wenn die Zeit für die geplanten Testaktivitäten knapper wird, wird teilweise auf Tagesbasis geprüft, ob ein Fortschritt zu verzeichnen ist und ob es potenzielle Show-Stopper gibt. In einem planmäßig verlaufenden Projekt sollte wöchentlich berichtet werden. Sollte die Fehlersituation unverhältnismäßig hoch sein (zum Beispiel über 30 %), empfiehlt sich ein Sonder-Reporting zweimal in der Woche, um mögliche Show-Stopper rechtzeitig zu identifizieren und Gegenmaßnahmen einleiten zu können. In ausgesprochenen Notlagen kann auch täglich berichtet werden. Es sollte jedoch darauf geachtet werden, dass das Verhältnis zwischen Aufwand und Ertrag noch stimmt.

Wie eskaliere ich richtig?
Dem Testmanager stehen sehr viele Informationen über Tätigkeiten zur Testvorbereitung, der Testdurchführung und zur Fehlersituation zur Verfügung. Doch wann und wie sollte

12.2 Wie kommuniziere ich als Testmanager richtig?

er eskalieren? Zunächst gilt es herauszufinden, ob die ihm vorliegenden Informationen valide und damit auch belastbar sind. Nichts ist schlimmer für die Reputation des Testmanagers, als wenn er mit nicht gesicherten Informationen „hausieren" geht und die Projektorganisation durch mögliche Fehlinterpretationen verunsichert. Er muss also zunächst beweisen, dass die Informationen valide sind, bevor er eskaliert. In die Analyse der Informationen sollten Vertreter des Testteams eingebunden werden, um die Verlässlichkeit der Informationen zu untermauern. Erst wenn das sichergestellt ist, kann die Eskalation an die Projektleitung erfolgen. Auch hier ist ein behutsames Vorgehen ratsam. Es empfiehlt sich also nicht, gleich eine Nachricht an den der E-Mail-Verteiler des Gesamtprojekts zu schicken. In einem vertraulichen Gespräch mit der Projektleitung kann auf mögliche Missstände hingewiesen werden, damit dann gemeinsam Wege gefunden werden können, um die Probleme zu lösen. Die Projektleitung ist in der Regel bei so einem Vorgehen kooperativer, als wenn sie vom Testmanager im Rahmen des wöchentlichen Reportings überrascht wird. Eine Eskalation an die Programmleitung oder das Management ist nur dann zu empfehlen, wenn die Projektleitung die Lage nicht ernst nimmt oder sich nicht kooperativ bei der Problembehebung zeigt. Eine Eskalation nach oben kann zu Konflikten mit der Projektleitung führen. Sie ist für den Projektverlauf aber entscheidend, wenn dadurch wichtige Meilensteine eingehalten werden können.

Wie motiviere ich mein Testteam durch meine Kommunikation?
Offenheit und Ehrlichkeit sind wichtige Bestandteile im Test. Das Testteam muss vom Testmanager motiviert werden, diese Offenheit und Ehrlichkeit zu leben. Dies schafft er nur, wenn ihm das Team vertraut und ihm sein Versprechen glaubt, immer hinter seinem Team zu stehen. Förderlich für die Motivation der Teammitglieder ist vor allem die Existenz einer Fehlerkultur, also die Gewissheit, dass es in dem Projekt positiv bewertet wird, wenn jemand einen Fehler findet und diesen auch meldet.

Wer sollten meine Ansprechpartner sein und wer nicht?
Die direkten Ansprechpartner des Testmanagers sollten der Entwicklungsleiter, der Projektmanager sowie die Teilprojektleiter der jeweiligen Fachbereiche sein. In größer angelegten Projekten gibt es noch einen technischen und einen fachlichen Projektleiter, die ebenfalls zu den Ansprechpartnern des Testmanagers zählen sollten. Die Kommunikation zum Management oder anderen wesentlichen Stakeholdern sollte im Projektverlauf über die Projektleitung erfolgen, es sei denn, der Testmanager hat einen guten Draht zum Management. Andernfalls kann eine direkte Ansprache zu Irritationen führen, falls der Projektmanager noch nicht die Informationen mit dem Management geteilt haben sollte. „Politische Spiele" sollten unterbunden werden, da diese an dem vorliegenden Ergebnis nichts ändern werden, solange es auf Zahlen, Daten und Fakten basiert.

12.3 Das Spannungsverhältnis zum Management

Der Testmanager steht in einem dauernden Spannungsverhältnis zwischen Erwartungshaltung und Lieferfähigkeit. Er kann nur das liefern, was er erfolgreich getestet hat. Er muss einschätzen können, was die Stakeholder, dazu zählt auch das Management, von ihm erwarten.

In diesem Zusammenhang sei nochmals erwähnt, wie wichtig das Stakeholdermanagement beim Projektaufsatz ist, um die jeweilige Erwartungshaltung zu kennen und im Projektverlauf adäquat managen zu können. Verlangt beispielsweise das Management bestimmte Berichte, die für den Testmanager einen sehr hohen Aufwand darstellen, sorgt das für Spannung. Der Testmanager sollte sich souverän verhalten und immer in der Lage sein, die Aktivitäten, die aus seinem Verantwortungsbereich entstehen, ehrlich erklären zu können. Dadurch wird das Konfliktpotenzial erheblich reduziert und der „Test-Flow" kann aufrechterhalten werden.

Gefährlich wird es, wenn das Management versucht, Aufgaben des Testmanagers aus dem Berichtswesen zu übernehmen, weil es in seinen Augen zu langsam vorangeht, anstatt gemeinsam nach der Ursache zu suchen. In einer solchen Situation muss der Testmanager gemeinsam mit dem Projektmanager in die Offensive gehen und das Testvorgehen, so wie es aufgesetzt und verabschiedet wurde, verteidigen. Diese Verteidigung muss auf Zahlen, Daten und Fakten basieren. Wird dem Management der Sachverhalt glaubhaft dargestellt, wird das fehlende Vertrauen in die Lieferfähigkeit des Testmanagers wieder aufgebaut.

Das Ziel des Testmanagers ist es, das Testvorgehen gegenüber dem Management zu verteidigen – und das offen und ehrlich. Schließlich wurden im Vorfeld Informations- und Berichtswege im Rahmen des Testkonzeptes festgelegt und abgenommen. Jetzt kann und soll das Rad nicht wieder neu erfunden werden!

12.4 Die Dokumentation von Testergebnissen je Testphase

Zu unterscheiden ist zwischen einer fortlaufenden Dokumentation und einer Abschlussdokumentation nach jeder Testphase. Es gilt zu differenzieren, was durch ein Rahmenwerk vorgegeben wird und was sich der Testmanager im Testkonzept hat abnehmen lassen. Auf die Debatte mit der Projektleitung, was zielführend ist und was nicht, haben wir bereits im vorigen Abschnitt hingewiesen. Natürlich erwarten die Projektbeteiligten gute Testergebnisse und einen reibungslosen Ablauf. Das ist jedoch nicht zu leisten, wenn die tatsächlichen Testergebnisse etwas Gegensätzliches ausweisen.

Die Grundlagen für die Dokumentation sollten bereits in der Planungsphase berücksichtigt worden sein, sodass nach Abschluss einer Testphase nur noch produziert wird. Das heißt, es sollte feststehen, welche Metriken und welche Test-Tools für die Dokumentation benutzt werden. Die Nutzung von Test-Tools mit der Integration eines Berichtswesens (zum Beispiel durch HPQC oder JIRA) ermöglichen ein

Tab. 12.2 Berichte pro Testphase

Testphase	Bericht	Inhalt
Funktions- und Integrationstest	Testfortschritt	Durchgeführte Testfälle pro Teilprojekt und Arbeitspaket
	Fehlersituation	Anzahl der Fehler inklusive Schweregrad pro Teilprojekt und Arbeitspaket
Abnahmetest	Siehe Funktionstest	Siehe Funktionstest
	Testergebnisbericht	Zusammenfassung der Testergebnisse pro Teilprojekt und Arbeitspaket inklusive der Darstellung der Testendekriterien, der Fehlersituation sowie der offenen Punkte

standardisiertes Vorgehen, welches nachvollziehbar und transparent ist. Ab einer bestimmten Projektgröße ist von der Nutzung von Excel abzuraten, da es sich hier um keine revisionssichere Lösung handelt.

Pro Testphase empfehlen wir, wie in Tab. 12.2 aufgeführt, „standardisierte" Berichte, die bereits im Testkonzept festgelegt worden sein sollten.

Die Testergebnisberichte beinhalten alle Testergebnisse, inklusive der Defect-Situation sowie einer Aussage dazu, ob das jeweilige Quality Gate erreicht worden ist. Eine Abnahme der Dokumente ist notwendig, um beispielsweise auf eine neue Systemumgebung oder am Ende Live gehen zu dürfen. Der Abnahmeprozess sollte rechtzeitig angestoßen werden, da erfahrungsgemäß nicht immer alle Personen, die eine Abnahme zu erteilen haben, verfügbar sind. Diese möglichen Zusatzzeiten sind in der Planung als Puffer zu berücksichtigen. Dadurch wird sichergestellt, dass der Test-Flow von einer Testphase in die andere nicht gestört wird. Außerdem kommt es später beim Go-Live nicht zu Verzögerungen, nur weil jemand seine Abnahme noch nicht erteilt hat. Es sollte auch genügend Zeit eingeplant werden, falls eine Abnahme zu Nacharbeiten führt und Korrekturen vorgenommen werden müssen.

12.5 Die Statusberichte und deren Farbenwelt

Im Testkonzept sollte festgelegt sein, welche Berichte über die Testaktivitäten zu erwarten sind. Im letzten Abschnitt wurden die Berichte pro Testphase vorgestellt. Üblicherweise wird seitens der Projektleitung festgelegt, welchen Aufbau ein Statusbericht haben sollte. Exemplarisch ist dieser in Abb. 12.1 beigefügt.

Zur Farbgebung sei angemerkt, dass in einigen Großprojekten der Hang zu einem sogenannten „Management-Green" oder „Management-Orange" stark ausgeprägt sein kann. Dadurch versucht die Projektleitung, den tatsächlichen Gesamtprojektstatus für das Senior Management möglichst gut darzustellen, um nicht unnötig Unruhe zu stiften.

Statusbericht

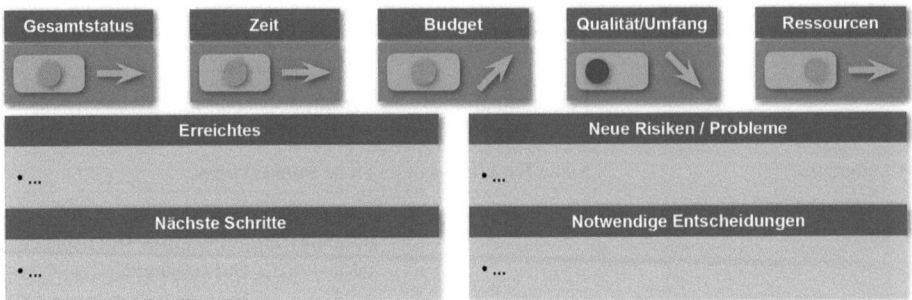

Abb. 12.1 Test-Statusbericht

> **Erfahrungsbox: Statusberichte und deren Farbenwelt**
> In einem Großprojekt sind die Testaktivitäten sehr kritisch verlaufen und lagen nach dem Status des Testmanagers fast im „roten Bereich". Die Projektleitung hätte in ihrem Gesamtstatus das Projekt aufgrund des schlechten Testverlaufs von „Grün" auf „Orange" ändern müssen. Die Projektleitung fürchtete jedoch zu viel Unruhe und meldete weiterhin „Grün", versehen mit dem Hinweis, dass die Testaktivitäten nicht optimale Ergebnisse erzielt hätten, es aber kein Grund zur Unruhe bestünde. Dieses „Management-Green"-Reporting hat im Projektverlauf dazu geführt, dass die Projektleitung sehr stark in Bedrängnis geraten ist, weil der Test beim nächsten Statusbericht auf „Rot" stand und es praktisch nicht mehr weiter ging. Nun wäre hier „Orange" oder sogar „Rot" für das Gesamtprojekt die richtige Farbe gewesen. Die Projektleitung hat nun „Orange" gemeldet und musste sich sehr viele Fragen vom Senior Management stellen lassen …

Doch ist das der richtige Weg? Wir sind der Meinung: NEIN!

Ein „Management-Green" sollte also möglichst verhindert werden. Im Wesentlichen geht es auch hier wieder einmal um Transparenz und Vertrauen. Was nützt es, die Situation gut darzustellen, wenn man sich bereits im Sinkflug befindet und in große Turbulenzen geraten ist. Wenn die falsche Farbe gemeldet wird, um Unruhe zu verhindern, darf man auch keine Hilfe erwarten. Doch gerade in schwierigen Projektphasen ist eine gewisse Unruhe sehr wichtig, um die nötige Aufmerksamkeit zu erhalten und dadurch auch Unterstützung besser einfordern zu können.

12.6 Das interne und externe Berichtswesen sowie Prüfungen

Was die internen Berichte für die Testaktivitäten beinhalten ist im Testkonzept beschrieben. Je nach Größe und Verlauf eines Projektes kann es vorkommen, dass ein externer Projekt-Review durch einen Prüfer vorgenommen wird. Die Einforderung zusätzlicher Berichte bedeutet für den Testmanager immer einen Mehraufwand. Er sollte versuchen, dass etablierte und von den Projektbeteiligten abgenommene Standardreporting auch für die externe Prüfung zu verwenden. Ein externer Prüfer kann jedoch wünschen (oder fordern), dass nach seiner Klassifizierung und seinen Prüfungsstandards berichtet werden muss. Ist das der Fall, so ist eine Abstimmung mit dem Projektmanagement unabdingbar, um ein einheitliches Bild nach „draußen" abzugeben. Dadurch wird auch eine gewisse Qualitätssicherung der Informationen vorgenommen, die offiziell kommuniziert werden.

Wie gehe ich mit internen und externen Prüfungen um?
Generell sollte eine interne oder externe Prüfung nicht für Beunruhigungen sorgen. Nur derjenige befürchtet etwas, der etwas zu befürchten hat. Sind alle Testaktivitäten transparent und für Außenstehende nachvollziehbar, schätzen externe wie interne Prüfer eine offene Kommunikation. Mängel sollten offen zugegeben werden. Einem Prüfer Offenheit, Ehrlichkeit und Transparenz zu demonstrieren, ist sehr wichtig. So kann Vertrauen aufgebaut werden. Alle Testaktivitäten sollten plausibel erklärt werden können und sich an der Testplanung orientieren. Eine offene Fehlerkultur bereits beim Testteamaufbau zu etablieren, zahlt sich am Ende auch bei internen und externen Prüfungen aus, denn dies führt zu einem transparenten Umgang mit der Fehlersituation und lässt wenig Raum für große Überraschungen. Es wird einfach der Stand der Dinge kommuniziert. So kommt man auch als Testmanager gegenüber den Prüfern nicht in Erklärungsnot.

12.7 Die verschiedenen Eskalationswege eines Testmanagers

Je nach Testverlauf ist es notwendig, dass der Testmanager bestimmte Sachverhalte oder Situationen eskaliert. Eine Eskalation sollte immer zahlen-, daten- und faktenbasiert sein und nicht auf der persönlichen Ebene ausgetragen werden. Der Testmanager sollte seinem Testteam den nötigen Rahmen geben, damit es adäquat testen kann. Die Gründe für eine Störung der Testaktivitäten können vielfältig sein. Oft ist eine mangelnde Qualität der Entwicklungsleistung zu beobachten oder die Testinfrastruktur ist nicht stabil. Störungen, die den Testbetrieb negativ beeinflussen, sind zeitnah vom Testmanager zu eskalieren. Doch wie wird richtig eskaliert und an wen sollte eskaliert werden? Hier ist wiederum das Stakeholdermanagement von entscheidender Bedeutung, das der Testmanager bereits beim Projektaufsatz etabliert haben sollte. Zur entsprechenden Situation den richtigen Ansprechpartner zu haben, ist für die Unterstützung des Testverlaufes von entscheidender Bedeutung. Zu Beginn des Projektes sind von der Projektleitung idealerweise die Erwartungen und Ziele der Stakeholder an das Projekt erhoben worden. Genau diese sollte der Testmanager auch kennen, um Missstände richtig eskalieren zu können.

Der erste Ansprechpartner für eine Eskalation sollte jedoch immer der Projektleiter sein. Werden Stakeholder vom Testmanager über Missstände im Projekt informiert, ohne vorab den Projektleiter zu informieren, kann sich dieser sehr schnell übergangen oder sogar angegriffen fühlen. Dies ist zu vermeiden. Gemeinsam mit dem Projektleiter ist je nach Situation und Schwere zu entscheiden, an wen zu eskalieren ist.

Zeigt sich ein Projektleiter jedoch wenig kooperativ, das Anliegen des Testmanagers ernst zu nehmen, muss dieser überlegen, ob eine Eskalation zum Beispiel an die Programmleitung oder den Auftraggeber zielführender ist oder ob das Vertrauensverhältnis zur Projektleitung dadurch nachhaltig beschädigt wird. Dabei ist auch zu beachten, ob der Erfolg des Gesamtprojekts dadurch gefährdet wird und ob durch eine Eskalation tatsächlich mögliche Behinderungen im Testablauf behoben werden können.

> **Erfahrungsbox: Eskalationswege**
> Die Auslieferung von Software aus der Entwicklungsabteilung ist bereits vielfach fehlerhaft erfolgt. Die Re-Test Quote ist sehr hoch und zeigt an, dass keine Verbesserung in Sicht ist. Ein bilaterales Gespräch mit dem Chef der Entwicklungsabteilung hat keine spürbare Verbesserung gebracht. Im wöchentlichen Statusreport hat das Testmanagement auf den Missstand hingewiesen, jedoch ohne Erfolg. In Abstimmung mit der Projektleitung wurde ein Eskalationsgespräch mit dem Entwicklungschef anberaumt. Die Gründe – Ausfall eines erfahrenen Entwicklers – wurden aus seiner Sicht geschildert. Gegenmaßnahmen – Bereitstellung erfahrener Entwicklungsressourcen – wurden gemeinsam verabschiedet.
>
> Der wesentliche Grund, warum der Entwicklungschef keinen sofortigen Ersatz bereitgestellt hat, war eine Budgetrestriktion. Diese konnte mit Hilfe der Projektleitung behoben werden. Die Lieferqualität wurde besser und die Testaktivitäten konnten erfolgreich fortgeführt werden.

12.8 Reflexion und Praxis-Check

Der Testmanager nimmt im Informations- und Berichtswesen eine bedeutende politische Rolle ein. Die Informationen, die er an andere Projektbeteiligte herausgibt, sollten immer zahlen-, daten- und faktenbasiert sein und keine Anklagen oder Beschuldigungen einzelner Personen oder Gruppen beinhalten, die die persönliche Ebene betreffen. Das Informations- und Berichtswesen der Testaktivitäten muss transparent sein. Es darf weder vom Testmanagement selbst noch vom Projektmanagement, anderen Projektbeteiligten oder Stakeholdern dafür missbraucht werden, den Sachverhalt unsachgemäß wiederzu-

12.8 Reflexion und Praxis-Check

geben. Der Testmanager sollte auch darauf achten, dass er nicht von anderen zu einem Missbrauch gezwungen wird. Das erreicht er, indem er vorab das Format des Informations- und Berichtswesens im Rahmen des Testkonzeptes beschreibt und sich abnehmen lässt. Änderungen der Form und vor allem des Inhalts sind gemeinsam mit der Projektleitung zu besprechen. Es muss abgewogen werden, ob eine Änderung zweckmäßig und wirtschaftlich ist, also am Ende auch einen Mehrwert liefert.

Der Testmanager sollte sich immer im Klaren darüber sein, dass sein Test-Reporting zu sehr schnellen Reaktionen des Managements führen kann. Sollte sich das Projekt jedoch auf keinem guten Weg befinden und der Testverlauf gestört oder unterbrochen sein, dann sind solche Informationen an das Management sehr zweckdienlich. Der Testmanager muss damit rechnen, für den schlechten Projektverlauf mitverantwortlich gemacht zu werden und mit dieser Kritik umgehen können. Hat er bisher offen und transparent berichtet, kann ihm der „schwarze Peter" nicht zugeschoben werden.

Der Testmanager sollte seinen Farben treu bleiben und die im Vorfeld festgelegten Metriken anwenden, die zu grün, orange oder rot führen.

Für das Informations- und Berichtswesen sehen wir folgende Check-Punkte:

Praxis-Check
- ✓ Wurden die Inhalte, die Form und der Umfang des Informations- und Berichtswesens im Testkonzept festgelegt und wurden diese abgenommen?
- ✓ Besteht ein Vertrauensverhältnis zum Projektmanagement, das es erlaubt, offen und transparent mit Testergebnissen umzugehen?
- ✓ Wird der Testmanager von der Projektleitung dabei unterstützt, eine offene Fehlerkultur zu pflegen?
- ✓ Ist der Testmanager in der Lage, konstruktive Kritik zu äußern und auch an Projektleitung und Management zu eskalieren?
- ✓ Lässt sich der Testmanager nicht von seinem festgelegten Informations- und Berichtsinhalten abbringen?
- ✓ Kann der Testmanager die von ihm geplanten Berichte auch gegenüber dem Management verteidigen, falls dieses eine andere Struktur oder inhaltliche Darstellung verlangt?
- ✓ Geht der Testmanager kooperativ und souverän mit externen und internen Prüfungen um, indem er transparent und offen berichtet?

Teil III
Der Abschluss

Das Testende 13

> **Zusammenfassung**
>
> Endlich haben wir es geschafft! Die Testaktivitäten gehen dem Ende zu. Eine Auswahl von Nutzern, die künftig mit dem System arbeiten, müssen im Rahmen des User-Acceptance-Test (UAT) ihre finale Freigabe erteilen und damit das System abnehmen. Das Testende ist eine der heißesten Phasen im Projektverlauf. Jetzt zeigt sich, ob durch das Testen unter anderem die entsprechende Qualität in das Lieferobjekt gebracht werden konnte, um nun auch tatsächlich Live gehen zu können. Ist das nicht der Fall, muss über Workarounds gesprochen werden oder über ein Descoping, also einer Reduzierung des Lieferumfangs. Dies gilt aber nur, wenn der Zeitpunkt für den Go-Live gesetzt ist und nicht verschoben werden kann.
>
> Bevor jedoch tatsächlich Live gegangen werden kann, müssen noch zahlreiche Freigabeprozeduren durchlaufen werden, die sehr zeitraubend sein können. Es ist deshalb nicht möglich, bis zum letzten Tag vor dem Live-Gang zu testen. Für die Freigaben und Abstimmungen mit dem Deployment- und Release-Management ist immer ein entsprechender zeitlicher Puffer einzuplanen.
>
> Parallel sind auch Regressionstests und mögliche Testautomatisationen zu identifizieren und zu etablieren. Wird die Testinfrastruktur bis auf Weiteres nicht mehr benötigt, ist ihr Rückbau zu organisieren. Im Anschluss sollte eine Lessons Learned durchgeführt werden, um den Testablauf zu verbessern und aus den Fehlern, die diesmal gemacht wurden, lernen zu können. Ebenso ist der Know-how-Transfer sicherzustellen, damit das operative Business-Team in der Lage ist, den Geschäftsbetrieb nach dem Go-Live aufrechtzuerhalten. Hierzu dient eine Stabilisierungsphase direkt nach dem Go-Live.
>
> Nicht zu vergessen ist die Party mit dem gesamten Projektteam und den Stakeholdern, wenn die größten Herausforderungen nach einem erfolgreichen Go-Live gemeistert worden sind. Ein kleiner Umtrunk im Testteam ist vorab natürlich auch denkbar.

13.1 Wann ist der Test beendet?

Grundsätzlich ist der Test beendet, wenn die Testende-Kriterien erreicht worden sind. Diese wurden pro Testphase definiert und setzen sich aus der Anzahl und Qualität offener Defects sowie der Anzahl nicht ausgeführter Testfälle zusammen. Mit der Abnahme der Testergebnisse durch die dazu bemächtigten Personen wird eine Testaktivität offiziell beendet.

Wurden nicht alle Testende-Kriterien erfüllt, gibt es mehrere Möglichkeiten. Zum Beispiel wird einfach korrigiert und nachgetestet. Ist die verfügbare Restlaufzeit dafür zu knapp, muss eine Risikobetrachtung vorgenommen werden, ob dennoch fortgefahren werden kann oder nicht. Diese Risikobetrachtung hängt von der Schwere der Fehler ab und von der Priorität der Testfälle, die noch nicht durchgeführt wurden. Es gilt also abzuwägen, ob die Zeit bis zum geplanten Go-Live noch ausreicht, um zu korrigieren und erneut zu testen oder ob man im Notfall mit der Fehlersituation leben kann, also einen Workaround vereinbart (und auch testet) und den Fehler nach dem Go-Live behebt.

13.2 Wann wird ein Test beendet (Timeboxing)?

Wenn die Testende-Kriterien weich gefasst worden sind, also eine ganze Bandbreite von Interpretationen der Testergebnisse möglich ist, können harte Kriterien, die auf absolut festgelegten Zahlen basieren, überstimmt werden. Der Test kann so aktiv beendet werden, ohne dass die Testende-Kriterien erreicht worden sind. Es kann beispielsweise eine Freigabe durch die Verantwortlichen erfolgen, selbst wenn noch schwerwiegende Defects vorhanden sind. In einem Projekt, dessen Go-Live-Termin bereits zu Beginn des Projektes klar festgelegt worden ist und das keine Verzögerung zulässt (Timeboxing), werden die Risiken, die durch eine solche Freigabe verbunden sind, von den Verantwortlichen bewusst eingegangen. Ein kluger Testmanager achtet darauf, dass die Entscheidungsfindung nachvollziehbar dokumentiert ist. Mahnende Worte des Testmanagers schaden hier nicht, um auszudrücken, dass er es bevorzugt hätte, die Testende-Kriterien klar zu erreichen.

Das Testen kann auch aktiv beendet werden, indem das Erreichen der Testende-Kriterien forciert wird. Beliebt sind die Herabstufung der Auswirkungen und Prioritäten von Defects, die wundersame Vermehrung von Workarounds auch für bis dato unlösbare Probleme oder das Descoping von Testfällen. Auch hierbei sollten Testmanager für Transparenz sorgen. Es sollten nicht nur die Entscheidungen, sondern vor allem die Entscheider klar dokumentiert sein, sodass nicht „post mortem" an der Qualität des Testmanagements gezweifelt werden kann.

In all diesen Fällen ist stets darauf zu achten, dass alle Beteiligten nach dem Go-Live nicht die vollständige Funktionalität erwarten. Es kann anfänglich auch Probleme im Live-Betrieb geben, die manchmal sogar mehr Aufwand verursachen als vor dem Go-Live. In der Stabilisierungsphase nach dem Go-Live sollte genügend Personal zur Verfügung stehen, um den Geschäftsbetrieb aufrechterhalten zu können und auch bei den festgelegten Workarounds zu unterstützen. Währenddessen muss das Testteam weitertesten, um die Workarounds irgendwann auch durch Systemfunktionalität zu ersetzen, also die aufgebauten „technischen Schulden" wieder zu reduzieren.

> **Erfahrungsbox: Testende**
> Leider lässt sich in der Projekt-Praxis beobachten, dass festgelegte Workarounds, die temporär nach dem Go-Live zum Einsatz gekommen sind, sich oft sehr hartnäckig halten und nicht durch Systemfunktionalität ersetzt werden. Der Grund dafür liegt auf der Hand: Das Projekt wurde offiziell beendet und es gibt kein Budget mehr, um die Workarounds zu reduzieren. Das heißt im Klartext, dass das

Testteam nicht mehr verfügbar ist und die betroffenen Bereiche nun mit der Situation klarkommen müssen. Aus einer rein wirtschaftlichen Betrachtung heraus ist der dadurch entstehende Mehraufwand eigentlich vom Business Case des durchgeführten Projektes abzuziehen. Aber oftmals versickert dieser Aufwand in der Linie, weil man ja nicht zugeben möchte, dass man etwas falsch gemacht hat. Nur wundert man sich im Management, dass die Gesamtkosten nicht signifikant gesenkt worden sind und die Mitarbeiter sich beschweren, überlastet zu sein.

13.3 Der Freigabeprozess und das Deployment-Management

Der Freigabe-Prozess und das zugehörige Deployment, also die Transformation der getesteten Funktionalität in die Produktion, sind in der Regel stark reguliert. Häufig ist der Freigabe-Prozess sehr bürokratisch, also zeitraubend, aufgesetzt. Es müssen zahlreiche Dokumente ausgefüllt und eingereicht werden, teilweise muss einem Ausschuss das Ergebnis der letzten Tests präsentiert werden, um das finale „Go" zu bekommen. Das setzt voraus, dass der Testmanager dafür genügend Zeit eingeplant hat. Der Vorlauf von Test-Ende bis zum Go-Live sollte je nach Komplexität des Freigabe-Prozesses mit zwei bis drei Wochen kalkuliert werden.

Es sollte bereits im Vorfeld eine intensive Abstimmung mit dem Deployment-Management erfolgt sein. So kann sich das Deployment-Team formieren und vom Projekt-Management und Testmanagement ein Briefing bekommen, worauf möglicherweise beim Go-Live zu achten ist. Das Deployment-Team sollte zum Go-Live auch von Mitgliedern des Testteams unterstützt werden, um einen möglichst reibungslosen Ablauf zu gewährleisten.

13.4 Die Vorbereitung des Go-Live

Für die Vorbereitungen des Go-Live gibt es, je nach Projektgröße, ein Go-Live-Team, das mittels eines „Run-Books" oder „Production-Play-Books" die erforderlichen Schritte bis zum Go-Live plant. Das Testteam wird in dieser Vorbereitungsphase, die bis zu sechs Wochen vor dem Go-Live liegen kann, oftmals um Unterstützung gebeten, um spezielle Testfälle auszuwählen oder zu erstellen, mit denen man den Go-Live absichern kann. Im Idealfall kann das Testteam mit seinen Experten und seiner Erfahrung die Abarbeitung des Run-Books für das Go-Live-Team absichern. Hierzu müssen dann Testfälle vorbereitet oder erstellt werden, für die das Testmanagement genügend Zeit einplanen muss, da sich das Testteam in dieser Phase höchstwahrscheinlich im Abnahmetest (UAT) befindet.

Häufig wird der Go-Live in Abstimmung mit dem Deployment-Team an einem Wochenende durchgeführt. Die Mitarbeiter des Testteams müssen darauf achten, dass die gesamte Logistik, zum Beispiel für die Genehmigungen von Mehrarbeit und Zugriff auf die Systeme, gewährleistet ist. Mit dem Übergang in die Produktion ist das Ziel für das Testteam erreicht, ein möglichst fehlerfreies Produkt an den Fachbereich zu übergeben. Der Fachbereich führt oftmals noch am Go-Live-Wochenende oder am ersten regulären Arbeitstag einen sogenannten Annahmetest durch, in dem die Systemverfügbarkeit getestet wird. Tief greifende funktionale Tests mit Produktionsdaten sind nicht zu empfehlen, da wir hier nicht mehr auf einer Spielwiese sind, sondern im Live-Betrieb. Das Testteam sollte allein aus Datenschutzgründen keinerlei Zugriff auf die Produktionsumgebung haben. Der Fachbereich sollte sich beim Funktionstest in Produktion an reinen Zugriffsrechten und Systemverfügbarkeiten im Rahmen des Annahmetests orientieren. Ein Standard-Durchlauf des Fachbereichs kann als Annahmetest durchgeführt werden, der dann jedoch keinen reinen Testcharakter mehr hat, da nun produktiv etwas getan wird.

Es empfiehlt sich, die betroffenen Mitarbeiter bei den ersten Schritten in Produktion mit Experten des Testteams direkt am Arbeitsplatz zu unterstützen. Dadurch fühlen sich die Mitarbeiter im Umgang mit den neuen Funktionalitäten sicherer und die Experten können sofort Maßnahmen ergreifen, falls Fehler auftauchen sollten. Denn diese können dann direkt am Arbeitsplatz gemeinsam identifiziert werden. Dadurch wird viel Zeit gespart, die möglicherweise entscheidend sein kann, um den Live-Betrieb aufrecht zu erhalten.

Die Fehlerbehebung kann so zielgerichteter erfolgen, da die Tester gemeinsam mit den fachlichen Mitarbeitern die Fehler gesichtet haben. Die jeweiligen Tester können schneller und sehr detailliert mit der Entwicklungsabteilung kommunizieren und geeignete Tests durchführen. Das Deployment-Team muss in dieser Stabilisierungs-Phase nach dem Go-Live natürlich auch ausreichend Personal zur Verfügung stellen, damit die behobenen Fehler in die Produktion eingespielt werden können.

13.5 Die Abstimmung mit dem Release-Management

Das Release-Management ist generell für die Planung von System-Upgrades oder auch der Einführung neuer Systeme zuständig. Viele Systeme haben festgelegte Zyklen, in denen überhaupt ein Upgrade möglich ist. Der Projektmanager muss dies im Vorfeld mit dem Release-Management abstimmen und den Testmanager darüber informieren. Sind mehrere Systeme involviert, die möglicherweise auch noch Abhängigkeiten haben, kann die Abstimmung sehr komplex werden. Gerade deshalb ist es notwendig, rechtzeitig mit der Abstimmung zu beginnen, um daraus eine gute Planung für den Go-Live zu entwickeln.

Bereits in der Integrationstestphase sollten die Abhängigkeiten der involvierten Systeme bekannt sein. Es bietet sich an, System-Upgrades und mögliche Implikationen zu testen, um auf der Produktionsumgebung beim Go-Live keine Schwierigkeiten zu bekommen. Das Zusammenspiel von Release-Management, Testmanagement, Testteam sowie der Projektleitung kann als Generalprobe verstanden werden, bevor man tatsächlich Live geht.

Eine sehr sinnvolle Vorbereitung vor dem Go-Live ist das Einklinken des Testteams basierend auf dem „Production-Play-Book", welches jeden Schritt bis zum Go-Live aufführt. Dadurch kann im Falle von unerwarteten Problemen oder Fehlern sehr schnell reagiert werden kann. Das Testteam, das durch die bisherigen Testphasen gut eingearbeitet ist, kann sehr gut helfen, potenziell auftretende Unstimmigkeiten zu lösen.

In diesem Zusammenhang sei noch einmal erwähnt, dass es zum Go-Live auch teilweise Hot-Fixes gibt, also Systemkorrekturen, die außerhalb der Releasezyklen eingespielt werden müssen, um gravierende Produktionsprobleme zu beheben. In diesem Fall ist es notwendig, diese Hot-Fixes vor Einspielung in die Produktion auf einer produktionsnahen Testebene einzuspielen und zu testen. Die Verfügbarkeit von mehreren Testebenen ist entsprechend zu planen und vorzuhalten, damit es auch immer eine Umgebung gibt, die die Produktion möglichst simulieren kann.

13.6 Die Party

Nach einer möglichst erfolgreichen Produktivnahme des Systems darf nicht vergessen werden, dies im gesamten Team zu feiern! Es wurde viel Zeit investiert, verbunden mit möglicher Extra-Arbeit, um am Ende Live gehen zu können. Die Würdigung dieser Leistung durch das Senior Management und weiterer Stakeholder ist eine notwendige Wertschätzung aller Personen, die in das Projekt involviert waren.

Feiern ist auch in früheren Phasen schon sinnvoll, um die Motivation zu fördern. Für das Testteam bietet sich beispielsweise an, die einzelnen Testphasen entlang der Quality Gates gebührend zu feiern. In einem Testteam-Jour-Fixe könnte im Abstand von acht bis zehn Wochen das bis dahin Erreichte gefeiert werden. Es steht mal nicht die Arbeit im Vordergrund, sondern die Kommunikation zwischen den Team-Mitgliedern. So wird Vertrauen aufgebaut, und das wird sich in der Zusammenarbeit auszahlen. Darüber hinaus ist es auch denkbar, ausgewählte Stakeholder zu den Testteam-Events einzuladen. Das gibt den Stakeholdern die Möglichkeit, sich aus erster Hand und persönlich über die Testaktivitäten zu informieren. Und die Teilnehmer aus dem Testteam haben die Möglichkeit, die Stakeholder in einer etwas entspannteren Atmosphäre kennenzulernen. Auch hier stehen vertrauensbildende Maßnahmen durch persönlichen Austausch im Vordergrund. Das Vertrauen, das in solchen Situationen aufgebaut wird, sorgt dafür, dass die Beteiligten in herausfordernden Projektsituationen besser zusammenarbeiten können.

13.7 Die Lessons Learned und der Know-how-Transfer

Lessons Learned sind, wie in allen Projekten, auch im Testprojekt sinnvoll. Betrachten alle Beteiligten kritisch, was sie erreicht haben, können sie sich verbessern. Die klassischen Lessons Learned-Themenfelder bestehen aus den folgenden Elementen:

- Management
- Arbeitsumfeld und Projektkultur
- Inhaltliche Projektarbeit

Für die Testaktivitäten können der Testmanager und das Testteam eine Lessons Learned durchführen, die folgende Punkte zum Inhalt haben kann:

- Management
  - Testmanagement (Methodik/Testprozess)
  - Stakeholdermanagement
  - Anforderungsmanagement (gemäß IREB)
  - Ressourcen-Management
  - Klares Projektziel
- Arbeitsumfeld und Projektkultur
  - Testinfrastruktur (Verfügbarkeiten)
  - Förderung der Kommunikation
  - Motivation
  - Etablierung eines Werteverständnisses
- Inhaltliche Projektarbeit
  - Defect-Behebung
  - Einsatz von Test-Tools

Know-how-Transfer
Mit einer Produktivsetzung werden üblicherweise Systeme oder Systemteile in die Betreuung der Linie überführt, wenn auch vielleicht nicht sofort. Häufig geht damit die Verantwortung an andere Personen über, die für die Qualitätssicherung zuständig sind. Das Testteam muss sein Know-how an die Linienmitarbeiter transferieren, da die Mitglieder des Testteams im Produktivbetrieb nicht immer zur Verfügung stehen, weil sie in andere Projekte eingespannt sind oder als externe Mitarbeiter gar nicht mehr im Hause sind. Ein Know-how-Transfer kann über eine angefertigte Dokumentation erfolgen, durch Schulung der betroffenen Mitarbeiter durch Mitglieder des Testteams oder im Rahmen der Stabilisierungsphase direkt am Arbeitsplatz der Mitarbeiter.

13.8 Reflexion und Praxis-Check

Das Testende liefert Ergebnisse, die abschließend darüber Auskunft geben, ob ein Go-Live möglich ist oder nicht. Es wäre eine große Enttäuschung, den Go-Live trotz aller Bemühungen nicht zu erreichen. In dieser wegweisenden Projektphase zeigt sich, wie gut getestet worden ist und wie schnell gefundene Fehler behoben werden konnten. Der Testmanager steht in ständigem Austausch zu seinem Team, dem Deployment- und Release-Management sowie der Projektleitung, um die letzten Vorbereitungen zum

Live-Gang zu organisieren. Für eine Stabilisierungsphase nach dem Go-Live sind noch Testressourcen zu planen, genauso wie zur Auflösung von Workarounds und dem Know-how-Transfer an die Linienmitarbeiter. Abgerundet wird der Testeinsatz durch eine gemeinsam mit dem Testteam durchgeführte Lessons Learned.

Für das Testende sehen wir folgende Check-Punkte:

Praxis-Check
- ✓ Wurde der Live-Gang gefeiert?
- ✓ Wurden klare Kriterien für das Test-Ende festgelegt und werden diese auch eingehalten?
- ✓ Lässt sich trotz Timeboxing ein akzeptables Qualitätsniveau für den Go-Live erreichen?
- ✓ Wurde genügend Zeit für vorbereitende Tätigkeiten zum Go-Live eingeplant, wie beispielsweise Freigaben, Testergebnisberichte, Abstimmung mit Release-Management und dem Deployment-Team?
- ✓ Wurden Regressions-Test-Sets – bestehend aus einer Auswahl von Testfällen aus dem Abnahmetest – erstellt, um diese bei Systemanpassungen durchlaufen zu lassen?
- ✓ Ist an die Möglichkeiten von Testautomatisation gedacht worden bzw. wurde diese bereits etabliert?
- ✓ Wurden Vereinbarungen zur Behandlung von Workarounds getroffen und stehen Experten des Testteams auch nach dem Go-Live für die Auflösung von Workarounds verbunden mit einem Know-how-Transfer zur Verfügung?
- ✓ Wurde eine Lessons Learned durchgeführt und die Ergebnisse daraus dokumentiert?

Post Go-Live Testaktivitäten 14

> **Zusammenfassung**
> Auch wenn der Go-Live gut vorbereitet war und gut durchgeführt worden ist, wird es im Anschluss noch weitere Testaktivitäten geben. Das kann daran liegen, dass während der Stabilisierungsphase oder dem Auflösen von Workarounds Fehler in Produktion gefunden wurden. Diese Testaktivitäten sollten rechtzeitig, also bereits vor dem Go-Live, geplant und mit geeigneten Testressourcen ausgestattet werden.

14.1 Die Stabilisierungsphase

Die Stabilisierungsphase dient, wie das Wort schon sagt, der Stabilisierung des Geschäftsbetriebs nach der Einführung eines neuen Systems. Nach dem Go-Live müssen wir damit rechnen, dass neue Fehler entdeckt werden, die Verfügbarkeit von Funktionalität eingeschränkt sein kann oder es sogar Ausfälle gibt. Keine Panik – das ist durchaus zu erwarten.

Deshalb sollte eine stabile und die Produktionsumgebung möglichst simulierende Testumgebung bereitgehalten werden, um handlungsfähig zu bleiben.

Auch Schlüssel-Personen, wie beispielsweise Business Analysten und erfahrene Tester sollten so lange im Projekt bleiben, bis keine Defects mehr gemeldet werden und der Betrieb eingespielt ist. Auch der Testmanager sollte noch verfügbar sein, da nicht auszuschließen ist, dass es erhebliche Produktionsprobleme im Live-Betrieb gibt, die dann schnell behoben werden müssen. Das Release-Management und der IT-Betrieb müssen in der Stabilisierungsphase ebenfalls verfügbar und in der Lage sein, Korrekturen in die Produktion einzuspielen.

Erfahrungsgemäß ist in komplexen Projekten in den ersten zwei Wochen nach Produktivsetzung mit Produktionsproblemen zu rechnen, danach tritt die Stabilisierung ein.

14.2 Der Umgang mit Hot-Fixes

Wenn Defects gemeldet werden, müssen sogenannte „Hot-Fixes" geplant werden, die relativ zeitnah in die Produktion eingespielt werden. Hot-Fixes dienen der sofortigen Linderung von Produktionsproblemen ohne an den Release-Zyklen zu hängen. In der Regel gibt es dafür Prozesse und Vorgaben im Haus, mit denen sich der Testmanager bereits vor dem Go-Live auseinandersetzen muss, um im Notfall handlungsfähig zu sein.

Die Abstimmung mit dem Release-Management und dem Deployment-Management sollte ebenfalls vor dem Go-Live erfolgen, damit der Abstimmungsaufwand im Bedarfsfall nicht zu hoch ist und nicht erst nach den zuständigen Personen gefahndet werden muss. Die Aufgabe des Testmanagers ist es, bei der Erstellung und der Produktivsetzung von Hot-Fixes maximale Qualität zu liefern. Er muss dafür sorgen, dass erfahrene Testressourcen und eine lauffähige Testumgebung, die den Produktionsbetrieb nahezu simuliert, zur Verfügung stehen.

14.3 Die qualitätsgesicherte Auflösung von Workarounds

Workarounds sind die Pflaster, die während der Testphase auf Wunden geklebt wurden, die nicht heilen konnten. Sie sollten nach dem Go-Live aber so weit wie möglich aufgelöst werden. Ansonsten ist es sinnvoll, mit den Betroffenen Einigung darüber zu erzielen, dass Workarounds auf Dauer bleiben. Das sollte jedoch nicht die Zielsetzung eines Workarounds sein. Der zusätzliche Aufwand, Workarounds zu bearbeiten, kann sehr schnell den wirtschaftlichen Nutzen, der das Ziel der Einführung einer neuen Software war, zunichtemachen.

Je nach Testverlauf und Schwere der Defects mussten Workarounds etabliert werden, um am Ende überhaupt Live gehen zu können. Klassischerweise halten sich Workarounds sehr hartnäckig in der Produktionsumgebung, da es oft kein Budget für Projektfolgearbeiten gibt, keine internen und externen Kapazitäten mehr zur Verfügung stehen oder der Aufwand für die Auflösung des Workarounds in der Nachbetrachtung als zu hoch eingeschätzt wird. Aus diesem Dilemma muss die Projektleitung in Abstimmung mit den betroffenen Bereichen einen Ausweg finden. Schon vor dem Go-Live sollte deshalb eine Planung zur Auflösung von Workarounds entworfen und entsprechend budgetiert werden.

Der Testmanager muss basierend auf dieser Planung ein Testteam aus Experten zusammenstellen, welches die Auflösung der Workarounds adäquat testen kann. Dies sollte idealerweise noch vor dem Go-Live erfolgen, auch wenn die Phase kurz vor dem Go-Live oft sehr turbulent ist. Diesen Test erst nach dem Go-Live einzuplanen, birgt die Gefahr, dass die Test-Experten nicht mehr zur Verfügung stehen. Neue Tester anzulernen, würde einen unverhältnismäßig großen Aufwand bedeuten.

Die Realität in der Praxis ist jedoch sehr häufig, dass es keine Planung zur Auflösung von Workarounds gibt. Diese halten sich dadurch also in der Produktion und die betroffenen Bereiche müssen damit zurechtkommen. In einer professionelleren Projektumgebung wird die oben beschriebene Planung umgesetzt, die Testdokumentation angepasst und die dazugehörigen Defects können geschlossen werden.

14.4 Reflexion und Praxis-Check

Die Phase nach dem Go-Live ist für das Gesamtprojekt eine sehr entscheidende. Hier zeigt sich, ob sich all die Mühen gelohnt haben, intensiv zu testen und eine funktionsfähige Software abzuliefern. Häufig wird die Verfügbarkeit einer Auswahl geeigneter Test-Ressourcen bis in die Stabilisierungsphase hinein von der Projektleitung aus Kostengründen nicht mit eingeplant. Damit gefährdet das Projekt einen guten Start in die Produktion. Im Verhältnis zum Gesamtbudget ist der Aufwand für das Vorhalten von Testressourcen nach dem Go-Live verhältnismäßig klein, hat aber einen großen positiven Effekt, sollte es zu notwendigen Anpassungen kommen, die nachgetestet werden müssen.

Für die Post Go-Live Testaktivitäten sehen wir folgende Check-Punkte:

Praxis-Check
- ✓ Wurden für die Stabilisierungsphase ausreichende und richtige Test-Ressourcen geplant?
- ✓ Ist die Verfügbarkeit der Test-Ressourcen gewährleistet?
- ✓ Steht das Change- und Release-Management während der Stabilisierungsphase in Bereitschaft und in Kontakt zum Testmanagement?
- ✓ Sind Hot-Fixes erforderlich und ist der Ablauf der Einspielung bereits abgestimmt, falls es dazu kommen sollte?
- ✓ Ist eine Planung zur Auflösung von Workarounds vorhanden und wurde diese entsprechend budgetiert?
- ✓ Konnten Workarounds erheblich reduziert werden?

Teil IV
Was haben wir gelernt

Die Kommunikation 15

© Burkhard Mohr

> **Zusammenfassung**
>
> Unsere Erfahrung zeigt, dass nach Projektende im Rahmen vom Lessons Learnd am meisten die mangelnde Kommunikation kritisiert wird. Es ist schon erstaunlich, schließlich ist Kommunikation ja allgegenwärtig – aber leider oft in der Form von Nicht-Kommunikation. Die Dinge, die viele Projektteilnehmer aus Erfahrung immer als sehr wichtig erachten, werden in der Praxis nicht oder nur sehr eingeschränkt gelebt. Der Vorsatz kann noch so gut sein, die alten Verhaltensmuster sind stärker. Doch woran liegt das?
>
> In Teil I haben wir viel über Werte und das damit einhergehende Vertrauen gesprochen, das vorhanden sein muss, damit eine Gruppe erfolgreich arbeiten kann. Ist dieses Grundvertrauen nicht oder nur sehr eingeschränkt vorhanden, so kann keine offene und ehrliche Kommunikation stattfinden. Der Vertrauensverlust führt zu Abwehrhaltungen und Reduktion der Kommunikation auf ein notwendiges Minimum.
>
> Auch eine schlecht ausgeprägte Konfliktkultur kann zum Verlust des Grundvertrauens führen und damit zu erheblichen Einschränkungen in der Kommunikation. Anstatt einen Konflikt offen und ehrlich auszutragen, wird lieber geschwiegen. Oft werden politische Aspekte ins Feld geführt, die von Macht, Karrierestreben, Profilierung und autoritärem Verhalten geprägt sind.
>
> Doch wie etabliert man eine adäquate Kommunikation? Wir haben gelernt, dass gemeinsam mit allen Projektbeteiligten zu Projektbeginn ein einheitliches Verständnis von den Projektzielen und den dazugehörigen Werten erarbeitet werden muss. Im Anschluss müssen allen Projektmitgliedern die Ergebnisse transparent gemacht werden. Insbesondere müssen die Ergebnisse auch von den Stakeholdern akzeptiert, getragen und vor allem auch gelebt werden. So wird ein Grundgerüst an vertrauensbildenden Maßnahmen etabliert, was dabei hilft, Konflikte lösungsorientiert anzugehen und konstruktiv zu kommunizieren. Ist dies aufgrund der Projektstruktur oder der Akteure nicht möglich, ist zu prüfen, welche kommunikationsfördernden Maßnahmen ergriffen werden können. Diese können ein Einzel- oder Gruppen-Coaching sein, die Vermittlung von Kommunikationsmethoden- und Arten oder auch Konfliktmanagement-Schulungen.

Für die Kommunikation sehen wir folgende Check-Punkte:

> **Praxis-Check**
>
> ✓ Unterstützt das Projektumfeld eine offene und ehrliche Kommunikation?
> ✓ Falls nicht, ist der Testmanager in der Lage, kommunikationsfördernde Maßnahmen zu ergreifen – zum Beispiel durch Coaching, Methodik, Trainings?
> ✓ Sind Werte, die für die Kommunikation elementar sind, wie zum Beispiel Offenheit, Ehrlichkeit, Respekt, Vertrauen und Wertschätzung, gemeinsam erarbeitet und kommuniziert worden?
> ✓ Wurden Regeln für die Kommunikation, die beispielsweise durch Grundsätze gestützt werden, für das Projekt verabschiedet und natürlich auch kommuniziert?

Weiterführende Literatur

Cem Kaner, James Bach, Bret Pettichord, „*Lessons Learned in Software Testing: A Context-Driven Approach*" (2002)

Die Qualität

16

Zusammenfassung

Was bedeutet eigentliche Qualität? Und wie kann ich Qualität liefern? Um Qualität liefern zu können, ist ein Qualitätsbewusstsein erforderlich. Daran scheitert es oft schon bei sehr vielen Projektvorhaben. Doch wie entsteht eigentlich Qualität? Qualität kommt vom lateinischen Begriff „Qualitas", der mit „Beschaffenheit" oder „Eigenschaft" übersetzt wird. Für die effiziente Nutzung von Software sind grundsätzlich eine gute Beschaffenheit, die durch Stabilität gewährleistet wird, sowie eine gute Funktionalität als wichtige Eigenschaften erforderlich. Wir haben gelernt, dass wir uns bereits lange vor den ersten Testaktivitäten damit beschäftigen müssen, dass Qualität in den Testprozess und am Ende in das Lieferobjekt gelangt.

Neben der Existenz von Qualitätskriterien und Lieferobjekten, die in Quality Gates münden, ist eine qualitativ hochwertige Beschreibung der zugrunde liegenden Anforderungen dabei ein wesentlicher Erfolgsfaktor. Um dies zu gewährleisten, ist eine Orientierung entlang der Kriterien nach IREB (International Requirements Engineering Board) zu empfehlen. Diese umfassen Inhalt (unter anderem Vollständig, Verfolgbar, Korrekt, Überprüfbar), Dokumentation (unter anderem Formate, Verständlichkeit, Eindeutigkeit) und Abgestimmtheit (unter anderem durch Experten und Stakeholder, Auflösung von Konflikten, finale Klärung von Annahmen und Optionen).

So kann Qualität in den Testprozess und am Ende in das gesamte Projektvorhaben gebracht werden. Jeder Qualitätsmangel, egal welche der oben aufgeführten Kriterien er betrifft, führt mit hoher Wahrscheinlichkeit zu einer Reduktion an Funktionalität und/oder Fehlern. Einen Qualitätsmangel zu beheben, erfordert einen erheblichen Mehraufwand an Kapazität, von der Entwicklung über den Test bis hin zum Fachbereich, je nachdem wann der Qualitätsmangel festgestellt worden ist. Ein zu niedriges Qualitätsniveau rächt sich am Ende also, indem man mehr Aufwand betreiben muss. Deshalb ist es sehr wichtig, ein hohes Qualitätsbewusstsein bereits zu Projektbeginn durch geeignete Maßnahmen zu etablieren. Hierzu zählen eine gemeinsame Verabschiedung von Qualitätsstandards ebenso wie die mögliche und notwendige Schulung von Personal, das mit der Dokumentation von Anforderungen betraut ist.

Für die Qualität sehen wir folgende Check-Punkte:

Praxis-Check
- ✓ Wurde ein Qualitätsbewusstsein durch Etablierung, Kommunikation und Schulung von Qualitätsstandards geschaffen?
- ✓ Wurden gemeinsam mit den Stakeholdern Qualitätsgrundsätze für das Projekt erarbeitet und wurden diese von ihnen verabschiedet und entsprechend kommuniziert?
- ✓ Wurden für das Projekt Quality Gates etabliert, die je nach Projektphase verschiedene Lieferobjekte umfassen und mit Projektfortschritt zu einer Qualitätsverbesserung führen?
- ✓ Existiert für das Projekt ein aufgesetztes Qualitätsmanagement, das auf festgelegten Grundsätzen und einheitlichen Standards basiert (zum Beispiel nach IREB)?
- ✓ Führt ein Qualitätsmanager auch tatsächlich aktiv seine Rolle aus, indem er zum Beispiel Anforderungsdokumente anhand festgelegter Attribute inhaltlich überprüft und nicht nur deren Lieferung auf einer Checkliste nachhält?

Die Umgebung

17

> **Zusammenfassung**
> Mit der Umgebung sind die Rahmenbedingungen gemeint, in der die Testaktivitäten vorbereitet und durchgeführt werden. Diese können sehr vielfältig sein. Hierzu zählt beispielsweise, ob Richtlinien, komplexe Rahmenwerke und organisatorische Vorgaben eine produktive Arbeit überhaupt zulassen oder eher behindern. Ebenso sind die Projektteilnehmer, also Auftraggeber, Projektleiter, Mitarbeitern aus dem Fachbereich und der Entwicklung sowie weitere Stakeholder gefordert, gemeinsam eine Umgebung zu schaffen, in der konstruktiv gearbeitet werden kann.
>
> Wir haben gelernt, dass sich zu viel Bürokratie negativ auf die Performance im Projekt auswirkt. Es ist die Verantwortung des Testmanagers, dafür zu sorgen, dass sein Testteam eine Umgebung vorfindet, in der es auch tatsächlich arbeiten kann. Störungen sind dementsprechend zu melden und gemeinsam mit der Projektleitung möglichst zu beseitigen. Dies ist allerdings nur möglich, wenn die Projektkultur von Vertrauen, Wertschätzung, Offenheit/Transparenz und vor allem einer Lösungsorientierung geprägt ist.
>
> Steht eine lösungsorientierte Umgebung nur eingeschränkt oder gar nicht zur Verfügung, führt das unweigerlich zu Konflikten. Können Konflikte nicht konstruktiv gelöst werden, kann dies zum Stillstand eines jeden Projektes führen. Das gilt auch für die Testaktivitäten. Der Testmanager muss sein Testteam vor negativen Einflüssen aus der Projektumgebung schützen, denn das kann sich sehr negativ auf die Motivation und Leistungsfähigkeit des gesamten Teams auswirken.

Für die Umgebung sehen wir folgende Check-Punkte:

> **Praxis-Check**
> ✓ Lassen die Rahmenbedingungen des Projektes ein zielorientiertes Arbeiten zu?
> ✓ Unterstützen die Stakeholder des Projektes ein lösungsorientiertes Projektumfeld, indem sie Werte wie beispielsweise Vertrauen, Wertschätzung, Offenheit/Transparenz etablieren?
> ✓ Ermöglicht die Projektkultur einen konstruktiven Umgang mit Konflikten?
> ✓ Ist der Testmanager in der Lage, gemeinsam mit den Stakeholdern Störungen zu eliminieren?

Das Teaming-Up

18

> **Zusammenfassung**
>
> Ein Team zusammenzustellen, zu entwickeln und zu motivieren, ist ein sehr wichtiger Baustein für ein Erfolg versprechendes Projekt. Nicht anders verhält es sich beim Testmanager und seinem Testteam. Als erstes muss das Team auf das oberste Ziel eingeschworen werden – dem Finden von Fehlern. Für den Zusammenhalt des Testteams ist es sehr wichtig, dass es sicher sein kann, dass der Testmanager es immer unterstützt und es, wenn es nötig ist, auch verteidigt. Die Geschlossenheit des Teams setzt voraus, dass neben den Zielen auch ein klares Rollenverständnis kommuniziert wurde, um potenziellen Konflikten vorzubeugen.
>
> Nachdem der Testmanager in Abstimmung mit der Projektleitung das Testteam zusammengestellt hat und die Aufgaben und Rollen verteilt wurden, kann man sich auch teambildenden Maßnahmen widmen, zum Beispiel gemeinsamen Aktivitäten außerhalb der normalen Projektumgebung im Rahmen von „Off-Sites". Es bietet sich an, die grobe Testplanung gemeinsam mit dem Testteam zu verfeinern. So sind nicht nur allen Testteammitgliedern die geplanten Testaktivitäten bekannt, sondern der Fokus wird automatisch auf die zu erreichenden Meilensteine gelegt. Darüber hinaus können in einem Off-Site auch Gruppenübungen durchgeführt werden, die es ermöglichen, dass sich die Teammitglieder besser kennenlernen. Der Testmanager tritt hier idealerweise als Moderator auf, um einen gewissen „Team-Spirit" zu erzeugen und für die richtige Motivation zu sorgen. Dieser Team-Spirit kann vom Testteam auch in andere Bereiche wie den Fachbereich und die Entwicklungsabteilung/IT getragen werden, um zu erreichen, dass diese im Projekt miteinander und nicht gegeneinander arbeiten – und dies vielleicht sogar über die Projektzeit hinaus.
>
> Das gegenseitige Kennenlernen der Testteam-Mitglieder im Rahmen von teambildenden Aktivitäten kann für ein hohes Maß an Vertrauen sorgen. Vor allem das Vertrauen, welches das Testteam dem Testmanager entgegenbringt, ist für anstehende herausfordernde Testphasen immens wichtig. Dadurch kann gewährleistet werden, dass das Testteam oder einzelne Teammitglieder in brenzligen Situationen nicht alleine gelassen werden. Der Testmanager ist aber auch davon abhängig, von seinem Team gut unterstützt zu werden, das heißt zum Beispiel mit aussagekräftigen Informationen zum Testverlauf und der Fehlersituation versorgt zu werden.
>
> Nur ein geschlossenes Team ist in der Lage, auch unter extremem Druck noch ein adäquates Ergebnis abzuliefern. Umso wichtiger ist das Teaming-Up!

18 Das Teaming-Up

Für das Teaming-Up sehen wir folgende Check-Punkte:

Praxis-Check
- ✓ Hat jedes Teammitglied eine klar definierte Rolle und eine damit verbundene Aufgabe?
- ✓ Sind jedem Teammitglied das Projektziel und das Testziel bekannt?
- ✓ Gibt es Konflikte im Team, die ein zielorientiertes Arbeiten verhindern?
- ✓ Sind mehrere teambildende Maßnahmen für das Testteam vorgesehen?
- ✓ Ist die Projektumgebung von Vertrauen und Wertschätzung geprägt?
- ✓ Sind Kontakte zu anderen Teams vorhanden, beispielsweise zum Fachbereich oder zum Entwicklungsteam?

Die Vorbereitung 19

Zusammenfassung

Um Testaktivitäten erfolgreich umsetzen zu können, bedarf es einer guten Vorbereitung. Nur wie und durch wen kann die Vorbereitung denn überhaupt erfolgen? Natürlich durch den Testmanager. Das setzt allerdings voraus, dass der Testmanager rechtzeitig in das Projekt integriert wird. Mit „rechtzeitig" meinen wir im Rahmen der Initialisierungsphase, also wenn der Projektauftrag formuliert worden ist und die Spezifikationsreife erlangt wurde. Sollte der Testmanager beispielsweise erst nach der Konzeptphase, also wenn das Projekt durch die Entwicklungsabteilung in die Realisierung geht, integriert werden, kann es oftmals schon zu spät sein.

Dem Testmanager muss genug Zeit zur Verfügung stehen, sich und sein Team auf die anstehenden Testaktivitäten vorzubereiten. Das bedeutet, er muss mit seinem Testteam ein klares Verständnis von der Zielsetzung des Gesamtprojektes und insbesondere des Funktionsumfangs des zu testenden Lieferobjektes erlangen. Darüber hinaus muss er die Möglichkeit bekommen, die Sichtweisen, Wünsche und Zielvorstellungen der jeweiligen Stakeholder in Erfahrung zu bringen, um das in seine geplanten Testaktivitäten einfließen lassen zu können.

Gerade zum Start einer Testphase wird der Testmanager von den Stakeholdern sehr genau beobachtet. Kennt der Testmanager die Erwartungen der Stakeholder nicht, so kann er je nach Testergebnis auch nicht oder nur in eingeschränktem Umfang auf deren Belange eingehen beziehungsweise sie managen. Es kommt dann unweigerlich zu Konflikten, die vermeidbar gewesen wären. Hat der Testmanager genügend Zeit für die Vorbereitung, ist er in der Lage, die Erwartungen der Stakeholder adäquat zu managen.

Neben dem Stakeholdermanagement ist natürlich auch genug Zeit für die Qualitätssicherung der Anforderungen einzuplanen. Dazu gehört die Erstellung von Testfällen. Auch die gesamte Testinfrastruktur, angefangen von Testebenen über Testdaten bis hin zu verschiedenen geplanten Testarten, wie beispielsweise Last- und

Performancetests, sowie die Verfügbarkeit der Testressourcen sind gut vorzubereiten, bevor man mit dem Testen beginnt.

Zusammengefasst bedeutet das: Eine gute Vorbereitung aller Testaktivitäten, unter der Berücksichtigung eines guten Qualitätsniveaus, ist ein Garant für ein gutes Gelingen im Projekt. Wird für die Testvorbereitung zu wenig Zeit verwendet, kann das zu verfälschten oder keinen Testergebnissen führen, die der Funktionalität im Live-Betrieb nur ansatzweise oder sogar gar nicht entsprechen können. Die Folge ist Mehraufwand – zeitlich und finanziell.

Für die Vorbereitung sehen wir folgende Check-Punkte:

Praxis-Check
- ✓ Wird der Testmanager rechtzeitig, also vor der Konzeptphase, in das Projekt integriert?
- ✓ Wird dem Testmanager die Möglichkeit eingeräumt, die Wünsche der Stakeholder zu erfahren bzw. mit diesen in direkten Kontakt zu treten, um ein professionelles Erwartungsmanagement durchführen zu können?
- ✓ Wir dem Testmanager genügend Zeit für den Aufbau der Testinfrastruktur (Testebenen, Testdaten, Test-Tools, Testarten etc.) eingeräumt?
- ✓ Hat der Testmanager ausreichend Zeit, sein Testteam zusammenzustellen und auf die Testaktivitäten vorzubereiten?
- ✓ Wird dem Testteam ausreichend Zeit für die Qualitätssicherung der Anforderungen und der daraus resultierenden Erstellung von Testfällen eingeräumt?

Die Umsetzung

20

Zusammenfassung

Aus der Summe und Güte der in den vorherigen Kapiteln erwähnten Erfolgsfaktoren „Kommunikation", „Qualität", „Umgebung", „Teaming-Up" und „Vorbereitung" kann eine gute oder weniger gute Umsetzung resultieren. Doch auch bei der Umsetzung selbst bedarf es eines hohen Maßes an Disziplin. Hier zeigt sich, ob die gewählte Methodik von allen an der Testumsetzung Beteiligten verstanden worden ist, Trainingsmaßnahmen gegriffen haben und die geplanten Testaktivitäten überhaupt umgesetzt werden können. Natürlich ist die Verfügbarkeit der Testressourcen zum geplanten Teststart ebenfalls ein wesentlicher Punkt, um überhaupt in die Umsetzung gehen zu können.

Der Testmanager nimmt in der Umsetzung mit seinen eingesetzten Metriken zur Messung des Testfortschritts sowie des Fehlermanagements eine zentrale Rolle ein. Die Auswahl der richtigen Metriken für das jeweilige Testobjekt und deren Aussagekraft ist entscheidend für eine erfolgreiche Umsetzung der Testaktivitäten. Darüber hinaus ist der Testmanager gefordert, den im Testprozess entstandenen „Flow" aufrechtzuerhalten. Nichts ist schlimmer als ins Stocken geratene Testaktivitäten. Eingeplante und bereitgestellte Ressourcen können dann nicht aktiviert werden. Das verursacht extrem hohe Fehlzeiten und damit verbundene Kosten. Dadurch entsteht viel Frust beim Auftraggeber, den Stakeholdern sowie den eingeplanten Testressourcen, der nicht unterschätzt werden darf. Wenn die Moral sinkt oder auch das Momentum verloren geht, ist es fast unmöglich, die Aktivitäten wieder hochzufahren und das Testteam innerhalb kurzer Zeit dazu zu bringen, sich weiterhin so motiviert einzubringen wie vorher.

Das Testmanagement hat den Flow aufrechtzuerhalten und abzuwägen, ob die Schwere von Fehlern tatsächlich die Testaktivitäten zum Stillstand bringen könnten. Das Testmanagement muss dafür sorgen, dass stabilisierende Maßnahmen ergriffen werden, zum Beispiel der Einsatz von Workarounds, die Verlagerung der Testaktivitäten zu anderen Testobjekten oder die Beschleunigung der Fehlerbehebung, bevor es zu einem kompletten Stillstand kommt. Auch ist die Kritik von den Stakeholdern zu managen, die möglicherweise einen Stopp der Testaktivitäten fordern.

Für die Umsetzung sehen wir folgende Check-Punkte:

Praxis-Check
- ✓ Sind alle testvorbereitenden Maßnahmen erfolgreich abgeschlossen worden?
- ✓ Stehen alle eingeplanten Testressourcen bereit?
- ✓ Ist der Testmanager in der Lage, den Test-Flow aufrechtzuerhalten bzw. durch geeignete Maßnahmen potentielle Störungen im Ablauf zu unterbinden?
- ✓ Erfolgt während der Umsetzung ein täglicher direkter Austausch mit dem Entwicklungschef, um die Fehlersituation zu besprechen und Maßnahmen zu ergreifen?
- ✓ Ist die Moral und Motivation des Testteams ausreichend, um Testaktivitäten durchzuführen?

Die kontinuierliche Verbesserung 21

> **Zusammenfassung**
>
> Was bedeutet eigentlich eine kontinuierliche Verbesserung in Bezug auf das Testmanagement? Es müssen gewisse Voraussetzungen geschaffen werden, um zum einen überhaupt eine Verbesserung möglich zu machen und zum anderen eine Kontinuität dieses Prozesses zu ermöglichen. Beginnen wir mit den Voraussetzungen, die eine Verbesserung überhaupt möglich machen. Hierzu zählt unter anderem, dass eine Lessons Learned durchgeführt worden ist, die sich offen und selbstkritisch mit den Problemen und Herausforderungen beschäftigt hat, denen das Projekt ausgesetzt war. Neben der Offenheit zählen auch die Werte „Vertrauen" und „Transparenz" zu wichtigen Elementen, die eine kontinuierliche Verbesserung überhaupt erst ermöglichen. Fehlt die Bereitschaft, eine Lessons Learned durchzuführen, so ist das ein Indiz für fehlendes Vertrauen. Ist kein Vertrauen vorhanden, kann nicht offen und konstruktiv über Probleme gesprochen werden, die sich rund um Projekt- und Testablauf ergeben haben. Konflikte sind in diesen Fällen oftmals vorprogrammiert, da dann eher nach Schuldigen als nach Lösungen gesucht wird.
>
> Neben den aufgeführten Werten ist auch die grundsätzliche Bereitschaft der Beteiligten zu einer kontinuierlichen Verbesserung wesentlich. Es gibt Projekte, bei denen bereits die Lessons Learned abgelehnt werden. Die Begründung: Es wird sich am Ende ja doch nichts ändern. Wie immer. Dies ist ein klassisches Beispiel für fehlende Motivation. Sie führt dazu, dass Verbesserungen überhaupt nicht mehr angestoßen werden. In einem solchen Umfeld wird man dieselben Fehler immer wieder begehen und nichts daraus lernen. Es fehlt die Bereitschaft, sich mit den Problemen auseinanderzusetzen – oft aufgrund fehlenden Vertrauens.
>
> Kontinuität in einen Verbesserungsprozess zu bringen, setzt demnach neben den notwendigen Werten und der grundsätzlichen Bereitschaft ein hohes Maß an Disziplin

voraus. Denn die Bereitschaft aus Fehlern zu lernen, ist gerade im Testmanagement die Basis dafür, in jedem neuen Projekt noch besser zu werden.

Für die kontinuierliche Verbesserung sehen wir folgende Check-Punkte:

> **Praxis-Check**
> ✓ Werden Lesson Learned für das Gesamtprojekt und insbesondere auch für die Testaktivitäten durchgeführt?
> ✓ Erfolgt ein Vergleich zu den in der Vergangenheit durchgeführten Ergebnissen aus Lessons Learned und existiert für das abgeschlossene Projekt eine Korrelation?
> ✓ Besteht unter allen Testbeteiligten die Bereitschaft sich zu verbessern und aus Fehlern zu lernen?
> ✓ Existiert genügend Vertrauen, Offenheit und Transparenz?
> ✓ Werden Konflikte professionell, also zahlen-, daten- und faktenbasiert, und nicht mittels persönlicher Schuldzuweisungen gelöst?
> ✓ Sorgt der Testmanager für die notwendige Motivation im Testteam, an einer kontinuierlichen Verbesserung zu arbeiten?

Weiterführende Literatur

Cem Kaner, James Bach, Bret Pettichord, „*Lessons Learned in Software Testing: A Context-Driven Approach*" (2002)

Glossar[1]

Abnahmekriterien Diejenigen Kriterien, die ein System oder eine Komponente erfüllen muss, um durch den Benutzer, Kunden oder eine bevollmächtigte Instanz abgenommen zu werden [nach IEEE 610].

Abnahmetest Formales Testen hinsichtlich der Benutzeranforderungen und -bedürfnisse bzw. der Geschäftsprozesse. Es wird durchgeführt, um einem Auftraggeber oder einer bevollmächtigten Instanz die Entscheidung auf der Basis der Abnahmekriterien zu ermöglichen, ob ein System anzunehmen ist oder nicht [nach IEEE 610].

Abweichung Jedes Ereignis, welches während des Testens auftritt und weiterer Untersuchungen bedarf [nach IEEE 1008].

Analysierbarkeit Die Fähigkeit eines Softwareprodukts, die Diagnose von Mängeln oder Ursachen von Fehlerwirkungen zu ermöglichen oder änderungsbedürftige Teile zu bestimmen.

Anforderung Eine vom Benutzer benötigte Eigenschaft oder Fähigkeit, die eine Software erfüllen oder besitzen muss, um einen Vertrag, einen Standard, eine Spezifikation oder ein anderes formales Dokument zu erfüllen [nach IEEE 610].

Anforderungsbasierter Test Ein Ansatz zum Testen, der auf den Anforderungen basiert. Aus ihnen werden die Testziele und Testbedingungen abgeleitet. Dazu gehören Tests, die einzelne Funktionen tätigen oder solche, die nicht-funktionalen Eigenschaften wie Zuverlässigkeit oder Benutzbarkeit untersuchen.

Auswirkungsanalyse Die Untersuchung und Darstellung der Auswirkungen einer Änderung von spezifizierten Anforderungen auf die Entwicklungsdokumente, auf die Testdokumentation und auf die Komponenten.

Benutzbarkeit Die Fähigkeit eines Softwareprodukts, unter spezifizierten Bedingungen für einen Benutzer verständlich, erlernbar, anwendbar und attraktiv zu sein.

Blockierter Testfall Zur Durchführung eingeplanter Testfall, der nicht ausgeführt werden kann, weil die Voraussetzungen für seine Ausführung nicht erfüllt sind.

---

[1] Das Glossar ist in Abschnitten übernommen aus: GTB (German Testing Board e. V.) Standardglossar der Testbegriffe.

Datenqualität Eine Dateneigenschaft, welche die Richtigkeit bezüglich vorgegebener Kriterien angibt, z. B. Geschäftserwartungen, Anforderungen an Datenintegrität oder Datenkonsistenz.

Demingkreis Ein iterativer Problemlösungsprozess, der aus vier Phasen besteht (planen, ausführen, überprüfen, umsetzen) und typischerweise in der Prozessverbesserung genutzt wird [nach Deming].

Eingangskriterien Die Menge der generischen und spezifischen Bedingungen, die es in einem Prozess ermöglichen, mit einer bestimmten Aktivität fortzuschreiten, z. B. mit einer Testphase. Der Zweck von Eingangskriterien ist, die Durchführung der Aktivität zu verhindern, wenn dafür ein höherer Mehraufwand benötigt (verschwendet) wird als für die Schaffung der Eingangskriterien [Gilb und Graham].

Endekriterien Die Menge der abgestimmten generischen und spezifischen Bedingungen, die von allen Beteiligten für den Abschluss eines Prozesses akzeptiert wurden. Endekriterien für eine Aktivität verhindern es, dass die Aktivität als abgeschlossen betrachtet wird, obwohl Teile noch nicht fertig sind. Endekriterien werden in Berichten referenziert und zur Planung der Beendigung des Testens verwendet.

Erlernbarkeit Die Fähigkeit eines Softwareprodukts, einem Benutzer das Erlernen der Anwendung leicht zu machen.

Fehlerbericht Ein Dokument, das über einen Fehlerzustand einer Komponente oder eines Systems berichtet, der dazu führen kann, dass System oder Komponente die geforderte Funktion nicht erbringt [nach IEEE 829].

Fehlermanagement Prozess der Erkennung, der Analyse, der Bearbeitung und des Abschlusses eines aufgedeckten Fehlerzustands. Er umfasst Aufzeichnung, Klassifizierung und die Identifikation der Auswirkungen [nach IEEE 1044].

Fehlernachtest Die Wiederholung aller Testfälle, die vor der Fehlerkorrektur eine Fehlerwirkung erzeugt haben. Sie dient der Überprüfung, ob die Korrektur des ursächlichen Fehlerzustands erfolgreich war.

Fehlerschweregrad Der Grad der Auswirkungen, den ein Fehlerzustand auf Entwicklung oder Betrieb einer Komponente oder eines Systems hat [nach IEEE 610].

Funktionale Anforderung Anforderung, die ein funktionales Verhalten spezifiziert, die ein System oder eine Systemkomponente ausführen können muss [nach IEEE 610].

Funktionales Testen Testen, das auf der Analyse der funktionalen Spezifikation einer Komponente oder eines Systems basiert.

Funktionalität Die Fähigkeit eines Softwareprodukts beim Einsatz unter spezifizierten Bedingungen Funktionen zu liefern, die festgelegte und vorausgesetzte Erfordernisse erfüllen.

Geschäftsprozessbasierter Test Ein Ansatz zum Testen, bei dem der Testentwurf auf Beschreibungen und/oder auf der Kenntnis von Geschäftsprozessen basiert.

Installationstest Testen der Installierbarkeit eines Softwareprodukts.

Integrationstest Testen mit dem Ziel, Fehlerzustände in den Schnittstellen und im Zusammenspiel zwischen integrierten Komponenten aufzudecken.

Interoperabilität Die Fähigkeit eines Softwareprodukts, mit einer oder mehreren spezifizierten Komponenten zusammenzuwirken.

Komponente 1) Kleinste Softwareeinheit, die für sich getestet werden kann. 2) Kleinste Softwareeinheit, für die eine separate Spezifikation verfügbar ist.

Komponententest Testen einer (einzelnen) Komponente [nach IEEE 610].

Lasttest Eine Art von Performanztest, die das Systemverhalten eines System oder einer Komponente in Abhängigkeit steigender Systemlast (z. B. Anzahl parallele Benutzer, und/oder Anzahl Transaktionen) misst, um zu bestimmen, welche Last durch ein System oder eine Komponente bewältigt werden kann.

Metrik Die Mess-Skala und das genutzte Verfahren einer Messung [ISO 14598].

Modifizierbarkeit Die Fähigkeit eines Softwareprodukts, die Durchführung spezifizierter Änderungen zu ermöglichen.

Modultest Siehe Komponententest.

Negativtest Ein Test, der zeigen soll, dass eine Komponente oder ein System nicht funktioniert. Der Begriff bezeichnet eher die Einstellung des Testers als einen bestimmten Testansatz oder ein bestimmtes Testentwurfsverfahren, wie etwa das Testen mit ungültigen Eingabewerten oder Ausnahmen.

Nicht-funktionale Anforderung Eine Anforderung welche sich nicht auf die Funktionalität des Systems bezieht sondern auf Merkmale wie Zuverlässigkeit, Benutzbarkeit, Effizienz, Änderbarkeit und Übertragbarkeit.

Nicht-funktionaler Test Testen der Eigenschaften eines System, die nicht direkt mit der Funktionalität in Verbindung stehen, z. B. Zuverlässigkeit, Effizienz, Benutzbarkeit, Änderbarkeit und Übertragbarkeit.

Performanz Der Grad, in dem ein System oder eine Komponente seine vorgesehenen Funktionen innerhalb vorgegebener Bedingungen (z. B. konstanter Last) hinsichtlich Verarbeitungszeit und Durchsatzleistung erbringt [nach IEEE 610].

Performanztest Testen zur Bestimmung der Performanz eines Softwareprodukts.

Priorität Die Stufe der Wichtigkeit, die einem Objekt (z. B. Fehlerzustand) zugeordnet worden ist.

Projekt Ein Projekt ist eine einmalige Menge von abgestimmten und gelenkten Tätigkeiten mit Anfangs- und Endterminen. Es wird durchgeführt, um ein Ziel zu erreichen, das spezifische Anforderungen erfüllt, wobei Zeit-, Kosten- und Ressourcenbeschränkungen eingeschlossen sind [ISO 9000].

Projektstrukturplan Anordnung von Arbeitselementen und ihre Beziehungen untereinander und zum Endprodukt.

Qualität 1) Der Grad, in dem ein System, eine Komponente oder ein Prozess die Kundenerwartungen und -bedürfnisse erfüllt [nach IEEE 610]. 2) Der Grad, in dem ein Satz inhärenter Merkmale Anforderungen erfüllt [ISO 9000:2000].

Qualitätsmanagement Aufeinander abgestimmte Tätigkeiten zum Leiten und Lenken einer Organisation bezüglich Qualität. Leiten und Lenken bezüglich Qualität umfassen üblicherweise das Festlegen der Qualitätspolitik und der Qualitätsziele, die Qualitätsplanung, die Qualitätssicherung und die Qualitätsverbesserung [ISO 9000].

Qualitätssicherung Teil des Qualitätsmanagements, das darauf gerichtet ist, Vertrauen in die Erfüllung der Qualitätsanforderungen zu erzeugen [ISO 9000].

Quality Gate Ein spezieller Meilenstein im Projekt. Quality Gates stehen zwischen Projektphasen, die stark von den Arbeitsergebnissen der vorherigen Phase abhängen. Sie enthalten die formale Kontrolle der Arbeitsergebnisse der vorherigen Phase.

Regressionstest Erneutes Testen eines bereits getesteten Programms bzw. einer Teilfunktionalität nach deren Modifikation. Ziel ist es nachzuweisen, dass durch die vorgenommenen Änderungen keine Fehlerzustände eingebaut oder (bisher maskierte Fehlerzustände) freigelegt wurden. Anmerkung: Ein Regressionstest wird durchgeführt, wenn die Software oder ihre Umgebung verändert wurde.

Risikomanagement Systematische Anwendung von Praktiken für die Aufgaben der Risikoidentifizierung, Risikoanalyse, Risikopriorisierung und Risikoüberwachung.

Rückverfolgbarkeit Die Fähigkeit, zusammengehörige Teile von Dokumentation und Software zu identifizieren, insbesondere die Anforderungen mit den dazu gehörigen Testfällen.

Schnittstellentest Eine Art des Integrationstests, die sich mit dem Testen der Schnittstellen von Komponenten und Systemen beschäftigt.

Smoke-Test Eine Teilmenge aller definierten/geplanten Testfälle, die die Hauptfunktionalität einer Komponente oder eines Systems überdecken. Der Test soll feststellen, ob die wichtigsten Funktionen eines Programms arbeiten, ohne jedoch einzelne Details zu berücksichtigen. Ein täglicher Build und ein Smoke-Test gehören in der Industrie zur Best Practice.

Spezifikation Ein Dokument, das die Anforderungen, den Aufbau, das Verhalten oder andere Charakteristika des Systems bzw. der Komponente beschreibt, idealerweise genau, vollständig, konkret und nachprüfbar. Häufig enthält die Spezifikation auch Vorgaben zur Prüfung der Anforderungen [nach IEEE 610].

Stabilität Die Fähigkeit eines Softwareprodukts, unerwartete Auswirkungen von Änderungen zu vermeiden.

Systemintegrationstest Testen der Integration von Systemen und Paketen, Testen der Schnittstellen zu einer externen Organisation.

Testabschlussbericht Ein Dokument, das die Testaktivitäten und -ergebnisse zusammenfasst. Es enthält eine Bewertung der durchgeführten Tests gegen definierte Endekriterien [nach IEEE 829].

Testart Eine Gruppe von Testaktivitäten, mit der Absicht, eine Komponente oder ein System auf einige zusammenhängende Qualitätsmerkmale zu prüfen. Eine Testart ist auf ein bestimmtes Testziel fokussiert, wie z. B. Zuverlässigkeitstest, Regressionstest, Benutzbarkeitstest. Die Testart kann sich auch auf eine oder mehrere Teststufen oder -phasen beziehen [nach TMap].

Testautomatisierung Einsatz von Softwarewerkzeugen zur Durchführung oder Unterstützung von Testaktivitäten, z. B. Testmanagement, Testentwurf, Testausführung und Soll/Ist-Vergleich.

Testdaten Daten die (z. B. in einer Datenbank) vor der Ausführung eines Tests existieren, und die die Ausführung der Komponente bzw. des Systems im Test beeinflussen bzw. dadurch beeinflusst werden.

Testinfrastruktur Die organisatorischen Elemente, die für die Durchführung des Tests benötigt werden, bestehend aus Testumgebung, Testwerkzeugen, Büroräumen, Verfahren usw.

Testkonzept Ein Dokument, das u. a. den Gültigkeitsbereich, die Vorgehensweise, die Ressourcen und die Zeitplanung der beabsichtigten Tests mit allen Aktivitäten beschreibt. Es identifiziert u. a. die Testobjekte, die zu testenden Features und die Testaufgaben. Es ordnet den Testaufgaben die Tester zu und legt den Unabhängigkeitsgrad der Tester fest. Es beschreibt die Testumgebung, die Testentwurfsverfahren und die anzuwendenden Verfahren zur Messung der Tests, und begründet deren Auswahl. Außerdem werden Risiken beschrieben, die eine Planung für den Fall des Eintretens erfordern. Ein Testkonzept ist somit die Niederschrift des Testplanungsprozesses [nach IEEE 829].

Testmanagement Planung, Aufwandsschätzung, Überwachung und Kontrolle von Testaktivitäten, die üblicherweise durch einen Testmanager erfolgen.

Testmanager Die Person, die für das Management der Testaktivitäten, der Testressourcen und für die Bewertung des Testobjekts verantwortlich ist. Zu den Aufgaben gehören Anleitung, die Steuerung, die Verwaltung, Planung und Regelung der Aktivitäten zur Bewertung des Testobjekts.

Testobjekt Die Komponente oder das System, welches getestet wird.

Testplan Eine Liste von Aktivitäten, Aufgaben oder Ereignissen des Testprozesses, mit Angabe ihrer geplanten Anfangs- und Endtermine sowie ihrer gegenseitigen Abhängigkeiten.

Testprotokoll Eine chronologische Aufzeichnung von Einzelheiten der Testausführung [IEEE 829].

Teststrategie Abstrakte Beschreibung der vorgesehenen Teststufen und der Art und Weise, wie innerhalb dieser Teststufen vorzugehen ist, für eine Organisation oder ein Programm – gültig für ein oder mehrere Projekte.

Testumgebung Eine Umgebung, die benötigt wird, um Tests auszuführen. Sie umfasst Hardware, Instrumentierung, Simulatoren, Softwarewerkzeuge und andere unterstützende Hilfsmittel [nach IEEE 610].

V-Modell Vorgehensmodell für die Softwareentwicklung, um die Aktivitäten des Software- Entwicklungslebenszyklus von der Anforderungsspezifikation bis zur Wartung zu beschreiben. Das V-Modell stellt dar, wie Prüf- und Testaktivitäten in jede Phase des Software-Entwicklungslebenszyklus integriert und die Zwischenprodukte geprüft (validiert und verifiziert) werden können. Anmerkung: Hier ist das allgemeine Vorgehensmodell von Barry Boehm gemeint.

Wiederherstellbarkeit Die Fähigkeit eines Softwareprodukts, bei einer Fehlerwirkung das spezifizierte Leistungsniveau des Systems wiederherzustellen und die direkt betroffenen Daten wiederzugewinnen.

Stichwortverzeichnis

A
Abnahmetest, 68, 125
Abweichung, 169
Analysierbarkeit, 64
Änderbarkeit, 63, 115
Anforderungen, 4, 19, 30, 60, 74, 145
Annahmetest, 68, 155, 195
Auswirkungsanalyse, 167

B
Bedienbarkeit, 63
Benutzbarkeit, 60, 63, 115

D
Datenqualität, 132
Defect-Management, 117, 166
Demingkreis, 56

E
Effizienz, 63, 115
Eingangskriterien, 69, 70
End-to-End-Test (E2E), 68
Endekriterien, 159
Entwicklertest, 67, 124, 141, 148
Erlernbarkeit, 63
Exploratives Testen, 25

F
Fehlerklasse, 71
Fehlersituation, 71, 180, 183
Fehlertoleranz, 62, 72
Funktionalität, 60, 62, 105, 115, 117

G
Gesamtfehlersituation, 166
Geschäftsprozess, 117

I
IEEE
   1008, 58
   1044, 224
   610, 67
   829, 58
Installierbarkeit, 64
Integrationstest, 67
Interoperabilität, 62
ISO/IEC
   14598, 60
   25000, 60
   29119, 40, 58
   9000, IX
   9126, 60

K
Kommunikation, 6, 74
Kommunikationsmatrix, 145, 167
Komponententest, 157
Konformität, 64, 146

L
Lasttest, 63
Lessons Learned, 6, 196, 221

M
Metrik, 128, 156, 169, 175
Modifizierbarkeit, 64
Modultest, 67

N
Negativ-Test, 62
Nicht-funktionaler Test, 40, 66, 68, 98

O
Ordnungsmäßigkeit, 62

P
Performancetest, 63, 68
Phasenplan, 13, 25
Prioritätsklasse, 71
Projektorganisation, 13, 21
Projektsteckbrief, 13, 14
Projektstrukturplan, 13, 37
Projektziel, 13, 18, 21
Prüfbarkeit, 63, 146

Q
Qualität, 57, 60
Qualitätsmanagement, 55, 58, 72, 80
Qualitätsmerkmale, 60, 61, 115
Qualitätssicherung, 56, 74, 77, 150
Qualitätsziele, 60, 115
Quality Gate, 28, 65, 159

R
Regressionstest, 25, 174
Releasemanagement, 16
Richtigkeit, 62
Risikoklassifizierung, 147
Risikomanagement, 13, 42, 156
Rolle, 4, 29, 142, 214
Rückbau, 192
Rückverfolgung, 159

S
Sicherheit, 62
Stabilität, 63, 209

Stakeholder, 31, 104
Stakeholdermanagement, 13
Statusbericht, 183

T
Test, nicht-funktionaler, 39, 66, 68, 98
Test-Tool, 107, 119, 142, 150, 182
Testabschlussbericht, 125
Testart, 40, 60, 97
Testautomatisierung, 174
Testbericht, 178
Testdaten, 70, 102, 120
Testeingangskriterium, 155
Testen, exploratives, 25
Testendekriterium, 171
Testergebnisbericht, 124, 183
Testinfrastruktur, 113, 121
Testkonzept, 26, 112
Testobjekt, 117, 149
Testphase, 60, 65, 97, 128, 183
Testphasenplan, 98
Testplan, 21
Teststrategie, 113, 117
Teststufe, 115, 121
Testumgebung, 16, 101, 121
Testverfahren, 117

U
Übertragbarkeit, 64
Umfeldanalyse, 13, 16, 18
User-Acceptance-Test (UAT), 68, 92, 192

V
Verbrauchsverhalten, 63

W
Werte, 4, 9, 58, 78, 84
Wiederherstellbarkeit, 63

Z
Zeitverhalten, 63
Zuverlässigkeit, 62, 115

If you have any concerns about our products,
you can contact us on
ProductSafety@springernature.com

In case Publisher is established outside the EU,
the EU authorized representative is:
**Springer Nature Customer Service Center GmbH
Europaplatz 3, 69115 Heidelberg, Germany**

Printed by Libri Plureos GmbH
in Hamburg, Germany